I0693697

MODERNER MARXISMUS

UND DAS NEUE KOMMUNISTISCHE MANIFEST

BEARBEITET VON EDDY JOKOVICH & EDAN TABAIN

INHALT

FALLSTUDIE: PALÄSTINA

VORWORT

Das einundzwanzigste Jahrhundert stellt eine einzigartige Reihe von Herausforderungen und Chancen für die Anwendung marxistischer Prinzipien dar, um kritische politische und soziale Fragen weltweit anzugehen. Während wir uns durch eine Welt bewegen, die tief von den Fehlern des Neoliberalismus und des wettbewerbsorientierten Imperialismus gezeichnet ist, ist es essenziell zu erforschen, wie der Marxismus tragfähige Lösungen für Frieden und Gerechtigkeit bieten kann. Die Zeit nach dem Zweiten Weltkrieg versprach ein neues Paradigma des sozialen, wirtschaftlichen und politischen Denkens, doch der Aufstieg des Neoliberalismus in den 1980er Jahren verschärfte die Spaltungen durch ungezügelte Gier und Ungleichheit, was zu Umweltzerstörung und verstärkten Konflikten führte. In diesem Kontext könnte der Marxismus, mit seiner Betonung auf Menschenwürde, Respekt für Arbeit und Abbau von Ungleichheiten, der notwendige ideologische Rahmen zur Bewältigung dieser Probleme sein.

Moderner Marxismus muss durch das Prisma der wirtschaftlichen Ungleichheit, des Klassenkampfes und der Arbeiterbewegungen bewertet werden. Die wachsende Kluft zwischen den Reichen und der Arbeiterklasse ist ein scharfer Hinweis auf die Fehler kapitalistischer Systeme. Indem der Fokus auf den Klassenkampf und die Stärkung der Arbeiterbewegungen gelegt wird, kann der Marxismus ein Gegengewicht zu den ausbeuterischen Tendenzen des globalen Kapitalismus bieten. Die Philosophie plädiert für die Umverteilung von Reichtum und Ressourcen, sodass die Arbeiterklasse von den Früchten ihrer Arbeit profitiert und nicht eine kleine Elite.

Politische Systeme und Regierungsführung sind ein weiteres kritisches Gebiet, auf das moderner Marxismus angewendet werden kann. Das Scheitern der Sowjetunion, oft als Grund für die Unpraktikabilität des Marxismus angeführt, liefert Lehren über die Gefahren des Autoritarismus und der Unterdrückung der Menschenrechte. Im Gegensatz dazu plädiert der zeitgenössische Marxismus für demokratische Regierungsstrukturen, die eine größere Teilnahme und Repräsentation der Arbeiterklasse ermöglichen. Die Erfolge und Misserfolge vergangener kommunistischer Staaten, wie der Sowjetunion und China, bieten wertvolle Einblicke. Chinas Wirtschaftspolitiken, obwohl nicht vollständig marxistisch, zeigen, wie staatliche Intervention und Planung zu rascher Entwicklung und Armutsbekämpfung führen können. Allerdings bleibt die Frage, ob China noch als kommunistischer Staat angesehen werden kann, angesichts seiner kapitalistischen Tendenzen umstritten.

Globaler Kapitalismus und Imperialismus prägen weiterhin die internationalen Beziehungen und Wirtschaftspolitiken. Der Marxismus kritisiert diese Systeme dafür, Ungleichheit und Ausbeutung zu perpetuieren. Die anti-imperialistische Haltung der Philosophie plädiert für die Souveränität und Selbstbestimmung aller Nationen und lehnt die Dominanz mächtiger Länder über schwächere ab. Diese Perspektive ist entscheidend für die Bewältigung globaler Konflikte, wie der Palästina-Israel-Krise. Der Marxismus' Betonung auf soziale

Gerechtigkeit und Gleichheit kann einen Rahmen für die Lösung solcher schwerwiegenden Konflikte bieten, indem er die Wurzeln von Ungleichheit und Unterdrückung in den Mittelpunkt stellt.

Technologische Fortschritte und Umweltfragen sind dringende Themen im einundzwanzigsten Jahrhundert. Während Technologie das Potenzial hat, das Leben zu verbessern, verstärkt sie oft Ungleichheit und konzentriert Macht in den Händen weniger. Der Marxismus fordert die Demokratisierung der Technologie, sodass ihre Vorteile allen zugänglich sind. Umweltzerstörung, angetrieben durch die kapitalistische Ausbeutung natürlicher Ressourcen, stellt eine erhebliche Bedrohung für die Menschheit dar. Der Marxismus' Betonung auf nachhaltige Entwicklung und kollektives Eigentum an Ressourcen bietet einen Weg zur Bewältigung von Umweltkrisen.

Globale Konflikte und Allianzen werden von wirtschaftlichen und politischen Interessen geprägt. Die Kritik des Marxismus am Imperialismus und die Förderung internationaler Solidarität können die Bemühungen leiten, friedliche und kooperative internationale Beziehungen aufzubauen. Durch die Förderung gerechter Wirtschaftspolitiken und die Ablehnung des Militarismus kann der Marxismus dazu beitragen, Konflikte zu lösen und dauerhaften Frieden zu schaffen.

Kulturelle Hegemonie, ein weiterer Aspekt des modernen Kapitalismus, perpetuiert dominante Ideologien, die Ungleichheit und Ausbeutung rechtfertigen. Der Marxismus stellt diese dominanten Narrative in Frage und fördert alternative Perspektiven, die die Kämpfe und Bestrebungen der Arbeiterklasse hervorheben. Diese kulturelle Kritik ist wesentlich für die Förderung einer inklusiveren und gerechteren Gesellschaft.

Internationale Organisationen und Institutionen spiegeln oft die Interessen mächtiger Nationen und Konzerne wider. Der Marxismus plädiert für die Reform dieser Institutionen, damit sie den Interessen der globalen Arbeiterklasse dienen. Durch die Förderung internationaler Zusammenarbeit und Solidarität kann der Marxismus dazu beitragen, Institutionen aufzubauen, die gerechte Entwicklung und Frieden unterstützen.

Der historische Kontext und die Entwicklung des Marxismus bieten wertvolle Lehren für seine Anwendung im einundzwanzigsten Jahrhundert. Die Fehler und Erfolge vergangener marxistischer Bewegungen bieten Einblicke, wie die Philosophie an zeitgenössische Herausforderungen angepasst werden kann. Durch das Lernen aus der Geschichte kann der moderne Marxismus vergangene Fehler vermeiden und effektivere Strategien für soziale und wirtschaftliche Transformation entwickeln.

Fallstudien zur Anwendung des modernen Marxismus, wie die Lösung des Palästina-Israel-Konflikts, illustrieren sein Potenzial zur Bewältigung komplexer Probleme. Die moderne Geldtheorie, die einige marxistische Prinzipien teilt, bietet Einblicke, wie Staaten die Fiskalpolitik nutzen können, um wirtschaftliche Stabilität und Gerechtigkeit zu fördern. Die Anwendung des Marxismus in China, trotz seiner Abweichungen, zeigt das Potenzial staatlich geleiteter Entwicklung, während das Scheitern der Sowjetunion die Bedeutung demokratischer Regierungsführung und Menschenrechte hervorhebt.

Da die Welt im einundzwanzigsten Jahrhundert voranschreitet, ist neues Denken erforderlich, um die Vielzahl von Herausforderungen zu bewältigen, denen wir gegenüberstehen. Die Anwendung einer modernen Form des Marxismus, informiert durch vergangene Erfahrungen und angepasst an die gegenwärtigen Realitäten, bietet einen vielversprechenden Weg zu Frieden und Gerechtigkeit. Durch die Betonung auf Menschenwürde, Arbeitsrechte und die gerechte Verteilung von Ressourcen kann der moderne Marxismus dazu beitragen, eine gerechtere und nachhaltigere Welt aufzubauen.

KAPITEL 1: WIRTSCHAFTLICHE UNGLEICHHEIT

Die Analyse der wirtschaftlichen Ungleichheit und der globalen Vermögensverteilung durch die Linse des modernen Marxismus zeigt eine starke und wachsende Kluft zwischen Reich und Arm. Diese Ungleichheit ist nicht nur eine Frage der Zahlen, sondern spiegelt tief verwurzelte strukturelle Probleme innerhalb des globalen kapitalistischen Systems wider. Die Vermögensverteilung weltweit bleibt stark unausgewogen, wobei ein kleiner Prozentsatz der globalen Bevölkerung einen erheblichen Teil des Weltvermögens kontrolliert. Diese Konzentration des Reichtums bei der Elite verschärft soziale Spannungen, untergräbt demokratische Institutionen und behindert die wirtschaftliche Entwicklung der Mehrheit.

Der aktuelle Zustand der Vermögensverteilung ist durch eine zunehmende Konzentration des Reichtums bei den obersten 1 Prozent der Bevölkerung gekennzeichnet. Laut aktuellen Daten besitzen die reichsten 1 Prozent mehr Vermögen als der Rest der Welt zusammen. Diese Ungleichheit wurde durch verschiedene Faktoren befeuert, darunter Kapitalakkumulation, steuerliche Maßnahmen zugunsten der Wohlhabenden und der rückläufige Einfluss von Gewerkschaften. Die Mechanismen der Kapitalakkumulation, wie von Marx beschrieben, bleiben hochrelevant. Vermögen erzeugt mehr Vermögen durch

Anlageerträge, Erbschaften und Kapitalgewinne, während die Arbeiterklasse mit stagnierenden Löhnen und unsicherer Beschäftigung zu kämpfen hat.

Besteuerungs- und Fiskalpolitik spielen eine entscheidende Rolle bei der Verschärfung der wirtschaftlichen Ungleichheit. Viele Länder haben Steuersenkungen für Wohlhabende und Unternehmen eingeführt, unter dem Vorwand, das Wirtschaftswachstum zu fördern. Diese Politik führt jedoch oft zu verringerten öffentlichen Einnahmen, was Kürzungen bei sozialen Dienstleistungen und öffentlichen Investitionen zur Folge hat, die wiederum die Armen und die Mittelschicht überproportional treffen. Die abnehmende Progressivität der Steuersysteme bedeutet, dass die Steuerlast zunehmend auf die Arbeiterklasse fällt, während die Wohlhabenden Schlupflöcher und Offshore-Steueroasen ausnutzen können, um ihre Steuerverpflichtungen zu minimieren.

Arbeitsmarktdynamiken tragen weiter zur wachsenden Vermögenskluft bei. Der Aufstieg der Gig Economy und der Rückgang traditioneller, sicherer Beschäftigungsverhältnisse haben viele Arbeiter in prekäre Situationen gebracht. Arbeitsplatzsicherheit, Sozialleistungen und Löhne sind für viele stagniert, während die Vergütung von Führungskräften und die Renditen der Aktionäre in die Höhe geschossen sind. Dieser Wandel spiegelt einen breiteren Trend der Abwertung der Arbeit und der Priorisierung des Kapitals wider, im Einklang mit marxistischen Kritiken der kapitalistischen Wirtschaften.

Die Auswirkungen der wirtschaftlichen Ungleichheit gehen über die materielle Entbehrung hinaus. Sie untergräbt den sozialen Zusammenhalt und die politische Stabilität, was zu verstärkter sozialer Unruhe und Polarisierung führt. Gemeinschaften, die von Armut und mangelnden Chancen geplagt sind, neigen eher zu Kriminalität und Gewalt, wodurch ein Teufelskreis von Entbehrung und Instabilität entsteht. Wirtschaftliche Ungleichheit erodiert das Vertrauen in Institutionen und schwächt die Demokratie, da die Wohlhabenden einen überproportionalen Einfluss auf politische Prozesse und die Politikgestaltung ausüben können.

Gesundheits- und Bildungsergebnisse werden ebenfalls stark von der Vermögensungleichheit beeinflusst. Der Zugang zu qualitativ hochwertiger Gesundheitsversorgung und Bildung wird oft durch den wirtschaftlichen Status bestimmt, was einen Kreislauf der Armut perpetuiert. Schlechte Gesundheit und begrenzte Bildungschancen verringern die soziale Mobilität und die wirtschaftlichen Aussichten, wodurch die Ungleichheit über Generationen hinweg verankert wird. Diese systemische Ungerechtigkeit macht deutlich, dass erhebliche politische Interventionen notwendig sind, um einen gerechten Zugang zu wesentlichen Dienstleistungen sicherzustellen.

Die Bekämpfung der wirtschaftlichen Ungleichheit erfordert robuste Mechanismen zur Vermögensumverteilung. Eine progressive Besteuerung, die höhere Steuersätze für Wohlhabende vorsieht, ist ein grundlegendes Instrument zur Verringerung der Ungleichheit. Einnahmen aus progressiven Steuern können soziale Programme, Infrastruktur und öffentliche Dienstleistungen finanzieren, die der breiteren Bevölkerung zugutekommen. Das universelle Grundeinkommen ist ein weiteres politisches Konzept, das an Bedeutung gewinnt, indem es ein Sicherheitsnetz für alle Bürger bietet, einen grundlegenden Lebensstandard sicherstellt und Armut und wirtschaftliche Unsicherheit reduziert.

Soziale Sicherheitsnetze, wie Arbeitslosenunterstützung, Lebensmittelhilfeprogramme und Wohnsubventionen, sind entscheidend, um die Auswirkungen der wirtschaftlichen Ungleichheit abzumildern. Diese Programme müssen jedoch ausreichend finanziert und zugänglich sein, um wirksam zu sein. Internationale Institutionen spielen ebenfalls eine Rolle bei der Bekämpfung der globalen Ungleichheit. Organisationen wie der Internationale Währungsfonds und die Weltbank müssen von der Förderung neoliberaler Politiken, die die Ungleichheit verschärfen, zu einer Unterstützung inklusiver und nachhaltiger wirtschaftlicher Entwicklung übergehen.

Unternehmensverantwortung und Regulierung sind entscheidend, um die Konzentration von Reichtum anzugehen. Starke Unternehmensführungspraktiken, faire Löhne und ethische Arbeitspraktiken können dazu beitragen, wirtschaftliche Disparitäten zu verringern. Regulierungsmaßnahmen zur Begrenzung übermäßiger Unternehmensgewinne, zur Gewährleistung fairen Wettbewerbs und zum Schutz der Arbeitnehmerrechte sind unerlässlich.

Technologische Fortschritte und Automatisierung stellen sowohl Herausforderungen als auch Chancen für die wirtschaftliche Ungleichheit dar. Während Technologie Produktivität und Wirtschaftswachstum fördern kann, birgt sie auch das Risiko der Arbeitsplatzverdrängung und der Verschärfung der Ungleichheit. Politiken, die einen fairen Zugang zu Technologie und digitaler Infrastruktur fördern, können dazu beitragen, die digitale Kluft zu überbrücken und wirtschaftliche Chancen für marginalisierte Gemeinschaften zu schaffen.

Globalisierung und Handel haben zum Wirtschaftswachstum beigetragen, aber auch zu erheblichen Ungleichheiten geführt. Freihandelsabkommen kommen oft multinationalen Konzernen zugute, auf Kosten lokaler Volkswirtschaften und Arbeitnehmer. Die Sicherstellung fairer Handelspraktiken und der Schutz der Arbeitsrechte in globalen Lieferketten sind notwendige Schritte, um diese Auswirkungen abzumildern.

Umweltverträglichkeit ist intrinsisch mit wirtschaftlicher Ungleichheit verbunden. Umweltzerstörung trifft die Armen und Marginalisierten überproportional stark, da ihnen oft die Mittel fehlen, um ihre Auswirkungen abzumildern. Die Förderung nachhaltiger Entwicklung und grüner Politiken kann wirtschaftliche Chancen schaffen und Umweltstress verringern, wovon alle Gesellschaftsschichten profitieren.

Indem man sich auf die Grundursachen der Vermögensungleichheit konzentriert und umfassende politische Reformen befürwortet, ist es möglich, eine gerechtere und fairere Welt zu schaffen. Globale Zusammenarbeit, progressive Besteuerung, unternehmerische Verantwortung und nachhaltige Entwicklung sind wesentliche Bestandteile dieses Bestrebens. Die Befähigung von Individuen durch Bildung, Schulungen und Zugang zu Chancen ist entscheidend, um den Kreislauf der Armut zu durchbrechen und soziale Mobilität zu fördern. Das Streben nach wirtschaftlicher Gerechtigkeit und Gleichheit bleibt ein wichtiges Unterfangen, um eine stabile und wohlhabende globale Gesellschaft zu schaffen.

UNTERNEHMENSMACHT UND -EINFLUSS

Die Analyse der wirtschaftlichen Ungleichheit durch die Linse des modernen Marxismus erfordert eine tiefgehende Untersuchung der Macht und des Einflusses multinationaler Konzerne auf die Gestaltung globaler Wirtschaftspolitik.

Die Rolle dieser Unternehmen ist ausgeprägter geworden und spiegelt die strukturellen Ungleichheiten wider, die dem globalen kapitalistischen System innewohnen und diese verstärken. Multinationale Konzerne besitzen erhebliches wirtschaftliches Gewicht, das sich in erheblichen politischen Einfluss übersetzt und es ihnen ermöglicht, Richtlinien zu formen, die oft ihre eigenen Interessen über das allgemeine gesellschaftliche Wohl stellen.

Multinationale Konzerne haben aufgrund der Globalisierung, technologischer Fortschritte und der Deregulierung der Märkte beispiellose wirtschaftliche Macht erlangt. Diese Macht zeigt sich in ihrer Fähigkeit, Handelspolitiken, Arbeitsgesetze, Umweltvorschriften und sogar Steuersysteme in verschiedenen Ländern zu beeinflussen. Die schiere Größe multinationaler Konzerne, deren Aktivitäten sich über mehrere Kontinente und umfangreiche Netzwerke von Tochtergesellschaften erstrecken, verschafft ihnen einen Hebel über nationale Regierungen, insbesondere solche in Entwicklungsländern, die dringend auf ausländische Investitionen und wirtschaftliche Entwicklung angewiesen sind.

Einer der Hauptwege, auf denen multinationale Konzerne Einfluss ausüben, ist durch Lobbyarbeit und politische Spenden. In vielen Ländern geben Unternehmen Milliarden von Dollar aus, um Gesetzgeber und politische Entscheidungsträger zu beeinflussen. Diese finanzielle Macht ermöglicht es ihnen, Vorschriften zu ihren Gunsten zu gestalten, was oft zu schwächeren Arbeitsschutzmaßnahmen, niedrigeren Umweltstandards und günstigen Steuerregelungen führt. Die Fähigkeit der Konzerne, politische Kampagnen und Parteien zu finanzieren, stellt sicher, dass ihre Interessen auf den höchsten Regierungsebenen vertreten werden. Diese Praxis untergräbt demokratische Prozesse und verschärft die wirtschaftliche Ungleichheit, indem sie Unternehmensinteressen über die der allgemeinen Bevölkerung stellt.

Steuervermeidung und -hinterziehung sind entscheidende Aspekte des Unternehmens Einflusses auf die globale Wirtschaftspolitik. Multinationale Konzerne nutzen komplexe rechtliche Rahmen und Schlupflöcher, um ihre Steuerpflichten zu minimieren. Sie setzen Strategien wie Gewinnverschiebung und Erosion der Steuerbasis ein, um Gewinne in Niedrigsteuerländer zu verlagern, was den Ländern wichtige öffentliche Einnahmen entzieht. Diese Praxis verringert nicht nur die Mittel für soziale Dienste und Infrastruktur, sondern belastet auch kleine Unternehmen und einzelne Steuerzahler überproportional. Bemühungen zur Bekämpfung der Steuervermeidung, wie die Base Erosion and Profit Shifting-Initiative der OECD, haben einige Fortschritte gemacht, werden jedoch oft durch den politischen Einfluss dieser Unternehmen behindert.

Die Arbeitspraktiken multinationaler Konzerne verdeutlichen weiterhin ihre Macht und ihren Einfluss bei der Aufrechterhaltung der wirtschaftlichen Ungleichheit. Das Streben nach Gewinnmaximierung führt dazu, dass viele Unternehmen die Produktion in Länder mit niedrigeren Arbeitskosten und schwächeren Arbeitsschutzmaßnahmen auslagern. Dies führt zu einem Wettlauf nach unten, bei dem Länder konkurrieren, um die günstigsten Bedingungen für Unternehmensinvestitionen zu bieten, oft auf Kosten der Rechte und Löhne der Arbeiter. Die Ausbeutung von Arbeitskräften in globalen Lieferketten ist ein erhebliches Problem, da Arbeiter in Entwicklungsländern schlechten Arbeitsbedingungen, unzureichender Bezahlung und begrenzten Aufstiegsmöglichkeiten ausgesetzt sind. Diese Dynamik verfestigt wirtschaftliche Unterschiede sowohl innerhalb als auch zwischen den Ländern.

Umweltpolitiken sind ein weiteres Gebiet, in dem der Unternehmenseinfluss tiefgreifend spürbar ist. Multinationale Konzerne, insbesondere solche in ressourcenintensiven Branchen, haben ein starkes Interesse daran, Umweltvorschriften zu beeinflussen, um Kosten zu minimieren und Gewinne zu maximieren. Dies führt oft dazu, dass gegen strenge Umweltstandards lobbyiert wird und die Umsetzung notwendiger Maßnahmen zur Bekämpfung des Klimawandels und der Umweltzerstörung verzögert wird. Die Umweltauswirkungen der Unternehmensaktivitäten betreffen marginalisierte Gemeinschaften überproportional stark und verschärfen soziale und wirtschaftliche Ungleichheiten. Der Druck zur Deregulierung und die Rücknahme von Umweltvorschriften zeigen, wie Unternehmensinteressen globale Bemühungen um nachhaltige Entwicklung untergraben können.

Handelspolitiken bieten einen weiteren Weg, durch den multinationale Konzerne die globale Wirtschaftslandschaft prägen. Freihandelsabkommen und Handelsorganisationen wie die Welthandelsorganisation (WTO) werden stark von Unternehmensinteressen beeinflusst. Diese Abkommen priorisieren oft den Schutz von geistigen Eigentumsrechten, Investor-Staat-Streitbeilegungen und den Marktzugang für multinationale Konzerne, während Arbeitsrechte, Umweltstandards und die Bedürfnisse der Entwicklungsländer übersehen werden. Das Ergebnis ist ein Handelsregime, das große Unternehmen auf Kosten von kleinen Unternehmen, Arbeitern und der Umwelt begünstigt.

Der Finanzsektor, der von multinationalen Banken und Finanzinstituten dominiert wird, übt erheblichen Einfluss auf die Wirtschaftspolitik aus. Das globale Finanzsystem ist durch den freien Kapitalfluss, spekulative Investitionen und finanzielle Deregulierung gekennzeichnet, was alles große Finanzinstitutionen begünstigt. Die Finanzkrise von 2008 hob die systemischen Risiken hervor, die durch die unregulierten Aktivitäten dieser Institutionen entstehen, und die anschließenden Rettungsaktionen verdeutlichten ihren politischen Einfluss. Trotz der Krise waren die regulatorischen Reformen begrenzt, und der Finanzsektor priorisiert weiterhin kurzfristige Gewinne gegenüber langfristiger wirtschaftlicher Stabilität und Gleichheit.

Der Unternehmenseinfluss erstreckt sich auch auf internationale Institutionen. Organisationen wie der Internationale Währungsfonds (IWF) und die Weltbank werden von den Interessen wohlhabender Nationen und damit auch ihrer multinationalen Konzerne beeinflusst. Die Bedingungen, die an Kredite und Hilfen geknüpft sind, fördern oft neoliberale Politiken, einschließlich Privatisierung, Deregulierung und Sparmaßnahmen, die wirtschaftliche Ungleichheiten in den Empfängerländern verschärfen. Der Einfluss multinationaler Konzerne in diesen Institutionen stellt sicher, dass die globale Wirtschaftspolitik ihren Interessen entspricht, oft zum Nachteil von Entwicklungsländern und marginalisierten Bevölkerungsgruppen.

Als Reaktion auf den allgegenwärtigen Einfluss multinationaler Konzerne gibt es eine wachsende Bewegung, die gerechtere Wirtschaftspolitiken fordert. Dazu gehören Forderungen nach einer stärkeren Regulierung der Unternehmensaktivitäten, der Umsetzung progressiver Steuerpolitiken und einer größeren Rechenschaftspflicht für Arbeits- und Umweltpraktiken.

Internationale Zusammenarbeit ist entscheidend, um die Herausforderungen durch multinationale Konzerne anzugehen, insbesondere in Bereichen wie Steuerreform, Umweltschutz und Arbeitsstandards. Es besteht auch Bedarf an größerer Transparenz und demokratischer Beteiligung an den politischen Entscheidungsprozessen, um den Unternehmenseinfluss auszugleichen.

Durch das Hervorheben der strukturellen Ungleichheiten und das Eintreten für systemischen Wandel bietet der moderne Marxismus einen Weg zu einer gerechteren und faireren globalen Wirtschaft. Die Reduzierung des Einflusses multinationaler Konzerne auf die Gestaltung der Wirtschaftspolitik ist entscheidend, um wirtschaftliche Ungleichheit zu bekämpfen und nachhaltige sowie inklusive Entwicklung zu fördern. Dies erfordert ein gemeinsames Engagement von Regierungen, internationalen Institutionen und der Zivilgesellschaft, die Bedürfnisse der Vielen über die Interessen der Wenigen zu stellen.

KAPITEL 2: KLASSENKAMPF UND ARBEITERBEWEGUNGEN

Die Analyse des Klassenkampfes und der Arbeiterbewegungen aus einer modernen marxistischen Perspektive zeigt die anhaltende Relevanz von Arbeitsrechten und Gewerkschaften im Kontext von wirtschaftlicher Ungleichheit und kapitalistischer Ausbeutung. Die Bewertung des Zustands der Arbeitsrechte und der Stärke der Gewerkschaftsbewegungen in verschiedenen Ländern gibt Einblicke in die aktuellen Herausforderungen der Arbeiter und die möglichen Wege zu größerer wirtschaftlicher und sozialer Gerechtigkeit.

Arbeitsrechte, die faire Löhne, sichere Arbeitsbedingungen, angemessene Arbeitszeiten und das Recht auf Organisation umfassen, sind grundlegend für das Wohlergehen der Arbeiter. Diese Rechte sind jedoch in vielen Teilen der Welt ständig bedroht. In entwickelten Ländern waren die Arbeitsrechte traditionell stärker aufgrund robuster rechtlicher Rahmenbedingungen und des historischen Einflusses mächtiger Arbeiterbewegungen. Dennoch ist in diesen Ländern in den letzten Jahrzehnten ein merklicher Abbau der Arbeitsrechte zu beobachten. Dieser Abbau wird durch neoliberale Politiken vorangetrieben, die Marktliberalisierung, Unternehmensinteressen und die Flexibilität der Arbeitsmärkte priorisieren. Der Rückgang der Arbeitsplätze in der Produktion und der Anstieg von Dienstleistungs- und Gig-Economy-Jobs, die durch prekäre Beschäftigung und begrenzte Schutzmaßnahmen gekennzeichnet sind, haben die Position der Arbeiter geschwächt.

In den Vereinigten Staaten beispielsweise nimmt die Gewerkschaftsmitgliedschaft seit Mitte des 20. Jahrhunderts stetig ab. Von einem Höchststand von etwa 35 Prozent der Belegschaft in den 1950er Jahren ist die Gewerkschaftsdichte in den letzten Jahren auf etwa 10 Prozent gefallen. Dieser Rückgang wird auf mehrere Faktoren zurückgeführt, darunter aggressive Anti-Gewerkschafts-Taktiken der Arbeitgeber, gesetzliche Änderungen, die das kollektive Verhandeln untergraben, und wirtschaftliche Verschiebungen, die nicht gewerkschaftlich organisierte Sektoren begünstigen. Die Schwächung der Gewerkschaften hat zu stagnierenden Löhnen, zunehmender Einkommensungleichheit und sich verschlechternden Arbeitsbedingungen für viele Arbeiter geführt. Trotzdem gibt es in letzter Zeit Anzeichen für ein Wiederaufleben, wobei hochkarätige Gewerkschaftsbestrebungen bei großen Unternehmen wie Amazon und Starbucks die öffentliche Aufmerksamkeit auf sich ziehen und Debatten über Arbeitsrechte neu entfachen.

In Europa variiert die Situation erheblich zwischen den Ländern. Die nordischen Länder wie Schweden, Dänemark und Finnland haben aufgrund eines sozialdemokratischen Modells, das die Zusammenarbeit zwischen Arbeitgebern, Arbeitern und dem Staat betont, hohe Gewerkschaftsgrade und starke Arbeitsrechte. Diese Länder haben umfassende Wohlfahrtssysteme und robuste Arbeitsmarktregelungen, die für anständige Arbeitsbedingungen und Arbeitsplatzsicherheit sorgen. Im Gegensatz dazu haben Länder wie das Vereinigte Königreich seit der neoliberalen Wende der 1980er Jahre einen

Rückgang der Gewerkschaftsmacht und der Arbeitsrechte erlebt. Die Einführung von Anti-Gewerkschaftsgesetzen, die Privatisierung öffentlicher Dienstleistungen und die Flexibilisierung der Arbeitsmärkte haben alle zur Schwächung der Arbeiterbewegung beigetragen.

In Entwicklungsländern sind die Arbeitsrechte oft schwach und die Durchsetzungsmechanismen begrenzt. Viele Arbeiter in diesen Regionen sind im informellen Sektor beschäftigt, wo Arbeitschutzmaßnahmen minimal oder nicht existent sind. In Ländern wie Indien und Bangladesch stehen Textilarbeiter vor ausbeuterischen Bedingungen, mit langen Arbeitszeiten, niedrigen Löhnen und unsicheren Arbeitsumgebungen. Trotz dieser Herausforderungen gab es bedeutende Arbeiterbewegungen, die für bessere Bedingungen eintreten. In Bangladesch beispielsweise löste die Rana-Plaza-Katastrophe im Jahr 2013, bei der über 1.100 Textilarbeiter ums Leben kamen, weltweite Empörung aus und erhöhte den Druck auf multinationale Konzerne, die Arbeitsstandards in ihren Lieferketten zu verbessern.

China stellt einen einzigartigen Fall dar. Als größtes Produktionszentrum der Welt hat China eine riesige Arbeiterschaft mit begrenzten Arbeitsrechten und keinen unabhängigen Gewerkschaften. Der Allchinesische Gewerkschaftsbund, die einzige legale Gewerkschaft, wird vom Staat kontrolliert und priorisiert oft staatliche und Unternehmensinteressen über die der Arbeiter. In den letzten Jahren hat es jedoch einen Anstieg von wilden Streiks und Arbeiterprotesten gegeben, was eine zunehmende Unzufriedenheit der Arbeiter über Löhne, Arbeitsbedingungen und Sozialleistungen widerspiegelt. Diese Bewegungen haben einige lokale Regierungen und Arbeitgeber zu Zugeständnissen veranlasst, obwohl systemische Änderungen begrenzt bleiben.

Lateinamerika hat eine Geschichte starker Arbeiterbewegungen, insbesondere in Ländern wie Brasilien und Argentinien, wo Gewerkschaften eine entscheidende Rolle im politischen und wirtschaftlichen Leben gespielt haben. Die Region hat jedoch auch Phasen der Repression und neoliberalen Reformen erlebt, die die Arbeitsrechte und die Gewerkschaftsmacht geschwächt haben. In Brasilien haben jüngste Arbeitsreformen es Arbeitgebern erleichtert, Arbeiter einzustellen und zu entlassen, den Umfang der Tarifverhandlungen verringert und Gewerkschaften geschwächt. Trotz dieser Rückschläge bleiben Gewerkschaften eine starke Kraft, die gegen Sparmaßnahmen mobilisieren und für soziale und wirtschaftliche Gerechtigkeit eintreten.

Die globale Arbeiterbewegung steht im 21. Jahrhundert vor zahlreichen Herausforderungen. Der Aufstieg der Gig-Economy und digitaler Plattformen hat neue Formen prekärer Arbeit geschaffen, die schwer zu organisieren sind. Unternehmen wie Uber, Lyft und Deliveroo klassifizieren ihre Arbeiter als unabhängige Auftragnehmer und berauben sie traditioneller Arbeitsrechte und Schutzmaßnahmen. Die Bemühungen, Gig-Arbeiter zu gewerkschaftlich zu organisieren, hatten gemischten Erfolg, da rechtliche und regulatorische Rahmenbedingungen hinter den Realitäten des modernen Arbeitsmarktes zurückbleiben. Darüber hinaus hat die COVID-19-Pandemie bestehende Ungleichheiten verschärft und die Verwundbarkeiten von systemrelevanten Arbeitern hervorgehoben, von denen viele niedrig bezahlt, prekär beschäftigt und unzureichend gegen Gesundheits- und Sicherheitsrisiken geschützt sind.

Als Reaktion auf diese Herausforderungen gibt es eine wachsende Bewegung, die Arbeitsrechte neu zu definieren und auszuweiten, um Arbeiter in der modernen Wirtschaft besser zu schützen. Dazu gehört die Forderung nach universellen Arbeitsstandards, unabhängig vom Beschäftigungsstatus, und das Eintreten für stärkere Durchsetzungsmechanismen, um die Einhaltung zu gewährleisten. Internationale Solidarität unter den Arbeiterbewegungen ist ebenfalls entscheidend, da multinationale Konzerne häufig regulatorische Unterschiede zwischen den Ländern ausnutzen, um Arbeitsrechte zu untergraben. Organisationen wie der Internationale Gewerkschaftsbund spielen eine wichtige Rolle bei der Koordinierung globaler Kampagnen und der Vertretung der Arbeitnehmerrechte auf internationalen Foren.

Die moderne marxistische Theorie bietet einen kritischen Rahmen zum Verständnis der Dynamiken von Klassenkampf und Arbeiterbewegungen. Sie betont die Bedeutung kollektiver Aktionen und Solidarität bei der Herausforderung der Macht des Kapitals und der Förderung der Interessen der Arbeiterklasse. Indem sie sich auf die strukturellen Ungleichheiten im kapitalistischen System konzentriert, plädiert die moderne marxistische Theorie für systemische Veränderungen, die über bloße Reformen hinausgehen. Dazu gehört die Förderung alternativer Wirtschaftsmodelle, die soziale und wirtschaftliche Gerechtigkeit priorisieren, wie Genossenschaften, öffentliche Eigentümer von Schlüsselindustrien und demokratische Kontrolle der Wirtschaft.

Der Zustand der Arbeitsrechte und die Stärke der Gewerkschaftsbewegungen variieren erheblich zwischen den verschiedenen Ländern und spiegeln breitere wirtschaftliche, politische und soziale Kontexte wider. Trotz Rückschlägen und Herausforderungen spielen Arbeiterbewegungen weiterhin eine entscheidende Rolle beim Eintreten für die Rechte und Interessen der Arbeiter. Die moderne marxistische Theorie bietet wertvolle Einblicke und Strategien zur Revitalisierung dieser Bewegungen und zur Bekämpfung der Ursachen von wirtschaftlicher Ungleichheit und Ausbeutung. Indem sie auf den Prinzipien von Solidarität, kollektiver Aktion und systemischem Wandel aufbauen, können Arbeiterbewegungen zu einer gerechteren und gerechteren globalen Wirtschaft beitragen.

GIG-ECONOMY UND PREKÄRE ARBEIT

Der Aufstieg der Gig-Economy hat die Arbeitsmärkte weltweit erheblich verändert und neue Dynamiken eingeführt, die traditionelle Arbeitsrechte und Arbeitsplatzsicherheit herausfordern. Aus einer modernen marxistischen Perspektive stellt die Gig-Economy eine Fortsetzung und Intensivierung der kapitalistischen Ausbeutung dar, bei der das Streben nach Gewinnmaximierung zu prekären Arbeitsbedingungen führt und die Rechte der Arbeiter untergräbt.

Die Gig-Economy, gekennzeichnet durch kurzfristige, flexible Jobs, die oft durch digitale Plattformen vermittelt werden, ist in den letzten zehn Jahren rasant gewachsen. Unternehmen wie Uber, Lyft, Deliveroo und TaskRabbit sind zu Synonymen für diese neue Arbeitsweise geworden und bieten Dienstleistungen an, die von Mitfahrgelegenheiten und Essenslieferungen bis hin zu Freiberuflaufgaben und Gelegenheitsjobs reichen. Befürworter der Gig-Economy betonen die Flexibilität und Autonomie, die sie den Arbeitern bietet. Eine genauere Betrachtung zeigt jedoch eine Reihe von Problemen, die tiefere systemische Probleme innerhalb kapitalistischer Wirtschaften widerspiegeln.

Einer der bedeutendsten Auswirkungen der Gig-Economy auf die Arbeiter ist der Abbau der Arbeitsplatzsicherheit. Gig-Arbeiter arbeiten typischerweise als unabhängige Auftragnehmer und nicht als Angestellte, was bedeutet, dass sie keinen Zugang zu traditionellen Arbeitsleistungen wie Krankenversicherung, bezahltem Urlaub, Rentenplänen und Kündigungsschutz haben. Diese Klassifizierung ermöglicht es den Unternehmen, die Arbeitskosten zu senken, indem sie Arbeitsgesetze umgehen und Risiken auf die Arbeiter abwälzen. Das Ergebnis ist eine prekäre Belegschaft, die keine Stabilität hat und anfällig für Schwankungen bei Nachfrage und Einkommen ist.

Prekäre Arbeit in der Gig-Economy ist durch unregelmäßige Arbeitszeiten und inkonsistente Einkünfte gekennzeichnet. Viele Gig-Arbeiter finden es schwierig, ihr Einkommen von Woche zu Woche vorherzusagen, was die finanzielle Planung erschwert und die wirtschaftliche Unsicherheit erhöht. Diese Instabilität wird durch die Algorithmen verstärkt, die von Gig-Plattformen verwendet werden und willkürlich ändern können, wie Arbeit zugewiesen und vergütet wird, oft ohne Transparenz oder Rückgriffsmöglichkeiten für die Arbeiter. Die Abhängigkeit von Bewertungen und Kundenfeedback verstärkt die Arbeitsplatzunsicherheit zusätzlich, da die Lebensgrundlage der Arbeiter durch Faktoren bedroht sein kann, die außerhalb ihrer Kontrolle liegen.

Aus einer modernen marxistischen Perspektive intensiviert die Gig-Economy die Kommodifizierung der Arbeit. Arbeiter werden zu Einheiten der Arbeitskraft reduziert, die nach Bedarf gekauft und verkauft werden können, und sind ihrer hart erkämpften Schutzmaßnahmen und Rechte beraubt, die von früheren Generationen der Arbeiterbewegungen erkämpft wurden. Die Gig-Economy verkörpert das Konzept der flexiblen Akkumulation, bei dem das Kapital bestrebt ist, Gewinne durch die Ausbeutung der Arbeit auf zunehmend flexible und austauschbare Weise zu maximieren. Diese Verschiebung stellt einen Rückzug vom Sozialvertrag dar, der die Nachkriegswirtschaftsordnung untermauerte und die Notwendigkeit stabiler, sicherer Arbeitsplätze als Grundlage für soziale und wirtschaftliche Stabilität anerkannte.

Der Aufstieg der Gig-Economy hat auch erhebliche Auswirkungen auf Arbeitsrechte und Gewerkschaften. Traditionelle Gewerkschaften haben Schwierigkeiten, Gig-Arbeiter zu organisieren, die verstreut, vorübergehend und oft isoliert sind. Die individualistische Natur der Gig-Arbeit, bei der die Arbeiter um Aufträge konkurrieren, untergräbt die kollektive Solidarität und erschwert den Aufbau kollektiver Macht. Es gibt jedoch bemerkenswerte Bemühungen, Gig-Arbeiter zu organisieren und für ihre Rechte einzutreten. Zum Beispiel hat das Aufkommen von "Alt-Labor"-Gruppen und Arbeiterkooperativen gezeigt, dass es möglich ist, Gig-Arbeiter um gemeinsame Themen wie faire Bezahlung, bessere Arbeitsbedingungen und rechtliche Anerkennung als Angestellte zu mobilisieren.

Rechtsstreitigkeiten über die Klassifizierung von Gig-Arbeitern stehen im Zentrum des Kampfes um Arbeitsrechte in der Gig-Economy. In mehreren Gerichtsbarkeiten haben Gig-Arbeiter ihren Status als unabhängige Auftragnehmer angefochten und die Anerkennung als Angestellte angestrebt, um Zugang zu Arbeitsschutzmaßnahmen zu erhalten. Diese rechtlichen Bemühungen haben gemischte Ergebnisse erzielt, wobei einige Gerichte zugunsten der Arbeiter entschieden haben und andere das Auftragnehmermodell bestätigt haben. Gesetzgeberische Bemühungen wie das kalifornische Assembly Bill 5 zielen darauf ab, Gig-

Arbeiter als Angestellte umzuklassifizieren, aber diese Initiativen stoßen oft auf heftigen Widerstand von Gig-Unternehmen, die argumentieren, dass solche Maßnahmen ihre Geschäftsmodelle bedrohen.

Die globale Reichweite der Gig-Economy bedeutet, dass ihre Auswirkungen in verschiedenen Ländern unterschiedlich zu spüren sind, abhängig von den lokalen Arbeitsmarktbedingungen und regulatorischen Umgebungen. In Entwicklungsländern, wo formale Beschäftigungsmöglichkeiten oft knapp sind, kann die Gig-Economy eine wichtige Einkommensquelle für viele Arbeiter darstellen. Das Fehlen von Regulierungsrahmen zum Schutz der Gig-Arbeiter in diesen Kontexten kann jedoch zu noch größerer Ausbeutung und Unsicherheit führen. Die globale Natur der Gig-Plattformen ermöglicht es ihnen auch, regulatorische Unterschiede zwischen den Ländern auszunutzen, um den Profit zu maximieren.

Technologie spielt in der Gig-Economy eine doppelte Rolle, indem sie neue Arbeitsformen ermöglicht und gleichzeitig zur Ausbeutung der Arbeiter beiträgt. Während digitale Plattformen die Abstimmung von Angebot und Nachfrage nach Arbeit erleichtern, ermöglichen sie auch beispiellose Überwachungs- und Kontrollstufen über die Arbeiter. Algorithmen bestimmen, welche Arbeiter Zugang zu Jobs erhalten, wie viel sie bezahlt werden und sogar wie sie bewertet werden, oft mit wenig Transparenz. Diese technologische Kontrolle kann zu entmenschlichenden Arbeitsbedingungen führen, bei denen Arbeiter als bloße Datenpunkte in einem Algorithmus behandelt werden, anstatt als Menschen mit Rechten und Würde.

Die breiteren gesellschaftlichen Auswirkungen der Gig-Economy sind erheblich. Der Anstieg prekärer Arbeit trägt zur wachsenden wirtschaftlichen Ungleichheit bei, da eine kleine Anzahl von Technologieunternehmen und ihren Investoren enorme Gewinne erzielt, während eine große Arbeiterschaft unterbezahlt und unsicher bleibt. Diese Ungleichheit untergräbt den sozialen Zusammenhalt und verschärft bestehende Spaltungen innerhalb der Gesellschaft. Aus einer marxistischen Perspektive verdeutlicht die Gig-Economy die Widersprüche des Kapitalismus, bei dem das Streben nach Profit zur Ausbeutung der Arbeit und zum Abbau sozialer Schutzmaßnahmen führt, die für das menschliche Wohlergehen wesentlich sind.

Die Bewältigung der Herausforderungen, die die Gig-Economy mit sich bringt, erfordert einen multifazettierten Ansatz. Es ist entscheidend, die Arbeitsrechte zu stärken und sicherzustellen, dass alle Arbeiter, unabhängig von ihrem Beschäftigungsstatus, Zugang zu grundlegenden Rechten und Leistungen haben. Dies könnte die Aktualisierung der Arbeitsgesetze umfassen, um den Realitäten der modernen Arbeit gerecht zu werden, und sicherstellen, dass Gig-Arbeiter nicht von Schutzmaßnahmen wie Mindestlohn, Gesundheits- und Sicherheitsvorschriften und kollektiven Verhandlungsrechten ausgeschlossen sind. Darüber hinaus besteht Bedarf an größerer Transparenz und Rechenschaftspflicht, wie Gig-Plattformen operieren, einschließlich der Algorithmen, die die Arbeitsverteilung und -vergütung steuern.

Die Rolle des Staates ist entscheidend bei der Regulierung der Gig-Economy und dem Schutz der Arbeiterrechte. Regierungen müssen den Lobbying-Bemühungen der Gig-Unternehmen widerstehen und das Wohlergehen der Arbeiter über die Unternehmensgewinne stellen. Dies umfasst die Durchsetzung bestehender Arbeitsgesetze, das Schließen von Schlupflöchern, die die Fehlklassifizierung von Arbeitern ermöglichen, und die Unterstützung von Initiativen, die faire Arbeitspraktiken fördern. Internationale Zusammenarbeit ist ebenfalls notwendig, um die globale Natur der Gig-Arbeit zu adressieren und sicherzustellen, dass Arbeiter grenzüberschreitend geschützt werden.

Die Arbeiterbewegung muss sich auch an die Realitäten der Gig-Economy anpassen und neue Wege finden, um Arbeiter in einem fragmentierten und flexiblen Arbeitsmarkt zu organisieren und für sie einzutreten. Der Aufbau von Solidarität unter Gig-Arbeitern, die Nutzung digitaler Werkzeuge zur Organisation und die Bildung von Allianzen mit traditionellen Gewerkschaften können dazu beitragen, die kollektive Macht der Gig-Arbeiter zu stärken. Darüber hinaus kann die Förderung alternativer Wirtschaftsmodelle, wie Arbeiterkooperativen und Plattformkooperativen, einen gerechteren und demokratischeren Ansatz zur Gig-Arbeit bieten.

Der Aufstieg der Gig-Economy und die daraus resultierenden prekären Arbeitsbedingungen unterstreichen die anhaltende Relevanz des Klassenkampfes und der Arbeiterbewegungen im Kontext des modernen Kapitalismus. Aus einer marxistischen Perspektive stellt die Gig-Economy eine neue Grenze der kapitalistischen Ausbeutung dar, die eine starke Reaktion von Arbeitern, Arbeiterbewegungen und politischen Entscheidungsträgern erfordert. Durch die Auseinandersetzung mit den strukturellen Problemen, die der Gig-Economy zugrunde liegen, und das Eintreten für die Rechte und Würde aller Arbeiter ist es möglich, einen gerechteren und gerechteren Arbeitsmarkt zu schaffen, der der Gesellschaft insgesamt zugutekommt.

KAPITEL 3: POLITISCHE SYSTEME UND REGIERUNGSFÜHRUNG

SOZIALISTISCHE UND KOMMUNISTISCHE STAATEN

Im Kontext des modernen Marxismus bieten die Untersuchung der Politiken und des Einflusses zeitgenössischer sozialistischer und kommunistischer Staaten wie China, Kuba und Venezuela wertvolle Einblicke in alternative politische Systeme und Regierungsstrukturen. Diese Länder, trotz ihrer Unterschiede, teilen eine gemeinsame ideologische Grundlage im Marxismus-Leninismus und bieten unterschiedliche Modelle dafür, wie sozialistische Prinzipien in der Praxis angewendet werden.

China, als der weltweit bekannteste und wirtschaftlich bedeutendste sozialistische Staat, hat seit der Gründung der Volksrepublik China im Jahr 1949 tiefgreifende Transformationen durchlaufen. Unter der Führung der Kommunistischen Partei Chinas verfolgte das Land zunächst einen Weg der staatlich geführten wirtschaftlichen Entwicklung und Kollektivierung. Seit Ende der 1970er Jahre hat China jedoch eine einzigartige Mischung aus Sozialismus und marktorientierten Reformen, bekannt als „Sozialismus mit chinesischen Charakteristika", übernommen. Dieser Ansatz, initiiert von Deng Xiaoping, zielte darauf ab, die

Wirtschaft zu modernisieren und gleichzeitig die politische Kontrolle der Kommunistischen Partei zu erhalten.

Chinas Wirtschaftspolitik konzentrierte sich auf schnelle Industrialisierung, Infrastrukturentwicklung und Integration in die Weltwirtschaft. Die Einführung von Sonderwirtschaftszonen, ausländischen Direktinvestitionen und Marktmechanismen hat China zur zweitgrößten Volkswirtschaft der Welt gemacht. Trotz dieser Marktorientierung behält der Staat eine erhebliche Kontrolle über Schlüsselbereiche wie Finanzen, Energie und Telekommunikation bei, um sicherzustellen, dass strategische Industrien unter staatlicher Aufsicht bleiben. Dieses Modell hat Hunderte Millionen Menschen aus der Armut befreit und China zu einer globalen Wirtschaftsmacht transformiert.

Das chinesische Modell ist jedoch nicht ohne Herausforderungen und Kritik. Das schnelle Wirtschaftswachstum hat zu schwerwiegenden Umweltzerstörungen, wachsender Einkommensungleichheit und sozialer Unzufriedenheit geführt. Die Kommunistische Partei behält eine strikte politische Kontrolle, mit begrenzter Toleranz gegenüber Dissens und einem harten Regierungsansatz, wie etwa bei der Unterdrückung der Proteste auf dem Tiananmen-Platz, der Behandlung der Uiguren in Xinjiang und der Unterdrückung der prodemokratischen Bewegungen in Hongkong zu sehen ist. Diese Maßnahmen haben internationale Kritik hervorgerufen und verdeutlichen die Spannungen zwischen wirtschaftlicher Liberalisierung und politischem Autoritarismus im chinesischen sozialistischen Rahmen.

Kuba hingegen repräsentiert ein traditionelleres Modell sozialistischer Regierungsführung. Seit der kubanischen Revolution 1959, angeführt von Fidel Castro und Che Guevara, verfolgt Kuba einen Weg der sozialistischen

Entwicklung mit Fokus auf soziale Gerechtigkeit, universelle Gesundheitsversorgung und Bildung. Die kubanische Regierung, unter der Kommunistischen Partei Kubas, hat eine zentralisierte Wirtschaft mit umfangreichem staatlichem Eigentum und Kontrolle über Produktion und Verteilung aufrechterhalten. Die Inselnation hat bemerkenswerte Erfolge im Gesundheits- und Bildungswesen erzielt und weist einige der höchsten Alphabetisierungsraten und Lebenserwartungen in der Region auf.

Trotz dieser Erfolge sieht sich Kuba mit erheblichen wirtschaftlichen Herausforderungen konfrontiert, die durch das langjährige US-Embargo verschärft wurden, das Handel und Investitionen einschränkt. Der Zusammenbruch der Sowjetunion, eines wichtigen Verbündeten und Wirtschaftspartners, hat die kubanische Wirtschaft weiter belastet und in den 1990er Jahren zu schweren Engpässen und wirtschaftlichen Härten während der „Sonderperiode" geführt. In den letzten Jahren hat Kuba begrenzte Marktreformen eingeführt, um das Wirtschaftswachstum anzukurbeln, wie die Zulassung kleiner privater Unternehmen und ausländischer Investitionen in bestimmten Sektoren. Das Tempo und der Umfang dieser Reformen sind jedoch vorsichtig, da die Kommunistische Partei bestrebt ist, den sozialistischen Charakter der Wirtschaft zu bewahren und die Fallstricke der kapitalistischen Marktwirtschaft zu vermeiden.

Venezuela bietet eine andere Perspektive auf den zeitgenössischen Sozialismus mit seiner Bolivarischen Revolution, angeführt von Hugo Chávez und seinem Nachfolger Nicolás Maduro. Chávez, der 1999 an die Macht kam, versuchte, einen „Sozialismus des 21. Jahrhunderts" zu etablieren, der darauf abzielte, Armut und Ungleichheit durch umfangreiche Sozialprogramme zu reduzieren, die aus den enormen Öleinnahmen des Landes finanziert wurden. Zu den wichtigsten Politiken gehörten die Verstaatlichung wichtiger Industrien, Landreformen und die Einrichtung von Kommunalräten, um die Basisbeteiligung an der Regierungsführung zu fördern.

Anfänglich führten diese Politiken zu erheblichen Verbesserungen der sozialen Indikatoren, wie der Reduzierung von Armut und Ungleichheit, dem verbesserten Zugang zu Gesundheitsversorgung und Bildung sowie einer stärkeren politischen Beteiligung. Venezuelas starke Abhängigkeit von Öleinnahmen machte seine Wirtschaft jedoch anfällig für Schwankungen der globalen Ölpreise. Wirtschaftliches Missmanagement, Korruption und US-Sanktionen verschärften die wirtschaftlichen Probleme des Landes weiter, was zu Hyperinflation, schweren Engpässen bei Grundgütern und einer humanitären Krise führte. Auch die politische Lage in Venezuela hat sich verschlechtert, mit Vorwürfen des Wahlbetrugs, der Unterdrückung der Opposition und Menschenrechtsverletzungen unter der Maduro-Regierung.

Diese Beispiele illustrieren die unterschiedlichen Wege, auf denen sozialistische und kommunistische Prinzipien in zeitgenössischen Staaten umgesetzt werden. Jedes Modell spiegelt einen anderen historischen, kulturellen und wirtschaftlichen Kontext wider und führt zu unterschiedlichen Ergebnissen und Herausforderungen. Trotz ihrer Unterschiede teilen diese Länder gemeinsame Ziele wie die Reduzierung von Ungleichheit, die Förderung des sozialen Wohlergehens und die Sicherstellung staatlicher Kontrolle über Schlüsselbereiche der Wirtschaft.

Aus einer modernen marxistischen Perspektive bieten diese Fälle wertvolle Lektionen über die Stärken und Grenzen sozialistischer Regierungsführung. Chinas wirtschaftlicher Erfolg zeigt das Potenzial für staatlich geführte Entwicklung und strategische Integration in die Weltwirtschaft bei gleichzeitiger politischer Kontrolle. Die Umwelt- und Sozialkosten sowie die politische Repression verdeutlichen jedoch die Notwendigkeit eines ausgewogeneren und demokratischeren Ansatzes zum Sozialismus. Kubas Errungenschaften in der sozialen Gerechtigkeit betonen die Bedeutung des universellen Zugangs zu wesentlichen Dienstleistungen, aber seine wirtschaftlichen Schwierigkeiten zeigen die Herausforderungen, eine zentral geplante Wirtschaft in einer globalisierten Welt aufrechtzuerhalten. Venezuelas Erfahrungen verdeutlichen die Risiken einer Überabhängigkeit von einem einzelnen Rohstoff und die Bedeutung von solidem Wirtschaftswandel und politischer Stabilität zur Erreichung sozialistischer Ziele.

Der Einfluss dieser sozialistischen und kommunistischen Staaten reicht über ihre Grenzen hinaus und prägt globale Debatten über Entwicklung, Regierungsführung und die Zukunft des Sozialismus. China hat sich insbesondere als wichtiger Akteur in den internationalen Angelegenheiten herauskristallisiert und bietet ein alternatives Entwicklungsmodell, das die westliche neoliberale Paradigma herausfordert. Durch Initiativen wie die Belt and Road Initiative erweitert China seinen wirtschaftlichen und politischen Einfluss in Asien, Afrika und Lateinamerika und fördert die Infrastrukturentwicklung und wirtschaftliche Zusammenarbeit unter seiner Führung.

Kuba hat trotz seiner geringen Größe und wirtschaftlichen Herausforderungen eine bedeutende internationale Präsenz durch seine medizinische Diplomatie und Unterstützung linker Bewegungen in Lateinamerika und darüber hinaus bewahrt. Kubanische Ärzte und medizinisches Personal wurden in verschiedene Länder entsandt und bieten kritische Gesundheitsdienste an, wodurch Kubas Soft Power gestärkt wird.

Venezuelas Bolivarische Allianz für die Völker unseres Amerika stellt einen Versuch dar, regionale Solidarität aufzubauen und den US-Einfluss in Lateinamerika zu kontern. Trotz seiner internen Herausforderungen hat Venezuela andere linke Regierungen und Bewegungen in der Region unterstützt und eine Vision regionaler Integration gefördert, die auf sozialer Gerechtigkeit und Anti-Imperialismus basiert.

Die Politiken und der Einfluss zeitgenössischer sozialistischer und kommunistischer Staaten wie China, Kuba und Venezuela bieten wichtige Einblicke in die Möglichkeiten und Herausforderungen alternativer politischer Systeme und Regierungsstrukturen. Diese Länder bieten vielfältige Modelle dafür, wie sozialistische Prinzipien an unterschiedliche Kontexte angepasst werden können, jeweils mit eigenen Erfolgen und Schwierigkeiten. Aus einer modernen marxistischen Perspektive hilft das Studium dieser Staaten, die Dynamik des Klassenkampfes, der Staatsmacht und das Streben nach sozialer und wirtschaftlicher Gerechtigkeit im 21. Jahrhundert zu verstehen. Die aus diesen Erfahrungen gewonnenen Lehren sind entscheidend für die Gestaltung zukünftiger sozialistischer Projekte, die gerechtere und demokratischere Gesellschaften anstreben.

LINKE POLITISCHE BEWEGUNGEN

Der Aufstieg und Einfluss linker politischer Bewegungen und Parteien in verschiedenen Ländern spiegeln eine wachsende

Unzufriedenheit mit neoliberalen Wirtschaftspolitiken, zunehmender wirtschaftlicher Ungleichheit und dem Abbau sozialer und arbeitsrechtlicher Rechte wider. Aus einer modernen marxistischen Perspektive stellen diese Bewegungen ein Wiederaufleben des Klassenbewusstseins und einen erneuten Versuch dar, systemische Ungerechtigkeiten im kapitalistischen System anzugehen. Durch die Untersuchung der Kontexte, in denen diese Bewegungen entstanden sind, ihrer Politiken und ihres Einflusses auf die politischen Landschaften, können wir ein tieferes Verständnis ihrer Bedeutung und ihres Potenzials für transformativen Wandel gewinnen.

In Europa haben linke politische Bewegungen infolge der nach der Finanzkrise von 2008 auferlegten Sparmaßnahmen an Bedeutung gewonnen. Länder wie Griechenland, Spanien und Portugal erlebten den Aufstieg von Parteien wie SYRIZA, Podemos und dem Linksblock. Diese Parteien entstanden aus Basisbewegungen gegen Sparmaßnahmen und neoliberale Politiken, die Arbeitslosigkeit, Armut und soziale Ungleichheit verschärft hatten. SYRIZA, unter der Führung von Alexis Tsipras, kam 2015 an die Macht mit dem Mandat, die griechischen Schulden neu zu verhandeln und die Sparmaßnahmen zu beenden. Trotz anfänglicher Begeisterung sah sich SYRIZA immensem Druck von internationalen Gläubigern und der Europäischen Union ausgesetzt, was zu Kompromissen führte, die viele ihrer Anhänger enttäuschten. Dennoch zeigte ihr Aufstieg die Möglichkeit, tief verwurzelte neoliberale Politiken im europäischen Kontext herauszufordern.

Ähnlich nutzte Podemos in Spanien die weit verbreitete Unzufriedenheit mit Korruption und Sparmaßnahmen. Gegründet 2014, ließ sich Podemos von der Indignados-

Bewegung inspirieren, die Millionen Spanier gegen wirtschaftliche Ungleichheit und politische Korruption mobilisiert hatte. Podemos setzte sich für soziale Gerechtigkeit, wirtschaftliche Demokratie und größere Bürgerbeteiligung in der Regierungsführung ein. Obwohl es Herausforderungen gab, das Momentum aufrechtzuerhalten und die Ziele in einem komplexen politischen Umfeld zu erreichen, hat Podemos die spanische Politik erheblich beeinflusst und die etablierten Parteien dazu gebracht, Fragen der Ungleichheit und Korruption ernsthafter anzugehen.

Im Vereinigten Königreich stellte die Labour Party unter Jeremy Corbyn eine bedeutende Wende hin zur linken Politik dar. Corbyns Führung von 2015 bis 2020 belebte die Partei mit einem Fokus auf Anti-Austerität, öffentliches Eigentum und soziale Gerechtigkeit. Seine Politiken umfassten Vorschläge zur Verstaatlichung wichtiger Industrien, einen Green New Deal und den Ausbau sozialer Wohlfahrtsprogramme. Während Corbyn innerhalb seiner Partei und von den Medien erheblichen Widerstand erfuhr, mobilisierte seine Führung eine breite Koalition aus jungen Menschen, Gewerkschaftlern und sozialen Aktivisten. Obwohl Labour die Parlamentswahlen 2019 nicht gewann, veränderte Corbyns Amtszeit den politischen Diskurs im Vereinigten Königreich und machte Themen wie wirtschaftliche Ungleichheit und öffentliches Eigentum zu zentralen politischen Debatten.

In Lateinamerika haben linke Bewegungen eine lange Geschichte und spielen weiterhin eine bedeutende Rolle bei der Gestaltung der politischen Landschaften. Die Wahl von Andrés Manuel López Obrador (AMLO) in Mexiko im Jahr 2018 markierte einen bedeutenden Sieg für die Linke. AMLOs Partei, MORENA, trat mit einem Programm gegen Korruption, soziale Gerechtigkeit und wirtschaftliche

Reformen an. Seine Regierung konzentriert sich auf die Bekämpfung von Armut, die Erhöhung der Sozialausgaben und die Verringerung des Einflusses privater Interessen in der Politik. Trotz erheblicher Herausforderungen, darunter tief verwurzelte Korruption und Gewalt, stellt AMLOs Präsidentschaft einen Bruch mit Jahrzehnten neoliberaler Politik in Mexiko dar.

In Brasilien ist die Arbeiterpartei, gegründet 1980, eine bedeutende Kraft in der linken Politik. Unter der Führung von Luiz Inácio Lula da Silva führte die Arbeiterpartei bedeutende Sozialprogramme ein, die Millionen aus der Armut befreiten und den Zugang zu Bildung und Gesundheitsversorgung erweiterten. Lulas Nachfolgerin, Dilma Rousseff, setzte diese Politiken fort, bis sie 2016 umstritten abgesetzt wurde. Der anschließende Aufstieg der extremen Rechten in Brasilien, repräsentiert durch Jair Bolsonaro, stellte die Linke vor erhebliche Herausforderungen. Lulas jüngstes politisches Comeback und die Aussicht auf eine Rückkehr an die Macht signalisieren jedoch weiterhin eine breite Unterstützung für linke Politiken unter großen Teilen der brasilianischen Bevölkerung.

In den Vereinigten Staaten hat der Aufstieg linker Bewegungen und Persönlichkeiten wie Bernie Sanders und Alexandria Ocasio-Cortez die Demokratische Partei und den breiteren politischen Diskurs neu gestaltet. Sanders' Kampagnen für die Nominierung der Demokraten 2016 und 2020 brachten Themen wie universelle Gesundheitsversorgung, kostenlose Hochschulbildung und Einkommensungleichheit in den Vordergrund der amerikanischen Politik. Sein Eintreten für demokratischen Sozialismus und Basisorganisation inspirierte eine neue Generation von Aktivisten und Politikern. Ebenso haben Ocasio-Cortez und andere

Mitglieder des Congressional Progressive Caucus ehrgeizige Politiken wie den Green New Deal vorangetrieben, der darauf abzielt, den Klimawandel und die wirtschaftliche Ungleichheit durch umfangreiche öffentliche Investitionen und Arbeitsplatzschaffung anzugehen.

In Asien haben linke Bewegungen ebenfalls bedeutende Fortschritte gemacht. In Indien sind die Kommunistische Partei Indiens (Marxistisch) und andere linke Parteien seit langem in Kämpfe für Arbeiterrechte, Landreform und soziale Gerechtigkeit involviert. Trotz sinkender Wahlergebnisse in den letzten Jahren beeinflussen diese Parteien weiterhin den öffentlichen Diskurs und mobilisieren sich um zentrale Themen wie Arbeitsrechte und den Widerstand gegen neoliberale Wirtschaftsreformen. In den Philippinen setzt sich die linke politische Partei Bayan Muna und ihre Verbündeten für Agrarreformen, nationale Industrialisierung und Menschenrechte ein und opponieren oft sowohl gegen neoliberale Politiken als auch autoritäre Tendenzen in der Regierung.

Diese Beispiele veranschaulichen die unterschiedlichen Kontexte und Strategien linker politischer Bewegungen und Parteien weltweit. Während sie vor erheblichen Herausforderungen stehen, darunter politischer Widerstand, Medienbias und wirtschaftliche Zwänge, stellen sie eine kritische Kraft dar, die den Neoliberalismus herausfordert und sich für eine gerechtere und gerechtere Gesellschaft einsetzt. Aus einer modernen marxistischen Perspektive sind diese Bewegungen wesentlich für das Vorantreiben des Klassenkampfes, die Förderung sozialer und wirtschaftlicher Rechte und das Entwerfen von Alternativen zum kapitalistischen Status quo.

Der Aufstieg und Einfluss linker Bewegungen unterstreicht auch die Bedeutung internationaler Solidarität und Zusammenarbeit. In einer globalisierten Welt überschreiten die Probleme der wirtschaftlichen Ungleichheit, Umweltzerstörung und sozialen Ungerechtigkeit nationale Grenzen. Linke Bewegungen müssen daher Allianzen über Länder und Regionen hinweg aufbauen, um transnationale Konzerne, Finanzinstitutionen und neoliberale Politiken effektiv herauszufordern. Dies erfordert ein Engagement für gegenseitige Unterstützung, gemeinsame Strategien und den Austausch von Ideen und Ressourcen.

Der Erfolg linker Bewegungen hängt davon ab, wie gut sie sich mit Basisbewegungen verbinden und breite Koalitionen aufbauen können. Dies beinhaltet die Zusammenarbeit mit Gewerkschaften, sozialen Bewegungen, Gemeinschaftsorganisationen und marginalisierten Gruppen, um eine vereinte Front gegen Neoliberalismus und Sparmaßnahmen zu schaffen. Durch die Förderung eines partizipativen und inklusiven Ansatzes in der Politik können linke Bewegungen vielfältige Wähler mobilisieren und die kollektive Macht erzeugen, die notwendig ist, um bedeutenden Wandel zu bewirken.

KAPITEL 4: GLOBALER KAPITALISMUS UND IMPERIALISMUS

WIRTSCHAFTLICHER IMPERIALISMUS

Wirtschaftlicher Imperialismus, wie er durch die moderne marxistische Perspektive verstanden wird, repräsentiert die Mechanismen, durch die mächtige Nationen die Kontrolle über schwächere Volkswirtschaften ausüben, um ihre eigene wirtschaftliche Dominanz aufrechtzuerhalten und zu stärken. Dieses Phänomen ist eine Fortsetzung des traditionellen Imperialismus, hat sich jedoch an die Dynamiken des globalen Kapitalismus angepasst. Es beinhaltet die Ausbeutung von Ressourcen, Arbeitskräften und Märkten in Entwicklungsländern durch fortgeschrittene kapitalistische Staaten und multinationale Konzerne, was oft zu wirtschaftlicher Abhängigkeit, Unterentwicklung und sozialer Ungleichheit in den betroffenen Nationen führt.

Eines der primären Muster des wirtschaftlichen Imperialismus ist die Kontrolle natürlicher Ressourcen in schwächeren Volkswirtschaften durch mächtige Nationen und ihre multinationalen Konzerne. Diese Kontrolle wird durch verschiedene Mittel ausgeübt, einschließlich Direktinvestitionen, langfristiger Pachtverträge und ungleicher Handelsabkommen. Multinationale Konzerne, die oft in wohlhabenden Nationen ansässig sind, gewinnen wertvolle Ressourcen wie Öl, Mineralien und landwirtschaftliche Produkte aus Entwicklungsländern. Diese Ressourcen werden dann auf dem globalen Markt zu viel höheren Werten verarbeitet und verkauft, wobei der Großteil der Gewinne den Konzernen und ihren Heimatländern zufließt. Dieser Prozess lässt die ressourcenreichen Länder mit minimalen Vorteilen zurück und verschärft oft Armut und Umweltzerstörung.

Der historische Kontext des wirtschaftlichen Imperialismus reicht bis in die Kolonialzeit zurück, als europäische Mächte weite Gebiete in Afrika, Asien und Lateinamerika teilten und eroberten. Das primäre Ziel war es, Ressourcen zu extrahieren und lokale Arbeitskräfte zum Nutzen der kolonialisierenden Länder auszubeuten. Obwohl der formale Kolonialismus weitgehend beendet ist, haben die während dieser Periode etablierten wirtschaftlichen Beziehungen in neuen Formen fortbestanden. Neokolonialismus beschreibt diese Fortsetzung, bei der ehemalige Kolonialmächte und andere fortgeschrittene kapitalistische Nationen wirtschaftlichen Einfluss und Kontrolle durch Finanzinstitutionen, multinationale Konzerne und internationale Handelsabkommen aufrechterhalten.

Die Rolle internationaler Finanzinstitutionen, wie des Internationalen Währungsfonds und der Weltbank, ist entscheidend für die Aufrechterhaltung des wirtschaftlichen Imperialismus. Diese Institutionen bieten Entwicklungsländern oft Kredite und finanzielle Hilfe unter strengen Bedingungen, die als Strukturanpassungsprogramme bekannt sind. Diese Programme erfordern typischerweise, dass die Empfängerländer neoliberale Wirtschaftsreformen umsetzen, einschließlich Sparmaßnahmen, Privatisierung staatlicher Unternehmen, Deregulierung der Märkte und

Reduzierung der Sozialausgaben. Obwohl diese Reformen als notwendig für wirtschaftliche Stabilität und Wachstum präsentiert werden, führen sie oft zu erhöhter Armut, Arbeitslosigkeit und sozialen Unruhen. Die durch diese Kredite entstandene Verschuldung schafft einen Zyklus der Abhängigkeit, da die Länder kontinuierlich mehr Kredite aufnehmen müssen, um ihre bestehenden Schulden zu bedienen, was ihren untergeordneten wirtschaftlichen Status weiter festigt.

Handelspolitiken und Abkommen sind ein weiteres Instrument des wirtschaftlichen Imperialismus. Wohlhabende Nationen und regionale Blöcke wie die Vereinigten Staaten und die Europäische Union verhandeln Handelsabkommen, die oft ihre wirtschaftlichen Interessen auf Kosten der Entwicklungsländer begünstigen. Diese Abkommen können hohe Zölle auf verarbeitete Waren aus Entwicklungsländern auferlegen, während Rohstoffe zu niedrigeren Sätzen importiert werden dürfen, wodurch die Industrialisierung und wertschöpfende Produktion in schwächeren Volkswirtschaften entmutigt werden. Durch Handelsabkommen durchgesetzte geistige Eigentumsrechte schützen die Interessen multinationaler Konzerne und ersticken lokale Innovation und Produktion in Entwicklungsländern.

Multinationale Konzerne spielen eine zentrale Rolle im wirtschaftlichen Imperialismus, indem sie ihre wirtschaftliche Macht nutzen, um Politiken und Praktiken in Entwicklungsländern zu beeinflussen. Diese Konzerne betreiben oft Praktiken wie Steuerhinterziehung, Umweltzerstörung und Ausbeutung von Arbeitskräften. Sie können erheblichen Einfluss auf lokale Regierungen ausüben, was manchmal zu Korruption und der Untergrabung demokratischer Prozesse führt. Zum Beispiel könnten

Konzerne für günstige Steuerregime, die Schwächung von Arbeitsgesetzen und den Widerstand gegen Umweltauflagen lobbyieren, um ihre Gewinne zu maximieren. Diese Unternehmensdominanz begrenzt die Fähigkeit schwächerer Volkswirtschaften, sich unabhängig und nachhaltig zu entwickeln.

Wirtschaftlicher Imperialismus manifestiert sich auch durch Kapitalflüsse und Finanzmärkte. Fortgeschrittene kapitalistische Nationen mit ihren entwickelten Finanzsystemen ziehen große Mengen globalen Kapitals an, oft auf Kosten von Entwicklungsländern. Diese Kapitalflüsse können zu Volatilität und Instabilität in schwächeren Volkswirtschaften führen, da sie den Launen globaler Investoren unterliegen. Darüber hinaus werden die von multinationalen Konzernen und Investoren in Entwicklungsländern erzielten Gewinne oft in die Heimatländer zurückgeführt, wodurch Ressourcen aus den lokalen Volkswirtschaften weiter abfließen.

Die Auswirkungen des wirtschaftlichen Imperialismus auf die sozialen und wirtschaftlichen Strukturen in schwächeren Volkswirtschaften sind tiefgreifend. Es perpetuiert einen Kreislauf der Abhängigkeit und Unterentwicklung, in dem lokale Industrien Schwierigkeiten haben, mit multinationalen Konzernen zu konkurrieren, und die lokalen Arbeitsmärkte von Niedriglohn- und prekären Jobs dominiert werden. Der Fokus auf Ressourcengewinnung und exportorientiertes Wachstum vernachlässigt oft die Entwicklung diversifizierter und widerstandsfähiger Volkswirtschaften. Die Umweltschäden, die durch extraktive Industrien verursacht werden, können langfristig nachteilige Auswirkungen auf lokale Gemeinschaften und Ökosysteme haben.

Aus moderner marxistischer Sicht erfordert die Bekämpfung des wirtschaftlichen Imperialismus die Herausforderung der strukturellen Ungleichheiten, die im globalen kapitalistischen System eingebettet sind. Dies beinhaltet das Eintreten für fairere Handelspolitiken, die Umstrukturierung internationaler Finanzinstitutionen, um den Bedürfnissen der Entwicklungsländer besser zu dienen, und die Förderung wirtschaftlicher Souveränität und Selbstbestimmung. Es erfordert auch stärkere Regulierungen für multinationale Konzerne, um sicherzustellen, dass sie positiv zu den Volkswirtschaften und Gesellschaften beitragen, in denen sie tätig sind.

Internationale Solidarität und Zusammenarbeit unter Entwicklungsländern sind entscheidend für den Widerstand gegen wirtschaftlichen Imperialismus. Regionale Integrationsinitiativen, wie die Afrikanische Union und die Bolivarianische Allianz für die Völker Unseres Amerikas, zielen darauf ab, wirtschaftliche und politische Bindungen unter Entwicklungsländern zu stärken und ihre Abhängigkeit von fortgeschrittenen kapitalistischen Nationen zu verringern. Diese Initiativen können dazu beitragen, ein ausgewogeneres und gerechteres globales Wirtschaftssystem zu schaffen, indem sie den Handel und die Investitionen unter Entwicklungsländern fördern und kollektive Verhandlungen mit multinationalen Konzernen und internationalen Finanzinstitutionen unterstützen.

Basisbewegungen und zivilgesellschaftliche Organisationen spielen eine entscheidende Rolle bei der Bekämpfung des wirtschaftlichen Imperialismus. Diese Bewegungen setzen sich für Arbeiterrechte, Umweltgerechtigkeit und demokratische Regierungsführung ein, oft im Gegensatz zu den Interessen multinationaler Konzerne und neoliberaler

Politiken. Durch die Mobilisierung lokaler Gemeinschaften und die Sensibilisierung für die Auswirkungen des wirtschaftlichen Imperialismus können diese Bewegungen Druck für systemischen Wandel aufbauen.

Wirtschaftlicher Imperialismus, wie er durch moderne Marxisten analysiert wird, beleuchtet den durchdringenden Einfluss mächtiger Nationen und multinationaler Konzerne über schwächere Volkswirtschaften. Diese Kontrolle wird durch Ressourcengewinnung, Finanzinstitutionen, Handelspolitiken und Kapitalflüsse ausgeübt, was zu wirtschaftlicher Abhängigkeit und Unterentwicklung in den betroffenen Ländern führt. Die Bekämpfung dieses Problems erfordert die Herausforderung der strukturellen Ungleichheiten des globalen kapitalistischen Systems, die Förderung wirtschaftlicher Souveränität und Selbstbestimmung sowie den Aufbau internationaler Solidarität unter Entwicklungsländern. Durch das Verständnis und die Konfrontation der Muster des wirtschaftlichen Imperialismus ist es möglich, auf eine gerechtere und gleichberechtigtere globale Wirtschaft hinzuarbeiten.

NEOKOLONIALISMUS

Moderner Marxismus bietet einen kritischen Rahmen zum Verständnis des Neokolonialismus, der zeitgenössische Formen des Kolonialismus und der Ausbeutung des globalen Südens durch den globalen Norden darstellt. Im Gegensatz zum traditionellen Kolonialismus, der direkte politische und militärische Kontrolle beinhaltete, operiert der Neokolonialismus durch wirtschaftliche, politische und kulturelle Mechanismen, die die Dominanz fortgeschrittener kapitalistischer Nationen und multinationaler Konzerne über Entwicklungsländer aufrechterhalten. Diese Form der

Ausbeutung bewahrt die strukturellen Ungleichheiten, die während der Kolonialzeit entstanden sind, und passt sie an die Dynamiken des globalen Kapitalismus an.

Einer der primären Mechanismen des Neokolonialismus ist die wirtschaftliche Kontrolle durch Handel und Investitionen. Der globale Norden, der hauptsächlich aus den Vereinigten Staaten, der Europäischen Union und anderen fortgeschrittenen Volkswirtschaften besteht, übt durch ungleiche Handelsabkommen und Investitionspraktiken erheblichen Einfluss auf die Volkswirtschaften des globalen Südens aus. Diese Abkommen begünstigen oft die Interessen des Nordens, indem sie hohe Zölle auf verarbeitete Waren aus dem Süden erheben, während Rohstoffe zu niedrigeren Sätzen importiert werden dürfen. Dieses Handelsungleichgewicht entmutigt die Industrialisierung und wertschöpfende Produktion in Entwicklungsländern und hält sie davon ab, auf den Export primärer Rohstoffe angewiesen zu bleiben. Infolgedessen bleiben die Volkswirtschaften des globalen Südens anfällig für Preisschwankungen auf den Weltmärkten und sind nicht in der Lage, sich nachhaltig zu diversifizieren und zu entwickeln.

Ausländische Direktinvestitionen durch multinationale Konzerne aus dem globalen Norden sind ein weiteres Werkzeug des Neokolonialismus. Diese Konzerne investieren in Ressourcengewinnung, Fertigungs- und Dienstleistungsindustrien im globalen Süden, oft unter Bedingungen, die ihre Gewinne maximieren und gleichzeitig die Vorteile für die Gastländer minimieren. Die erzielten Gewinne werden größtenteils in die Heimatländer der Konzerne zurückgeführt, was zu Kapitalflucht und begrenzten Reinvestitionen in die lokalen Volkswirtschaften führt. Multinationale Konzerne verhandeln häufig günstige Bedingungen mit den Gastregierungen, wie Steuererleichterungen, gelockerte Arbeitsgesetze und schwache Umweltauflagen, die die lokale Entwicklung untergraben und soziale und wirtschaftliche Ungleichheiten verschärfen.

Die Kontrolle über natürliche Ressourcen im globalen Süden durch den globalen Norden ist ein kritischer Aspekt des Neokolonialismus. Multinationale Konzerne betreiben umfangreiche Ausbeutung von Öl, Mineralien und anderen wertvollen Ressourcen aus Entwicklungsländern. Diese Ausbeutung erfolgt oft unter ausbeuterischen Bedingungen, mit minimalen Vorteilen für die lokalen Gemeinschaften. Umweltzerstörung, Vertreibung indigener Bevölkerungen und Verletzungen von Arbeitsrechten sind häufige Folgen solcher Aktivitäten. Die Gewinne aus der Ressourcengewinnung kommen überwiegend den Konzernen und ihren Heimatländern zugute, wodurch ressourcenreiche Länder im globalen Süden arm und unterentwickelt bleiben.

Kulturelle Dominanz ist eine weitere Dimension des Neokolonialismus. Der globale Norden, durch seine Kontrolle über Medien, Bildung und Kulturindustrien, auferlegt seine Werte, Normen und Lebensstile dem globalen Süden. Dieser kulturelle Imperialismus untergräbt lokale Traditionen, Sprachen und Identitäten und fördert ein Gefühl der Minderwertigkeit und Abhängigkeit. Die Dominanz westlicher Medien- und Unterhaltungsindustrien prägt beispielsweise kulturelle Präferenzen und Konsumverhalten im globalen Süden, fördert westliche Produkte und Lebensstile und marginalisiert lokale Kulturen und Industrien.

Politischer Einfluss und Einmischung durch den globalen Norden in die Angelegenheiten von Entwicklungsländern sind ein bedeutender Aspekt des Neokolonialismus. Mächtige

Nationen üben oft diplomatischen Druck, wirtschaftliche Sanktionen und verdeckte Operationen aus, um die politische Landschaft schwächerer Staaten in einer Weise zu gestalten, die ihren strategischen und wirtschaftlichen Interessen entspricht. Diese Einmischung untergräbt die Souveränität der Entwicklungsländer und perpetuiert deren Abhängigkeit. Historische Beispiele, wie der Sturz demokratisch gewählter Regierungen im Iran (1953) und in Chile (1973), zeigen, wie weit mächtige Nationen gehen, um ihre Interessen zu schützen. In jüngerer Zeit spiegeln Interventionen im Irak, in Libyen und Syrien fortwährende Muster politischer und militärischer Einmischung wider.

Aus moderner marxistischer Sicht erfordert die Bekämpfung des Neokolonialismus die Herausforderung der strukturellen Ungleichheiten, die im globalen kapitalistischen System eingebettet sind. Dies beinhaltet das Eintreten für fairere Handelspolitiken, die es Entwicklungsländern ermöglichen, zu industrialisieren und ihre Volkswirtschaften zu diversifizieren, die Umstrukturierung internationaler Finanzinstitutionen, um den Bedürfnissen der Entwicklungsländer besser zu dienen, und die Förderung wirtschaftlicher Souveränität und Selbstbestimmung. Stärkere Regulierungen für multinationale Konzerne sind notwendig, um sicherzustellen, dass sie positiv zu den Volkswirtschaften und Gesellschaften beitragen, in denen sie tätig sind, anstatt sie auszubeuten.

Internationale Solidarität und Zusammenarbeit unter Entwicklungsländern sind entscheidend für den Widerstand gegen den Neokolonialismus. Basisbewegungen und zivilgesellschaftliche Organisationen spielen eine entscheidende Rolle bei der Bekämpfung des Neokolonialismus. Diese Bewegungen setzen sich für Arbeiterrechte, Umweltgerechtigkeit und demokratische

Regierungsführung ein, oft im Gegensatz zu den Interessen multinationaler Konzerne und neoliberaler Politiken. Durch die Mobilisierung lokaler Gemeinschaften und die Sensibilisierung für die Auswirkungen des Neokolonialismus können diese Bewegungen Druck für systemischen Wandel aufbauen.

Neokolonialismus stellt eine moderne Form des Kolonialismus und der Ausbeutung des globalen Südens durch den globalen Norden dar. Er operiert durch wirtschaftliche Kontrolle, kulturelle Dominanz, politische Einmischung und die Ausbeutung natürlicher Ressourcen und perpetuiert die strukturellen Ungleichheiten, die während der Kolonialzeit entstanden sind. Die Bekämpfung des Neokolonialismus erfordert die Herausforderung des globalen kapitalistischen Systems, die Förderung wirtschaftlicher Souveränität und Selbstbestimmung sowie den Aufbau internationaler Solidarität unter Entwicklungsländern. Durch das Verständnis und die Konfrontation der Muster des Neokolonialismus ist es möglich, auf eine gerechtere und gleichberechtigtere globale Wirtschaft hinzuarbeiten.

KAPITEL 5: TECHNOLOGISCHE FORTSCHRITTE

AUTOMATISIERUNG UND KÜNSTLICHE INTELLIGENZ

Das Aufkommen von Automatisierung und künstlicher Intelligenz (KI) stellt eine bedeutende Transformation der Arbeitsmärkte und wirtschaftlichen Strukturen dar, die sowohl Chancen als auch Herausforderungen aus einer modernen marxistischen Perspektive verkörpert. Diese technologischen Fortschritte verändern die Natur der Arbeit, die Dynamik der Arbeits-Kapital-Beziehungen und die allgemeine Organisation der Produktion. Das Verständnis der Auswirkungen von Automatisierung und KI im Rahmen des modernen Marxismus erfordert eine Untersuchung, wie diese Technologien die Verteilung des Reichtums, die Verhandlungsmacht der Arbeiter und die breiteren sozioökonomischen Ungleichheiten beeinflussen.

Automatisierung und künstliche Intelligenz revolutionieren verschiedene Industrien, indem sie Produktivität und Effizienz steigern. Roboter und KI-Systeme können Aufgaben schneller, genauer und ohne die Einschränkungen menschlicher Ermüdung ausführen. Dies führt zu erheblichen Kosteneinsparungen für Unternehmen, da sie ihre Abhängigkeit von menschlicher Arbeitskraft für routinemäßige und sich wiederholende Aufgaben verringern können. In Sektoren wie Fertigung, Logistik und sogar Dienstleistungen wie Kundensupport werden Automatisierung und KI immer häufiger eingesetzt. Während diese Technologien die Produktivität steigern, führen sie jedoch auch zur Verdrängung von Arbeitskräften, insbesondere von solchen in gering qualifizierten und routinemäßigen Jobs.

Die Verdrängung von Arbeitskräften durch Automatisierung und KI wirft kritische Bedenken hinsichtlich Arbeitslosigkeit und Unterbeschäftigung auf. Da Maschinen und Algorithmen in der Lage sind, Aufgaben zu übernehmen, die zuvor von Menschen erledigt wurden, finden sich viele Arbeiter als überflüssig wieder. Dieses Phänomen, oft als technologische Arbeitslosigkeit bezeichnet, kann zu erheblichen Arbeitsplatzverlusten in bestimmten Sektoren führen. Beispielsweise hat die Einführung automatisierter Fertigungslinien in der Produktion bereits zu einem Rückgang der Nachfrage nach manueller Arbeit geführt. Ebenso verringern KI-gesteuerte Kundenservice-Bots den Bedarf an menschlichen Kundendienstmitarbeitern.

Aus moderner marxistischer Perspektive ist diese Verdrängung der Arbeitskräfte eine Manifestation der inhärenten Widersprüche im Kapitalismus. Kapitalisten streben danach, ihre Gewinne zu maximieren, indem sie die Arbeitskosten minimieren, was den Einsatz arbeitssparender Technologien vorantreibt. Dieser Prozess untergräbt jedoch auch die Kaufkraft der Arbeiterklasse, da verdrängte Arbeiter mit Arbeitslosigkeit und reduzierten Einkommen zu kämpfen haben. Dieser Widerspruch kann zu Überproduktionskrisen führen, bei denen Waren im Überfluss produziert werden, die verringerte Kaufkraft der Arbeiterklasse jedoch deren Fähigkeit einschränkt, diese Waren zu konsumieren, was zu wirtschaftlicher Stagnation führt.

Die Einführung von Automatisierung und KI verschärft bestehende wirtschaftliche Ungleichheiten. Die Vorteile der erhöhten Produktivität und Kosteneinsparungen werden hauptsächlich von den Eigentümern des Kapitals – Unternehmen und Aktionären – erfasst, während die Kosten in Form von Arbeitsplatzverlusten und Einkommensunsicherheit von den Arbeitern getragen werden. Diese Dynamik vergrößert die Kluft zwischen den Wohlhabenden und der Arbeiterklasse und verstärkt die Konzentration von Reichtum und Macht in den Händen weniger. Das Eigentum an automatisierten Systemen und KI-Technologien wird zu einem entscheidenden Faktor bei der Bestimmung wirtschaftlicher Macht und Einfluss, was die kapitalistische Elite weiter festigt.

Die Auswirkungen von Automatisierung und KI auf die Arbeitsmärkte beeinflussen auch die Verhandlungsmacht der Arbeiter. Da Maschinen menschliche Arbeit ersetzen, verringert sich der Handlungsspielraum der Arbeiter bei der Verhandlung von Löhnen und Arbeitsbedingungen. Die Drohung durch Automatisierung kann von Arbeitgebern genutzt werden, um Lohnforderungen zu unterdrücken und Gewerkschaften zu entmutigen, da Arbeiter das Gefühl haben, durch Maschinen ersetzbar zu sein. Dies untergräbt die kollektive Macht der Arbeiter, schwächt die Gewerkschaften und verringert deren Fähigkeit, für die Rechte und Interessen der Arbeiter einzutreten.

Automatisierung und KI bieten jedoch auch Möglichkeiten, Arbeit und wirtschaftliche Strukturen neu zu gestalten, die mit sozialistischen Prinzipien übereinstimmen. Das Potenzial dieser Technologien, den Bedarf an menschlicher Arbeit zu verringern, eröffnet Möglichkeiten für kürzere Arbeitszeiten und eine Umverteilung der Arbeit hin zu kreativeren, erfüllenderen und sozial nützlicheren Tätigkeiten. In einem sozialistischen Rahmen könnten die Produktivitätsgewinne aus der Automatisierung gerechter in der Gesellschaft verteilt werden, wodurch die Gesamtarbeitsbelastung reduziert und die Lebensqualität für alle verbessert würde.

Die Verwirklichung dieser Vision erfordert einen grundlegenden Wandel in der Integration von Automatisierung und KI in die Wirtschaft. Anstatt diese Technologien allein von Profitmotiven leiten zu lassen, bedarf es eines demokratischen und sozial orientierten Ansatzes für deren Entwicklung und Einsatz. Dies beinhaltet die Sicherstellung, dass die Vorteile technologischer Fortschritte weit verbreitet sind und dass Arbeiter ein Mitspracherecht bei der Nutzung von Technologien an ihren Arbeitsplätzen haben.

Ein möglicher Ansatz ist die Implementierung von Politiken, die Arbeitsplatzgarantien und Umschulungsprogramme fördern. Da die Automatisierung bestimmte Jobs verdrängt, können Regierungen betroffene Arbeiter durch garantierte Beschäftigung in öffentlichen Projekten oder anderen sozial wertvollen Arbeiten unterstützen. Umschulungsprogramme können Arbeiter mit neuen Fähigkeiten ausstatten, die auf dem sich entwickelnden Arbeitsmarkt gefragt sind, und ihnen den Übergang zu neuen Rollen erleichtern, die nicht leicht automatisiert werden können. Solche Politiken können die negativen Auswirkungen der technologischen Arbeitslosigkeit mildern und eine widerstandsfähigere und anpassungsfähigere Arbeitskraft unterstützen.

Ein bedingungsloses Grundeinkommen ist ein weiteres politisches Konzept, das im Zusammenhang mit Automatisierung und KI Aufmerksamkeit erlangt hat. Durch die Bereitstellung eines garantierten Einkommens für alle Bürger kann ein bedingungsloses Grundeinkommen einen grundlegenden Lebensstandard unabhängig vom Beschäftigungsstatus sicherstellen. Dies würde die wirtschaftliche Unsicherheit im Zusammenhang mit Arbeitsplatzverlusten verringern und es den Menschen ermöglichen, Bildung, Unternehmertum oder andere Aktivitäten zu verfolgen, die zum persönlichen und gesellschaftlichen Wohl beitragen. Ein bedingungsloses Grundeinkommen kann auch als Mechanismus zur Umverteilung des durch Automatisierung und KI erzeugten Reichtums dienen und somit größere wirtschaftliche Gleichheit fördern.

Aus moderner marxistischer Perspektive liegt die Herausforderung darin, sicherzustellen, dass die Kontrolle und das Eigentum an Automatisierungs- und KI-Technologien demokratisiert werden. Dies könnte die Förderung von Arbeiterkooperativen und die öffentliche Eigentümerschaft wichtiger Industrien umfassen, in denen diese Technologien eingesetzt werden. Durch die kollektive Eigentümerschaft der Produktionsmittel, einschließlich fortschrittlicher Technologien, ist es möglich, den technologischen Fortschritt mit den breiteren Interessen der Gesellschaft in Einklang zu bringen, anstatt mit den engen Interessen des Kapitals.

Darüber hinaus ist die Regulierung multinationaler Konzerne, die die KI- und Automatisierungssektoren dominieren, entscheidend. Stärkere Regulierungen können verhindern, dass diese Konzerne technologische Fortschritte monopolisieren, und sicherstellen, dass sie auf eine Weise arbeiten, die der Gesellschaft als Ganzes zugutekommt. Dies umfasst Maßnahmen zum Schutz der Arbeitnehmerrechte, zur Sicherstellung fairer Löhne und zur Verhinderung des Abbaus von Arbeitsstandards.

> *Automatisierung und künstliche Intelligenz transformieren die Arbeitsmärkte und wirtschaftlichen Strukturen auf tiefgreifende Weise. Während diese Technologien erhebliches Potenzial zur Steigerung der Produktivität und Verbesserung der Lebensstandards bieten, stellen sie auch Herausforderungen im Zusammenhang mit Arbeitsplatzverlusten, wirtschaftlicher Ungleichheit und dem Abbau der Verhandlungsmacht der Arbeitnehmer dar. Aus moderner marxistischer Perspektive erfordert die Bewältigung dieser Herausforderungen ein grundlegendes Umdenken, wie diese Technologien in die Wirtschaft integriert werden. Durch die Förderung demokratischer Kontrolle, gerechter Verteilung der Vorteile und Politiken, die die Arbeitnehmer unterstützen, ist es möglich, das Potenzial von Automatisierung und KI zu nutzen, um eine gerechtere und gleichberechtigtere Gesellschaft zu schaffen.*

DIGITALE ÜBERWACHUNG UND KONTROLLE

Die Rolle der Technologie in der Überwachung und Datenkontrolle ist ein kritisches Anliegen im modernen Marxismus, da sie direkt Fragen der Freiheit und Privatsphäre in der zeitgenössischen Gesellschaft betrifft. Mit dem rasanten Fortschritt der Technologie hat sich die Fähigkeit zur Überwachung und Kontrolle dramatisch erweitert, was grundlegende Fragen über das Machtverhältnis zwischen Staat, Unternehmen und Individuen aufwirft.

Digitale Überwachung umfasst eine Vielzahl von Aktivitäten und Technologien, die zur Überwachung, Verfolgung und Datensammlung von Einzelpersonen und Gruppen verwendet werden. Zu diesen Technologien gehören CCTV-Kameras, Gesichtserkennungssysteme, Internetüberwachungstools und verschiedene Formen der Datenanalyse. Die Verbreitung dieser Technologien wird sowohl von staatlichen als auch von Unternehmensinteressen vorangetrieben, oft unter dem Vorwand von Sicherheit, Effizienz und wirtschaftlichen Vorteilen.

Aus moderner marxistischer Perspektive stellt die Ausweitung der digitalen Überwachung eine neue Form der Kontrolle dar, die bestehende Machtstrukturen verstärkt und soziale Ungleichheiten verschärft. Staaten nutzen Überwachungstechnologien, um Dissens zu überwachen und zu unterdrücken, Bevölkerungen zu kontrollieren und die soziale Ordnung aufrechtzuerhalten. Dies ist besonders in autoritären Regimen offensichtlich, wo Überwachung eingesetzt wird, um politische Opposition zum Schweigen zu bringen, Aktivisten zu verfolgen und die Organisation von Protesten zu verhindern. Ein Beispiel dafür ist Chinas umfangreiches Überwachungsnetzwerk, das Gesichtserkennungskameras und soziale Kreditsysteme umfasst und Technologie zur Durchsetzung staatlicher Kontrolle und Einschränkung individueller Freiheiten einsetzt.

In demokratischen Gesellschaften ist der Einsatz von Überwachungstechnologien oft subtiler, aber ebenso allgegenwärtig. Regierungen rechtfertigen die Ausweitung der Überwachung unter dem Deckmantel der nationalen Sicherheit und Verbrechensprävention. Die Ära nach dem 11. September 2001 beispielsweise führte zu einer erheblichen Zunahme der Überwachungsfähigkeiten mit der Verabschiedung von Gesetzen wie dem USA PATRIOT Act in den Vereinigten Staaten, der die Überwachungsmöglichkeiten der Regierung erweiterte und den Zugang zu persönlichen Daten ermöglichte. Diese Maßnahmen, die ostensichtlich zum Schutz der Bürger dienen sollen, werfen auch Bedenken hinsichtlich des Abbaus bürgerlicher Freiheiten und des Missbrauchs von Macht auf.

Unternehmen, insbesondere in der Technologiebranche, spielen eine entscheidende Rolle im Überwachungsapparat. Unternehmen wie Google, Facebook, Amazon und andere sammeln riesige Mengen an Daten über Benutzer durch ihre Online-Plattformen und -Dienste. Diese Daten werden dann für zielgerichtete Werbung, Produktentwicklung und andere profitorientierte Aktivitäten verwendet. Die Sammlung und Monetarisierung persönlicher Daten durch Unternehmen wirft erhebliche Datenschutzbedenken auf. Benutzer haben oft wenig Kontrolle darüber, wie ihre Daten verwendet und weitergegeben werden, und die undurchsichtige Natur der Datenpraktiken erschwert es, Unternehmen zur Rechenschaft zu ziehen.

Die Integration von künstlicher Intelligenz und maschinellem Lernen in Überwachungstechnologien hat deren Fähigkeiten weiter verstärkt. KI-gesteuerte Systeme können große Datensätze analysieren, Muster erkennen und Entscheidungen mit minimaler menschlicher Intervention treffen. Dies verbessert die Effizienz und Genauigkeit der Überwachung, erhöht aber auch das Potenzial für intrusive Überwachung und Kontrolle. Beispielsweise analysieren prädiktive Polizeialgorithmen Kriminalitätsdaten, um potenzielle kriminelle Aktivitäten zu identifizieren und Polizeiresourcen entsprechend zuzuweisen. Während Befürworter argumentieren, dass diese Systeme die öffentliche Sicherheit verbessern können, weisen Kritiker auf die Risiken von Voreingenommenheit, Diskriminierung und die Verstärkung bestehender Ungleichheiten hin.

Die Auswirkungen der digitalen Überwachung auf Freiheit und Privatsphäre sind tiefgreifend. Überwachungstechnologien schaffen einen abschreckenden Effekt auf die freie Meinungsäußerung und Versammlungsfreiheit, da sich Einzelpersonen bewusst werden, dass ihre Aktivitäten überwacht werden könnten. Dies kann zu Selbstzensur und einer Zurückhaltung führen, sich politisch zu engagieren oder abweichende Meinungen zu äußern. Die allgegenwärtige Natur der Überwachung untergräbt das Konzept der Privatsphäre als grundlegendes Recht und reduziert Individuen auf bloße Datenpunkte in einem Kontrollsystem.

Die Konzentration der Überwachungsmacht in den Händen weniger staatlicher und unternehmerischer Akteure wirft erhebliche ethische und demokratische Bedenken auf. Der Mangel an Transparenz und Rechenschaftspflicht in Überwachungspraktiken erschwert es, Machtmissbrauch herauszufordern. Whistleblower wie Edward Snowden haben das Ausmaß der staatlichen Überwachung aufgedeckt und Programme enthüllt, die Daten über Millionen von Menschen ohne deren Wissen oder Zustimmung sammeln. Diese Enthüllungen unterstreichen die Notwendigkeit größerer Aufsicht und Regulierung zum Schutz individueller Rechte.

Aus moderner marxistischer Perspektive wird die digitale Überwachung als Instrument kapitalistischer Ausbeutung und Kontrolle betrachtet. Die Kommodifizierung persönlicher Daten stimmt mit marxistischen Kritiken des Kapitalismus überein, in denen menschliche Erfahrungen und Verhaltensweisen in marktfähige Vermögenswerte umgewandelt werden. Dieser Prozess erweitert die Logik des Kapitals in neue Bereiche und ermöglicht die Wertschöpfung aus jedem Aspekt des Lebens. Überwachungstechnologien erleichtern diesen Prozess, indem sie die Mittel zur Überwachung und Beeinflussung des Konsumverhaltens, zur Meinungsbildung und zur Arbeitsverwaltung bereitstellen.

Die Auswirkungen der Überwachung auf die Arbeit sind besonders bedeutend. Arbeitgeber nutzen zunehmend Überwachungstechnologien, um die Produktivität, das Verhalten und die Kommunikation der Mitarbeiter zu überwachen. Dies erweitert die Reichweite der Managementkontrolle in den digitalen Bereich und schafft eine neue Form der Arbeitsplatzdisziplin. Die Gig Economy veranschaulicht diesen Trend, indem Plattformen wie Uber und Deliveroo Algorithmen verwenden, um die Leistung der Arbeiter zu verfolgen und Entscheidungen über die Arbeitsverteilung und die Entlohnung zu treffen. Dieser digitale Taylorismus verstärkt die Machtverhältnisse zwischen Kapital und Arbeit, intensiviert die Ausbeutung und verringert die Autonomie der Arbeiter.

Um die Herausforderungen der digitalen Überwachung zu bewältigen, fordert der moderne Marxismus ein radikales Umdenken in Bezug auf Technologie und deren Rolle in der Gesellschaft. Dies beinhaltet die Förderung alternativer Modelle der technologischen Entwicklung und Governance, die Menschenrechte, soziale Gerechtigkeit und demokratische Kontrolle priorisieren. Ein Ansatz ist die Etablierung starker regulatorischer Rahmenbedingungen, die den Umfang der Überwachung begrenzen, Transparenz gewährleisten und die Privatsphäre der Individuen schützen. Dies umfasst Maßnahmen wie Datenschutzgesetze, Aufsichtsbehörden und Mechanismen für die öffentliche Rechenschaftspflicht.

Ein weiterer Ansatz ist die Förderung der digitalen Souveränität, bei der Gemeinschaften und Einzelpersonen größere Kontrolle über ihre Daten und technologische Infrastruktur haben. Dies kann die Entwicklung dezentraler und Open-Source-Technologien umfassen, die sich der Kontrolle durch Unternehmen und den Staat widersetzen.

Durch die Förderung eines partizipativen Ansatzes bei der Gestaltung und Implementierung von Technologien ist es möglich, Systeme zu schaffen, die dem Gemeinwohl dienen, anstatt den Interessen einiger weniger mächtiger Akteure.

Bildung und Bewusstsein sind ebenfalls entscheidend, um Einzelpersonen zu befähigen, ihre Privatsphäre zu schützen und der Überwachung zu widerstehen. Programme zur digitalen Bildung können den Menschen helfen, die Auswirkungen von Überwachungstechnologien zu verstehen und fundierte Entscheidungen über ihre Online-Aktivitäten zu treffen. Aktivistenbewegungen und zivilgesellschaftliche Organisationen spielen eine Schlüsselrolle bei der Verteidigung der Datenschutzrechte und der Bekämpfung invasiver Überwachungspraktiken.

Die Rolle der Technologie in der Überwachung und Datenkontrolle stellt eine bedeutende Herausforderung für die Freiheit und Privatsphäre in der zeitgenössischen Gesellschaft dar. Aus moderner marxistischer Perspektive ist die digitale Überwachung ein Instrument kapitalistischer Ausbeutung und Kontrolle, das bestehende Machtstrukturen verstärkt und soziale Ungleichheiten verschärft. Die Bewältigung dieser Herausforderung erfordert einen multifaceted Ansatz, der regulatorische Reformen, die Förderung der digitalen Souveränität und die Befähigung von Einzelpersonen durch Bildung und Aktivismus umfasst. Durch die kritische Untersuchung und den Widerstand gegen die Mechanismen der digitalen Überwachung ist es möglich, auf eine gerechtere und gleichberechtigtere Gesellschaft hinzuarbeiten, die die individuellen Freiheiten und die Privatsphäre respektiert und schützt.

KAPITEL 6: UMWELTPROBLEME

KLIMAWANDEL UND KAPITALISMUS

Das Verhältnis zwischen kapitalistischer Produktion und Umweltzerstörung ist ein kritischer Bereich der Analyse im modernen Marxismus, insbesondere im Kontext des Klimawandels. Der Kapitalismus, der durch das unaufhörliche Streben nach Profit und wirtschaftlichem Wachstum gekennzeichnet ist, steht grundsätzlich im Widerspruch zur nachhaltigen Nutzung natürlicher Ressourcen und dem Umweltschutz. Dieser systemische Widerspruch treibt die Umweltzerstörung voran und trägt erheblich zur Klimakrise bei. Um dieses Verhältnis zu verstehen, ist es unerlässlich, die Mechanismen zu untersuchen, durch die die kapitalistische Produktion die Umwelt beeinflusst und die breiteren sozioökonomischen Auswirkungen zu betrachten.

Im Kern des Kapitalismus steht das Gebot des kontinuierlichen Wachstums und der Akkumulation. Dieses Streben nach Profit führt zur Ausbeutung natürlicher Ressourcen in einem nicht nachhaltigen Tempo. Kapitalistische Produktionsprozesse stützen sich stark auf die Gewinnung von Rohstoffen, den Energieverbrauch und die Erzeugung von Abfall. Besonders bekannt für ihre Umweltauswirkungen sind Industrien wie fossile Brennstoffe, Bergbau und die großflächige Landwirtschaft. Die Gewinnung und Nutzung dieser Ressourcen führt zu Entwaldung, Bodendegradation, Wasserverschmutzung und der Emission von Treibhausgasen, die zur globalen Erwärmung und zum Klimawandel beitragen.

Der Verbrauch fossiler Brennstoffe ist ein Haupttreiber des Klimawandels. Das Verbrennen von Kohle, Öl und Erdgas für Energie und Transport setzt große Mengen an Kohlendioxid und anderen Treibhausgasen in die Atmosphäre frei. Diese Emissionen fangen Wärme ein, was zu einem Anstieg der globalen Temperaturen, dem Schmelzen der Eiskappen, steigenden Meeresspiegeln und häufigeren und schwereren Wetterereignissen führt. Trotz der bekannten Umweltfolgen erhalten die fossilen Brennstoffindustrien weiterhin erhebliche Subventionen und Investitionen, was ihre tiefe Verankerung in kapitalistischen Volkswirtschaften widerspiegelt. Der politische Einfluss dieser Industrien perpetuiert die Abhängigkeit von fossilen Brennstoffen und behindert die Bemühungen, auf erneuerbare Energiequellen umzusteigen.

Die Logik des Kapitalismus fördert auch Überproduktion und Überkonsum, was die Umweltzerstörung verschärft. Kapitalistische Märkte gedeihen durch die kontinuierliche Schaffung von Nachfrage, oft durch Werbung und geplante Obsoleszenz. Dies führt zur Massenproduktion von Gütern, von denen viele so konzipiert sind, dass sie wegwerfbar sind oder eine kurze Lebensdauer haben. Die Modeindustrie verkörpert diesen Trend mit ihrem Fast-Fashion-Modell, was zu übermäßigem Abfall und Verschmutzung führt. Die Gewinnung von Rohstoffen für die Produktion und die Entsorgung von Gütern verursachen erhebliche Umweltschäden, einschließlich Verschmutzung und Zerstörung von Lebensräumen.

Die globale Natur der kapitalistischen Produktion und des Handels hat Umweltimplikationen. Das Streben nach niedrigeren Produktionskosten hat zur Globalisierung der Lieferketten geführt, wobei die Produktion oft in Länder mit weniger strengen Umweltvorschriften ausgelagert wird. Diese Praxis, bekannt als „Race to the Bottom", führt zu Umweltzerstörung in Entwicklungsländern, wo natürliche Ressourcen ohne Rücksicht auf ökologische Auswirkungen ausgebeutet werden. Dies schadet nicht nur lokalen Umwelten und Gemeinschaften, sondern trägt auch zu globalen Umweltproblemen bei.

Aus moderner marxistischer Perspektive ist die Umweltkrise im kapitalistischen Produktionsmodus verwurzelt, der kurzfristige Profite über langfristige Nachhaltigkeit stellt. Die Kommodifizierung der Natur – die Behandlung natürlicher Ressourcen als Waren, die gekauft und verkauft werden – entfremdet die Menschen von der Umwelt und reduziert ökologische Systeme auf bloße Inputs für die Produktion. Diese Entfremdung ist ein grundlegender Widerspruch im Kapitalismus, da sie die Endlichkeit natürlicher Ressourcen und die ökologischen Grenzen des Planeten ignoriert.

Die Bekämpfung des Klimawandels und der Umweltzerstörung innerhalb eines kapitalistischen Rahmens ist aufgrund der inhärenten Widersprüche des Systems schwierig. Marktorientierte Lösungen wie Emissionshandel und grüner Konsum stoßen oft an ihre Grenzen, weil sie die zugrunde liegenden Treiber der Umweltzerstörung nicht angehen. Diese Ansätze neigen dazu, den Umweltschutz zu kommodifizieren, indem sie neue Märkte für Verschmutzungsrechte und grüne Produkte schaffen, ohne die profitgetriebene Logik des Kapitalismus herauszufordern. Infolgedessen können sie zwar einige Emissionsreduktionen oder Ressourceneinsparungen erzielen, scheitern jedoch daran, das breitere Wirtschaftssystem zu transformieren, das die Umweltzerstörung perpetuiert.

Aus moderner marxistischer Perspektive erfordern sinnvolle Lösungen für die Umweltkrise eine grundlegende Transformation des Wirtschaftssystems. Dies beinhaltet den Übergang von einer profitorientierten, wachstumsorientierten Wirtschaft zu einer, die ökologische Nachhaltigkeit, soziales Wohlbefinden und wirtschaftliche Gerechtigkeit priorisiert. Schlüsselkomponenten dieser Transformation sind die Sozialisierung wichtiger Industrien, insbesondere derjenigen mit erheblichen Umweltauswirkungen wie Energie, Verkehr und Landwirtschaft. Durch die Demokratisierung dieser Industrien ist es möglich, die Produktion mit ökologischen und sozialen Zielen in Einklang zu bringen, anstatt mit der Profitmaximierung.

Der Übergang zu erneuerbaren Energien ist ein wesentlicher Bestandteil dieser Transformation. Der Ausstieg aus fossilen Brennstoffen und die Investition in erneuerbare Energiequellen wie Solar-, Wind- und Wasserkraft können die Treibhausgasemissionen erheblich reduzieren und den Klimawandel mildern. Dieser Übergang muss jedoch so gestaltet werden, dass er einen gerechten Übergang für Arbeitnehmer und Gemeinschaften gewährleistet, die von den fossilen Brennstoffindustrien abhängig sind. Dazu gehören Umschulungsprogramme, die Schaffung neuer grüner Arbeitsplätze und die gerechte Verteilung der Vorteile erneuerbarer Energien.

Nachhaltige Landwirtschaft ist ein weiterer wichtiger Bereich zur Bewältigung der Umweltkrise. Die industrielle Landwirtschaft, angetrieben von der kapitalistischen Logik der Maximierung von Erträgen und Gewinnen, trägt zur

Entwaldung, Bodendegradation und Wasserverschmutzung bei. Der Übergang zu agroökologischen Praktiken, die Biodiversität, Bodengesundheit und nachhaltige Ressourcennutzung betonen, kann diese Auswirkungen mindern. Dieser Wandel erfordert Unterstützung für Kleinbauern, Landreformen und die Förderung der Ernährungssouveränität, um sicherzustellen, dass Gemeinschaften die Kontrolle über ihre Lebensmittelsysteme haben.

Die Reduzierung des Überkonsums und die Förderung nachhaltiger Lebensstile sind ebenfalls wesentliche Komponenten zur Bekämpfung der Umweltzerstörung. Dies erfordert die Herausforderung der Konsumkultur und der geplanten Obsoleszenz, die der Kapitalismus fördert. Politiken, die Ressourcenschonung, Abfallreduktion und die Wiederverwendung und das Recycling von Materialien fördern, können dazu beitragen, die Umweltauswirkungen von Produktion und Konsum zu verringern. Darüber hinaus kann die Sensibilisierung und Bildung der Öffentlichkeit über die Umweltfolgen des Konsums nachhaltigere Verhaltensweisen und Einstellungen fördern.

Internationale Zusammenarbeit und Solidarität sind entscheidend, um die globale Natur der Umweltkrise zu bewältigen. Klimawandel und Umweltzerstörung kennen keine nationalen Grenzen, und effektive Lösungen erfordern koordinierte Maßnahmen auf globaler Ebene. Dazu gehören internationale Abkommen zur Reduzierung von Treibhausgasemissionen, zum Schutz der Biodiversität und zur Sicherstellung eines fairen und gerechten Zugangs zu Ressourcen. Entwicklungsländer, die oft trotz ihres geringen Beitrags zur Problematik die Hauptlast der Umweltfolgen tragen, müssen durch Technologietransfer, finanzielle Unterstützung und Kapazitätsaufbau unterstützt werden.

Das Verhältnis zwischen kapitalistischer Produktion und Umweltzerstörung ist ein grundlegendes Thema im modernen Marxismus und hebt die Widersprüche zwischen dem Streben nach Profit und der Notwendigkeit ökologischer Nachhaltigkeit hervor. Das unaufhörliche Streben des Kapitalismus nach Wachstum und Akkumulation führt zur Überausbeutung natürlicher Ressourcen, zur Verschmutzung und zum Klimawandel. Die Bewältigung dieser Herausforderungen erfordert eine systemische Transformation, die ökologische Nachhaltigkeit, soziales Wohlbefinden und wirtschaftliche Gerechtigkeit priorisiert. Durch das Umdenken von Produktion, Konsum und Governance ist es möglich, eine nachhaltigere und gerechtere Welt zu schaffen, die die ökologischen Grenzen unseres Planeten respektiert.

GRÜNE BEWEGUNGEN

Die Wirksamkeit und der Einfluss grüner Bewegungen, die sich für nachhaltige Entwicklung und antikapitalistische Ansätze einsetzen, haben in den letzten Jahren erheblich zugenommen. Dies spiegelt ein wachsendes Bewusstsein für die Umweltkrise und eine zunehmende Kritik am kapitalistischen System wider, das diese antreibt. Aus einer modernen marxistischen Perspektive spielen diese Bewegungen eine entscheidende Rolle dabei, die strukturellen Kräfte herauszufordern, die zur Umweltzerstörung und sozialen Ungerechtigkeit beitragen. Durch die Förderung alternativer Entwicklungsmodelle, die ökologische Nachhaltigkeit und soziale Gerechtigkeit priorisieren, bieten grüne Bewegungen eine radikale Kritik am Kapitalismus und eine Vision für eine gerechtere und nachhaltigere Welt.

Grüne Bewegungen sind historisch aus unterschiedlichen sozialen und politischen Kontexten hervorgegangen und vereinen eine Vielzahl von Akteuren, darunter Umweltschützer, Verfechter sozialer Gerechtigkeit, indigene Gruppen und antikapitalistische Aktivisten. Diese Bewegungen erkennen, dass die Umweltkrise nicht isoliert von breiteren sozialen und wirtschaftlichen Problemen angegangen werden kann. Sie argumentieren, dass der kapitalistische Produktionsmodus, mit seinem unaufhörlichen Streben nach Profit und Wachstum, von Natur aus nicht nachhaltig und mit den ökologischen Grenzen des Planeten unvereinbar ist.

Eines der zentralen Prinzipien grüner Bewegungen ist das Konzept der nachhaltigen Entwicklung, das darauf abzielt, wirtschaftliches Wachstum, Umweltschutz und soziales Wohlergehen in Einklang zu bringen. Dieser Ansatz stellt das traditionelle kapitalistische Modell in Frage, das oft kurzfristige wirtschaftliche Gewinne über langfristige ökologische Gesundheit und soziale Gerechtigkeit stellt. Nachhaltige Entwicklung setzt sich für Politiken ein, die erneuerbare Energien fördern, Abfall und Verschmutzung reduzieren, die Biodiversität schützen und sicherstellen, dass wirtschaftliche Vorteile fair in der Gesellschaft verteilt werden. Indem sie die Verflechtung von Umwelt- und sozialen Fragen hervorheben, streben grüne Bewegungen danach, einen ganzheitlichen Entwicklungsansatz zu schaffen, der sowohl menschliche als auch ökologische Systeme respektiert.

Grüne Bewegungen waren erfolgreich darin, das öffentliche Bewusstsein für Umweltprobleme zu schärfen und Aktionen auf verschiedenen Ebenen zu mobilisieren. Durch Basisorganisationen, öffentliche Demonstrationen und Advocacy-Kampagnen haben diese Bewegungen auf kritische Themen wie Klimawandel, Entwaldung, Wasserverschmutzung und das Aussterben von Arten aufmerksam gemacht. Hochkarätige Veranstaltungen wie der People's Climate March und die globalen Klimastreiks unter der Führung von Jugendaktivisten, einschließlich Greta Thunberg, haben breite Medienberichterstattung und öffentliche Unterstützung erhalten. Diese Aktionen haben dazu beigetragen, die öffentliche Meinung zu verändern und Druck auf Regierungen und Unternehmen auszuüben, bedeutende Schritte in Richtung Nachhaltigkeit zu unternehmen.

Neben der Sensibilisierung haben grüne Bewegungen auch Einfluss auf die Gestaltung von Politik und Gesetzgebung genommen. Umweltorganisationen haben eine Schlüsselrolle bei der Einführung von Umweltvorschriften und -standards gespielt, wie dem Clean Air Act, dem Endangered Species Act und verschiedenen internationalen Abkommen wie dem Pariser Klimaabkommen. Durch die Beteiligung an politischer Interessenvertretung, Rechtsstreitigkeiten und Lobbyarbeit konnten grüne Bewegungen rechtliche Schutzmaßnahmen für die Umwelt durchsetzen und Verschmutzer zur Rechenschaft ziehen. Dieses rechtliche und regulatorische Rahmenwerk ist wesentlich für die Schaffung einer nachhaltigeren und gerechteren Gesellschaft.

Grüne Bewegungen waren maßgeblich daran beteiligt, erneuerbare Energien und Energieeffizienz als Alternativen zu fossilen Brennstoffen zu fördern. Indem sie den Übergang zu erneuerbaren Energiequellen wie Solar-, Wind- und Wasserkraft unterstützen, stellen diese Bewegungen die Dominanz der fossilen Brennstoffindustrie und ihre damit verbundenen Umweltfolgen in Frage. Das Wachstum des Sektors für erneuerbare Energien trägt nicht nur zur Reduzierung von Treibhausgasemissionen bei, sondern schafft auch neue wirtschaftliche Chancen und Arbeitsplätze. Grüne Bewegungen haben Politiken wie Einspeisetarife, Erneuerbare-Energien-Standards und Subventionen für saubere Energietechnologien unterstützt, die zum schnellen Ausbau der Kapazitäten für erneuerbare Energien weltweit beigetragen haben.

Grüne Bewegungen betonen auch die Bedeutung lokaler und gemeinschaftsbasierter Ansätze für Nachhaltigkeit. Sie setzen sich für dezentrale, basisorientierte Lösungen ein, die Gemeinschaften befähigen, die Kontrolle über ihre Ressourcen zu übernehmen und Resilienz gegen Umwelt- und Wirtschaftsschocks aufzubauen. Dies umfasst Initiativen wie gemeinschaftsunterstützte Landwirtschaft, lokale Genossenschaften für erneuerbare Energien und partizipative Landnutzungsplanung. Durch die Förderung lokaler Selbstversorgung und demokratischer Entscheidungsfindung streben grüne Bewegungen danach, Alternativen zum zentralisierten, unternehmensgesteuerten Entwicklungsmodell zu schaffen.

Trotz dieser Erfolge stehen grüne Bewegungen vor erheblichen Herausforderungen und Einschränkungen. Ein Hauptproblem ist die verankerte Macht des kapitalistischen Systems und die Eigeninteressen mächtiger wirtschaftlicher Akteure, insbesondere multinationaler Konzerne und Finanzinstitutionen. Diese Akteure haben erheblichen Einfluss auf politische Prozesse und können Bemühungen um Nachhaltigkeit widerstehen oder vereinnahmen. Beispielsweise hat die fossile Brennstoffindustrie eine lange Geschichte der Finanzierung von Klimawandelleugnung und Lobbyarbeit gegen Umweltvorschriften. Ähnlich lehnen große Agrarunternehmen oft Politiken ab, die nachhaltige Landwirtschaft und Ernährungssouveränität fördern.

Eine weitere Herausforderung ist die Notwendigkeit einer kohärenteren und einheitlicheren Strategie innerhalb der grünen Bewegung selbst. Während die Vielfalt der Bewegung eine Stärke ist, kann sie auch zu Fragmentierung und mangelnder Koordination führen. Verschiedene Gruppen können unterschiedliche Prioritäten, Taktiken und Ideologien haben, was es schwierig machen kann, eine kohäsive und effektive Bewegung aufzubauen. Diese Unterschiede zu überbrücken und gemeinsame Grundlagen zu finden, ist entscheidend, um eine transformative Agenda voranzutreiben, die sowohl Umwelt- als auch soziale Gerechtigkeitsprobleme angeht.

Aus moderner marxistischer Perspektive ist der antikapitalistische Ansatz der grünen Bewegung entscheidend, um die Wurzeln der Umweltzerstörung zu bekämpfen. Diese Perspektive argumentiert, dass der Kapitalismus, mit seinem inhärenten Streben nach Akkumulation und Ausbeutung, grundsätzlich mit ökologischer Nachhaltigkeit unvereinbar ist. Antikapitalistische grüne Bewegungen fordern eine radikale Umstrukturierung der Wirtschaft und betonen die Notwendigkeit, über marktorientierte Lösungen hinauszugehen und ein System zu schaffen, das das Gemeinwohl über private Gewinne stellt. Dies umfasst die Förderung von öffentlichem Eigentum und demokratischer Kontrolle in wichtigen Sektoren wie Energie, Verkehr und Landwirtschaft sowie die Förderung alternativer Wirtschaftsmodelle wie Genossenschaften und Gemeingüter.

Der Erfolg grüner Bewegungen bei der Erreichung ihrer Ziele hängt letztlich von ihrer Fähigkeit ab, breite Allianzen zu schmieden und strategische kollektive Aktionen durchzuführen. Dies beinhaltet die Zusammenarbeit mit Gewerkschaften, Organisationen für soziale Gerechtigkeit, indigenen Gruppen und anderen Bewegungen, die sich für ökologische und soziale Gerechtigkeit einsetzen. Durch die Verknüpfung von Umweltfragen mit breiteren Kämpfen für wirtschaftliche und soziale Rechte können grüne Bewegungen eine mächtige Koalition aufbauen, die in der Lage ist, den Status quo herauszufordern und systemische Veränderungen voranzutreiben.

Grüne Bewegungen, die sich für nachhaltige Entwicklung und antikapitalistische Ansätze einsetzen, spielen eine wichtige Rolle bei der Bewältigung der Umweltkrise und der Herausforderung des kapitalistischen Systems, das diese antreibt. Durch Sensibilisierung, Einflussnahme auf Politik, Förderung erneuerbarer Energien und Betonung lokaler Lösungen haben diese Bewegungen bedeutende Fortschritte in Richtung Nachhaltigkeit gemacht. Sie stehen jedoch auch vor erheblichen Herausforderungen durch verankerte kapitalistische Interessen und interne Fragmentierung. Aus moderner marxistischer Perspektive hängt der Erfolg grüner Bewegungen von ihrer Fähigkeit ab, breite Allianzen zu schmieden und eine transformative Agenda zu verfolgen, die die Wurzeln der Umwelt- und sozialen Ungerechtigkeiten angeht. Indem sie dies tun, bieten sie eine Vision für eine gerechtere und nachhaltigere Welt, die sowohl menschliche als auch ökologische Systeme respektiert.

KAPITEL 7: GLOBALE KONFLIKTE UND ALLIANZEN

WIRTSCHAFTSSANKTIONEN UND HANDELSKRIEGE

Der Einsatz von Wirtschaftssanktionen und Handelskriegen als Instrumente der internationalen Politik stellt ein bedeutendes Analysefeld im modernen Marxismus dar. Diese Mechanismen wirtschaftlicher Zwangsmaßnahmen und Konkurrenz sind eng mit dem kapitalistischen Weltsystem verflochten und spiegeln die Machtverhältnisse und Konflikte wider, die dem globalen Kapitalismus innewohnen. Indem wir untersuchen, wie Wirtschaftssanktionen und Handelskriege funktionieren, welche Auswirkungen sie auf betroffene Nationen haben und wie der breitere geopolitische Kontext aussieht, können wir ein tieferes Verständnis ihrer Rolle bei der Aufrechterhaltung wirtschaftlicher Ungleichheiten und imperialistischer Strategien gewinnen.

Wirtschaftssanktionen umfassen die Verhängung von Beschränkungen oder Strafen durch ein oder mehrere Länder gegen eine Zielnation, um politische oder wirtschaftliche Ziele zu erreichen. Diese Maßnahmen können Handelsembargos, Vermögenssperren, Reiseverbote und Beschränkungen bei Finanztransaktionen umfassen. Sanktionen werden oft mit der Förderung von Menschenrechten, der Verhinderung der Verbreitung von Massenvernichtungswaffen oder der Bekämpfung des Terrorismus gerechtfertigt. Aus moderner marxistischer Perspektive werden Sanktionen jedoch häufig als Instrumente des Wirtschaftskriegs eingesetzt, mit denen mächtige Nationen Kontrolle über schwächere Staaten ausüben und ihre geopolitischen Interessen vorantreiben.

Die Vereinigten Staaten sind einer der prominentesten Nutzer von Wirtschaftssanktionen. In den letzten Jahrzehnten haben sie Sanktionen gegen Länder wie Kuba, Iran, Nordkorea, Venezuela und Russland verhängt. Diese Sanktionen zielen darauf ab, die betroffenen Regierungen unter Druck zu setzen, ihre Politiken oder ihr Verhalten zu ändern, oft mit dem erklärten Ziel, Demokratie und Menschenrechte zu fördern. Die zugrunde liegenden Motivationen sind jedoch oft komplexer und umfassen das Bestreben, die geopolitische Dominanz aufrechtzuerhalten, Zugang zu strategischen Ressourcen zu sichern und verbündete Regime zu unterstützen.

Wirtschaftssanktionen können verheerende Auswirkungen auf die Wirtschaft und die Bevölkerung der betroffenen Länder haben. In vielen Fällen verschärfen sie wirtschaftliche Notlagen, führen zu Engpässen bei lebenswichtigen Gütern, Inflation und Arbeitslosigkeit. Beispielsweise hat das langjährige Embargo der USA gegen Kuba die wirtschaftliche Entwicklung der Inselnation erheblich behindert, indem es den Zugang zu internationalen Märkten und Finanzressourcen einschränkte. Ähnlich haben Sanktionen gegen den Iran dessen Wirtschaft lahmgelegt, die Ölexporte reduziert, die Währung abgewertet und großes Leid unter den einfachen Iranern verursacht.

Aus moderner marxistischer Perspektive stellen Sanktionen eine Form des Wirtschaftsimperialismus dar, bei der mächtige kapitalistische Nationen ihre wirtschaftliche Hebelwirkung nutzen, um schwächere Staaten zu unterwerfen und zu kontrollieren. Diese Form der Zwangsmaßnahmen spiegelt die breiteren Dynamiken des globalen Kapitalismus wider, in dem die wirtschaftliche Macht in den Händen weniger fortgeschrittener Volkswirtschaften konzentriert ist. Sanktionen dienen dazu, diese Machtungleichgewichte zu verstärken und sicherzustellen, dass periphere und halbperiphere Nationen abhängig und untergeordnet bleiben.

Handelskriege hingegen beinhalten die Verhängung von Zöllen, Quoten und anderen Handelshemmnissen durch ein Land gegen ein anderes, meist als Reaktion auf vermeintlich unfaire Handelspraktiken oder zum Schutz heimischer Industrien. Handelskriege können zu breiteren wirtschaftlichen Konflikten eskalieren, globale Lieferketten stören und internationale Handelsbeziehungen beeinträchtigen. Der jüngste Handelskrieg zwischen den Vereinigten Staaten und China ist ein prominentes Beispiel, bei dem beide Länder wechselseitig Zölle auf die Waren des anderen verhängten, was zu höheren Kosten für Verbraucher und Unternehmen führte und zur globalen wirtschaftlichen Unsicherheit beitrug.

Handelskriege werden oft von nationalistischen und protektionistischen Ideologien getrieben, bei denen Regierungen versuchen, heimische Industrien vor ausländischer Konkurrenz zu schützen. Aus moderner marxistischer Perspektive spiegeln Handelskriege jedoch auch die inhärenten Widersprüche und Konflikte im kapitalistischen System wider. Kapitalistische Volkswirtschaften sind auf ständige Expansion und Akkumulation angewiesen, was zu Konkurrenz um Märkte, Ressourcen und Investitionsmöglichkeiten führt. Handelskriege sind eine Manifestation dieser Konkurrenz, da mächtige kapitalistische Staaten versuchen, ihre wirtschaftlichen Interessen zu schützen und ihre Dominanz in der globalen Wirtschaft zu bewahren.

Die Auswirkungen von Handelskriegen auf die globalen Wirtschaftsstrukturen können tiefgreifend sein. Sie können internationale Handelsströme stören, die Produktionskosten erhöhen und Volatilität an den Finanzmärkten verursachen. Während einige heimische Industrien kurzfristig von protektionistischen Maßnahmen profitieren können, sind die Gesamtauswirkungen auf die globale Wirtschaft oft negativ und führen zu reduziertem Wirtschaftswachstum, Arbeitsplatzverlusten und höheren Preisen für Verbraucher. Handelskriege können internationale Beziehungen belasten, die Zusammenarbeit untergraben und das Risiko breiterer geopolitischer Konflikte erhöhen.

Aus moderner marxistischer Perspektive sind Handelskriege und Wirtschaftssanktionen Werkzeuge, die kapitalistische Staaten nutzen, um die Widersprüche und Konflikte im globalen kapitalistischen System zu managen. Diese Maßnahmen sind Teil einer breiteren Strategie des Wirtschaftsimperialismus, die darauf abzielt, die Dominanz fortgeschrittener kapitalistischer Volkswirtschaften aufrechtzuerhalten und periphere und halbperiphere Nationen zu unterwerfen. Sie dienen dazu, bestehende Machtstrukturen zu verstärken und wirtschaftliche Ungleichheiten aufrechtzuerhalten, indem sie sicherstellen, dass die Vorteile des globalen Kapitalismus in den Händen weniger mächtiger Staaten und multinationaler Konzerne konzentriert bleiben.

Die Wirksamkeit von Wirtschaftssanktionen und Handelskriegen bei der Erreichung ihrer erklärten Ziele ist oft fragwürdig. Während sie erheblichen wirtschaftlichen Druck auf die betroffenen Nationen ausüben können, führen sie selten zu den gewünschten politischen oder verhaltensbezogenen Veränderungen. Stattdessen verschärfen sie oft das Leiden der einfachen Bevölkerung, schüren antiimperialistische Stimmungen und stärken den Widerstandswillen der betroffenen Regierungen gegen äußeren Druck. In vielen Fällen führen Sanktionen und Handelskriege zu unbeabsichtigten Folgen, wie der Stärkung von Allianzen zwischen sanktionierten Nationen, der Entwicklung alternativer Wirtschaftssysteme und dem Aufstieg neuer Zentren wirtschaftlicher Macht.

Wirtschaftssanktionen und Handelskriege sind bedeutende Instrumente der internationalen Politik im Kontext des globalen Kapitalismus. Aus moderner marxistischer Perspektive spiegeln diese Maßnahmen die zugrunde liegenden Dynamiken des Wirtschaftsimperialismus wider, verstärken Machtungleichgewichte und perpetuieren wirtschaftliche Ungleichheiten. Während sie oft mit der Förderung von Sicherheit, Demokratie oder fairem Handel gerechtfertigt werden, besteht ihre Hauptfunktion darin, die Dominanz fortgeschrittener kapitalistischer Staaten aufrechtzuerhalten und ihre wirtschaftlichen Interessen zu schützen. Das Verständnis der Rolle von Wirtschaftssanktionen und Handelskriegen im globalen kapitalistischen System ist unerlässlich, um Strategien zu entwickeln, die imperialistischen Praktiken widerstehen und eine gerechtere und gleichberechtigtere Weltordnung fördern.

MILITÄRISCH-INDUSTRIELLER KOMPLEX

Der Begriff "militärisch-industrieller Komplex", der von Präsident Dwight D. Eisenhower in seiner Abschiedsrede 1961 populär gemacht wurde, bezieht sich auf die komplexe Beziehung zwischen dem Militär eines Landes, seiner Regierung und der Rüstungsindustrie, die Waffen und

Ausrüstung liefert. Aus moderner marxistischer Perspektive ist der militärisch-industrielle Komplex eine entscheidende Komponente des kapitalistischen Staates, der durch das Streben nach Profit und die Fortsetzung globaler Konflikte angetrieben wird, um wirtschaftliche und politische Dominanz aufrechtzuerhalten. Dieser Komplex übt erheblichen Einfluss auf globale Konflikte und geopolitische Strategien aus und gestaltet Politiken und Aktionen so, dass sie kapitalistischen Interessen zugutekommen, während sie oft zu weitverbreitetem Leid und Instabilität führen.

Im Zentrum des militärisch-industriellen Komplexes steht die Rüstungsindustrie, die aus privaten Unternehmen besteht, die Waffen, Militärtechnologie und verwandte Ausrüstungen herstellen. Diese Unternehmen besitzen erhebliche wirtschaftliche Macht und politischen Einfluss, indem sie Regierungen für Verträge, günstige Vorschriften und kontinuierliche Militärausgaben lobbyieren. Das Profitmotiv der Rüstungsindustrie schafft einen inhärenten Anreiz zur Förderung von Militarisierung und Konflikten, da diese Bedingungen die Nachfrage nach ihren Produkten und Dienstleistungen antreiben. Diese Dynamik zeigt sich in den konstant hohen Militärausgaben in Ländern wie den Vereinigten Staaten, wo das Verteidigungsbudget einen bedeutenden Teil der nationalen Ausgaben ausmacht.

Der Einfluss des militärisch-industriellen Komplexes auf globale Konflikte zeigt sich in der Verbreitung von Waffen und dem kontinuierlichen Kriegszustand in verschiedenen Regionen. Waffenverkäufe sind ein wesentlicher Aspekt dieses Einflusses, wobei fortgeschrittene kapitalistische Länder die Hauptlieferanten von Waffen an den Rest der Welt sind. Die Vereinigten Staaten, Russland, China, Frankreich und Deutschland gehören zu den größten Waffenexporteuren und liefern militärische Ausrüstung an Länder, die in Konflikte verwickelt sind oder ihre militärischen Fähigkeiten verbessern wollen. Diese Waffenverkäufe verschärfen oft bestehende Spannungen und tragen zur Eskalation von Konflikten bei, wie in Regionen wie dem Nahen Osten zu sehen ist, wo rivalisierende Staaten und nichtstaatliche Akteure moderne Waffen erwerben, um ihre Macht zu behaupten.

Die Fortsetzung globaler Konflikte dient mehreren Zwecken für den militärisch-industriellen Komplex. Erstens sichert sie einen stetigen Markt für Waffen und Militärtechnologie, was die Gewinne für Rüstungsunternehmen steigert. Zweitens rechtfertigt sie kontinuierlich hohe Militärausgaben durch Regierungen, die argumentieren, dass die Aufrechterhaltung einer starken Verteidigung notwendig ist, um die nationale Sicherheit und Interessen zu schützen. Dieser Kreislauf von Konflikt und Militarisierung schafft ein sich selbst erhaltendes System, in dem die Interessen des militärisch-industriellen Komplexes mit der Aufrechterhaltung globaler Instabilität und Kriege übereinstimmen.

Die Rolle des militärisch-industriellen Komplexes bei der Gestaltung geopolitischer Strategien ist ebenfalls bedeutend. Geopolitische Entscheidungen, einschließlich militärischer Interventionen, Allianzen und der Stationierung von Militärbasen, werden oft von den Interessen der Rüstungsindustrie und ihrer Verbündeten innerhalb der Regierung beeinflusst. Beispielsweise kann die US-Intervention im Irak 2003, die mit dem angeblichen Vorhandensein von Massenvernichtungswaffen gerechtfertigt wurde, als von den Interessen von Rüstungsunternehmen beeinflusst angesehen werden, die von den anschließenden Militäroperationen und Wiederaufbaumaßnahmen profitierten. Der Krieg führte zu erheblichen Gewinnen für

Unternehmen wie Halliburton, Lockheed Martin und Boeing, die lukrative Verträge für die Lieferung von Ausrüstung, Dienstleistungen und Wiederaufbaumaßnahmen sicherten.

Der militärisch-industrielle Komplex beeinflusst die Außenpolitik durch Denkfabriken, Politik-Institute und Lobbygruppen, die aggressive Militärstrategien und erhöhte Verteidigungsausgaben befürworten. Organisationen wie das Center for a New American Security, das American Enterprise Institute und die Heritage Foundation spielen eine zentrale Rolle bei der Gestaltung des öffentlichen Diskurses und der politischen Entscheidungen. Diese Einrichtungen erhalten oft Mittel von Rüstungsunternehmen und fördern Politiken, die mit den Interessen des militärisch-industriellen Komplexes übereinstimmen, wie die Befürwortung militärischer Interventionen, Waffenverkäufe und die Expansion der NATO.

Der Einfluss des militärisch-industriellen Komplexes reicht über direkte militärische Aktionen hinaus und umfasst breitere geopolitische Strategien zur Aufrechterhaltung globaler Hegemonie. Beispielsweise beinhaltet die US-Strategie zur Eindämmung des Aufstiegs Chinas erhebliche militärische Dimensionen, einschließlich der Stationierung von Militärressourcen im asiatisch-pazifischen Raum, Waffenverkäufen an verbündete Länder und Militärübungen zur Machtdemonstration und Abschreckung chinesischer Expansion. Diese Maßnahmen spiegeln die strategischen Interessen des militärisch-industriellen Komplexes wider, ein wettbewerbsfähiges und konfliktanfälliges internationales Umfeld aufrechtzuerhalten, das kontinuierliche militärische Investitionen rechtfertigt.

Aus moderner marxistischer Perspektive dient der militärisch-industrielle Komplex als Mechanismus, mit dem der kapitalistische Staat die Widersprüche und Krisen des kapitalistischen Systems managt. Durch die Förderung von Militarisierung und Konflikten hilft der Komplex, überschüssiges Kapital zu absorbieren, Arbeitsplätze zu schaffen und technologische Innovationen voranzutreiben, wodurch die Wirtschaft stabilisiert wird. Diese Stabilisierung erfolgt jedoch auf Kosten der Fortsetzung von Gewalt, Ungleichheit und Umweltzerstörung. Militärausgaben lenken Ressourcen von Sozialprogrammen und öffentlichen Gütern ab, verschärfen soziale Ungleichheiten und untergraben das Wohl der Bevölkerung.

Die Umweltauswirkungen der Militarisierung sind erheblich, da der Verteidigungssektor einer der größten Verbraucher fossiler Brennstoffe und Verursacher von Treibhausgasemissionen ist. Die Umweltzerstörung durch militärische Aktivitäten, einschließlich Verschmutzung, Zerstörung von Lebensräumen und Einsatz toxischer Materialien, verdeutlicht weiter die zerstörerische Natur des militärisch-industriellen Komplexes.

Der Einfluss des militärisch-industriellen Komplexes auf globale Konflikte und geopolitische Strategien unterstreicht die Notwendigkeit eines radikalen Umdenkens der Sicherheits- und Verteidigungspolitik. Aus moderner marxistischer Perspektive erfordert die Erreichung echter Sicherheit und Frieden die Bekämpfung der Wurzeln von Konflikten, wie wirtschaftlicher Ungleichheit, Ressourcenknappheit und politischer Unterdrückung. Dies beinhaltet die Herausforderung der Macht des militärisch-industriellen Komplexes und die Förderung eines entmilitarisierten Ansatzes zur Sicherheit, der menschliche Bedürfnisse und ökologische Nachhaltigkeit priorisiert.

Bemühungen zur Demontage des militärisch-industriellen Komplexes müssen die Reduzierung der Militärausgaben, die Regulierung des Waffenhandels und die Förderung von Transparenz und Rechenschaftspflicht in der Verteidigungspolitik umfassen. Darüber hinaus ist die Förderung internationaler Zusammenarbeit und Diplomatie unerlässlich, um Konflikte zu lösen und eine gerechtere und friedlichere Welt aufzubauen. Bewegungen, die sich für Abrüstung, Frieden und soziale Gerechtigkeit einsetzen, spielen eine entscheidende Rolle bei der Bekämpfung der Militarisierung der Gesellschaft und der Förderung alternativer Sicherheitsvorstellungen.

Der militärisch-industrielle Komplex übt erheblichen Einfluss auf globale Konflikte und geopolitische Strategien aus, angetrieben durch das Streben nach Profit und die Aufrechterhaltung kapitalistischer Dominanz. Aus moderner marxistischer Perspektive stellt dieser Komplex eine kritische Komponente des kapitalistischen Staates dar, der Gewalt, Ungleichheit und Umweltzerstörung perpetuiert. Die Bewältigung der Herausforderungen, die der militärisch-industrielle Komplex mit sich bringt, erfordert ein radikales Umdenken der Sicherheitspolitik, die Förderung der Entmilitarisierung und die Förderung sozialer und wirtschaftlicher Gerechtigkeit. Indem die Macht des militärisch-industriellen Komplexes in Frage gestellt wird, ist es möglich, auf eine friedlichere und gerechtere globale Ordnung hinzuarbeiten.

KAPITEL 8: KULTURELLE HEGEMONIE

MEDIEN UND IDEOLOGIE

Im Kontext des modernen Marxismus ist das Konzept der kulturellen Hegemonie entscheidend, um zu verstehen, wie Medien- und Kulturindustrien kapitalistische Ideologien verbreiten und das öffentliche Bewusstsein prägen. Antonio Gramsci, ein italienischer marxistischer Theoretiker, entwickelte die Idee der kulturellen Hegemonie, um zu erklären, wie die herrschende Klasse ihre Dominanz nicht nur durch politische und wirtschaftliche Kontrolle, sondern auch durch kulturelle und ideologische Mittel aufrechterhält. Durch die Analyse der Rolle von Medien- und Kulturindustrien in diesem Prozess können wir die Mechanismen aufdecken, durch die kapitalistische Ideologien verbreitet und vom Publikum verinnerlicht werden, was die Reproduktion kapitalistischer sozialer Verhältnisse sicherstellt.

Medien- und Kulturindustrien, einschließlich Fernsehen, Film, Nachrichten, Werbung und digitalen Plattformen, spielen eine entscheidende Rolle bei der Verbreitung von Ideen und Werten. Diese Industrien werden weitgehend von einer kleinen Anzahl mächtiger Konzerne kontrolliert, deren Hauptziel die Gewinnmaximierung ist. Diese Konzentration des Eigentums ermöglicht es diesen Konzernen, erheblichen Einfluss auf die Inhalte und Botschaften auszuüben, die an die

Öffentlichkeit verbreitet werden. Aus moderner marxistischer Perspektive ist diese Kontrolle über die kulturelle Produktion ein zentrales Mittel zur Aufrechterhaltung der ideologischen Hegemonie und zur Fortsetzung der kapitalistischen Dominanz.

Eine der Hauptmethoden, mit denen Medien- und Kulturindustrien kapitalistische Ideologien verbreiten, ist die Förderung des Konsumismus. Werbung, Fernsehsendungen und Filme bombardieren das Publikum ständig mit Bildern und Erzählungen, die Glück, Erfolg und Selbstwert mit dem Erwerb von Waren und Dienstleistungen gleichsetzen. Diese unablässige Förderung der Konsumkultur ermutigt Individuen, sich durch ihre Konsummuster zu identifizieren und lenkt die Aufmerksamkeit von breiteren sozialen und wirtschaftlichen Ungleichheiten ab. Durch die Förderung eines Gefühls von Wettbewerb und Individualismus untergräbt der Konsumismus kollektive Solidarität und Widerstand gegen kapitalistische Ausbeutung.

Nachrichtenmedien spielen ebenfalls eine bedeutende Rolle bei der Gestaltung des öffentlichen Bewusstseins und der Verstärkung kapitalistischer Ideologien. Mainstream-Nachrichtenquellen präsentieren oft ein enges Spektrum an Perspektiven, die mit den Interessen der herrschenden Klasse übereinstimmen. Dies wird durch die Auswahl der Themen, die Rahmung der Probleme und die Bevorzugung von Stimmen erreicht, die den Status quo unterstützen. Beispielsweise betonen Wirtschaftsnachrichten typischerweise die Bedeutung von Marktstabilität, Unternehmensgewinnen und Investorenvertrauen, während Themen wie Arbeitsrechte, Einkommensungleichheit und soziale Gerechtigkeit heruntergespielt oder ignoriert werden. Durch die Gestaltung der Parameter des öffentlichen Diskurses helfen

Nachrichtenmedien, einen Konsens um kapitalistische Werte und Prioritäten zu schaffen.

Unterhaltungsmedien, einschließlich Fernsehsendungen, Filmen und Videospielen, tragen ebenfalls zur Verbreitung kapitalistischer Ideologien bei. Diese Medienformen stellen oft eine Welt dar, in der kapitalistische soziale Verhältnisse als selbstverständlich und natürlich angesehen werden. Beispielsweise zeigen beliebte Fernsehsendungen und Filme häufig Charaktere, die durch individuelle Anstrengung und unternehmerischen Geist Erfolg haben, und verstärken damit den Mythos des "self-made" Menschen. Gleichzeitig werden systemische Probleme wie Klassenungleichheit, Rassismus und Ausbeutung entweder ignoriert oder verharmlost. Durch die Darstellung einer verzerrten und bereinigten Realität tragen Unterhaltungsmedien dazu bei, kapitalistische soziale Verhältnisse zu legitimieren und zu normalisieren.

Der Aufstieg digitaler Medien und sozialer Netzwerke hat neue Dynamiken in der Verbreitung kapitalistischer Ideologien eingeführt. Während digitale Plattformen das Potenzial für eine größere Vielfalt an Stimmen und Perspektiven bieten, werden sie auch von einigen wenigen mächtigen Konzernen wie Google, Facebook und Amazon dominiert. Diese Plattformen nutzen Algorithmen, um Inhalte zu kuratieren und priorisieren dabei oft sensationelles und emotional aufgeladenes Material, das Engagement und Werbeeinnahmen fördert. Dieses Geschäftsmodell ermutigt zur Verbreitung von Fehlinformationen, Polarisierung und oberflächlicher Auseinandersetzung mit komplexen Themen und verfestigt damit kapitalistische Ideologien.

Digitale Medien sind auch instrumental bei der Kommodifizierung persönlicher Daten. Soziale Medienplattformen sammeln enorme Mengen an

Informationen über das Verhalten, die Vorlieben und sozialen Verbindungen der Nutzer, die dann verwendet werden, um gezielte Werbung zu schalten und Nutzererlebnisse zu gestalten. Dieser Prozess der Datenkommodifizierung verstärkt die kapitalistische Logik der Gewinnmaximierung, da die Online-Aktivitäten der Individuen in wertvolle Waren für die Ausbeutung durch Unternehmen verwandelt werden. Gleichzeitig werfen die allgegenwärtigen Überwachungs- und Datensammlungspraxen digitaler Plattformen erhebliche Bedenken hinsichtlich der Privatsphäre und Autonomie auf.

Kulturindustrien spielen auch eine Rolle bei der Gestaltung des öffentlichen Bewusstseins durch die Produktion und Verbreitung von Ideologien auf subtilere Weise. Beispielsweise sind Mode, Musik und Kunst oft Orte der kulturellen Produktion, die kapitalistische Werte widerspiegeln und verstärken. Modeindustrien fördern Schönheits- und Statusideale, die eng mit dem Konsum verbunden sind, während Musik und Kunst sowohl herausfordernde als auch verstärkende dominante Ideologien sein können. Die Kommerzialisierung der Kultur führt oft zur Vereinnahmung potenziell subversiver Ausdrucksformen, die in marktfähige Waren verwandelt werden und ihre kritische Schärfe verlieren.

Aus moderner marxistischer Perspektive hebt der allgegenwärtige Einfluss von Medien- und Kulturindustrien bei der Verbreitung kapitalistischer Ideologien die Bedeutung der Herausforderung und Transformation dieser Strukturen hervor. Ein Ansatz besteht darin, alternative Medien- und Kulturproduktionen zu unterstützen und zu entwickeln, die kritische Perspektiven bieten und Werte wie Solidarität, Gleichheit und soziale Gerechtigkeit fördern. Unabhängige Medien, Community-Radiosender und Basis-Kulturprojekte können Plattformen für marginalisierte Stimmen bieten und ein kritisches Bewusstsein fördern.

Darüber hinaus ist Medienbildung entscheidend, um Individuen zu befähigen, sich kritisch mit Medieninhalten auseinanderzusetzen und die zugrunde liegenden ideologischen Botschaften zu erkennen. Durch die Entwicklung der Fähigkeiten zur Analyse und Hinterfragung von Medienrepräsentationen können Individuen den manipulativen Effekten kapitalistischer Propaganda widerstehen und aktivere und informiertere Teilnehmer an demokratischen Prozessen werden.

Letztendlich erfordert die Herausforderung der kulturellen Hegemonie des Kapitalismus einen breiteren Kampf für systemische Veränderungen. Dies beinhaltet nicht nur die Transformation von Medien- und Kulturindustrien, sondern auch die Auseinandersetzung mit den zugrunde liegenden wirtschaftlichen und politischen Strukturen, die die kapitalistische Dominanz aufrechterhalten. Durch den Aufbau von Bewegungen, die kulturellen Widerstand mit breiteren Kämpfen für wirtschaftliche und soziale Gerechtigkeit verbinden, ist es möglich, eine gerechtere und gleichberechtigtere Gesellschaft zu schaffen, die die menschliche Würde und ökologische Nachhaltigkeit über Profit und Konsum stellt.

Die Rolle der Medien- und Kulturindustrien bei der Verbreitung kapitalistischer Ideologien und der Prägung des öffentlichen Bewusstseins ist ein kritisches Analysefeld im modernen Marxismus. Durch die Förderung des Konsumismus, die Rahmung von Nachrichten, die Darstellung sozialer Verhältnisse in der Unterhaltung und die Kommodifizierung persönlicher Daten verstärken und legitimieren diese Industrien

> *kapitalistische soziale Verhältnisse. Die Herausforderung dieser kulturellen Hegemonie erfordert die Unterstützung alternativer Medien, die Förderung von Medienbildung und die Verknüpfung kulturellen Widerstands mit breiteren Kämpfen für systemische Veränderungen. Durch die Auseinandersetzung mit den ideologischen und materiellen Dimensionen der kapitalistischen Dominanz ist es möglich, eine gerechtere und nachhaltigere Welt zu envisionieren und zu schaffen.*

GEGENKULTURELLE BEWEGUNGEN

Im Kontext des modernen Marxismus stellen gegenkulturelle Bewegungen eine wesentliche Form des Widerstands gegen das dominante kapitalistische Narrativ dar. Diese Bewegungen hinterfragen die kulturelle Hegemonie, die von kapitalistischen Gesellschaften aufrechterhalten wird, und bieten alternative Visionen der sozialen Organisation, Werte und Lebensweisen an. Durch die Ablehnung der Kommodifizierung der Kultur und des allgegenwärtigen Einflusses des Konsumismus versuchen gegenkulturelle Bewegungen, Räume für kritisches Bewusstsein und kollektives Handeln zu schaffen.

Gegenkulturelle Bewegungen sind historisch als Reaktion auf die Entfremdung und Ungleichheiten entstanden, die von kapitalistischen Gesellschaften produziert werden. In den 1960er und 1970er Jahren beispielsweise war die Gegenkultur in den Vereinigten Staaten und Westeuropa durch die Ablehnung von Mainstream-Werten, Materialismus und hierarchischen sozialen Strukturen gekennzeichnet. Beeinflusst von der Bürgerrechtsbewegung, den Protesten gegen den Vietnamkrieg und dem Aufstieg feministischer und umweltbewusster Aktivisten, förderten die gegenkulturellen Bewegungen dieser Ära Ideale wie Frieden, Gleichheit und ökologische Nachhaltigkeit. Die Hippiebewegung, mit ihrem

Schwerpunkt auf gemeinschaftlichem Leben, psychedelischen Erfahrungen und alternativen Lebensstilen, symbolisierte einen radikalen Bruch mit dem dominanten kapitalistischen Ethos.

Ein zentrales Merkmal gegenkultureller Bewegungen ist ihre Kritik an der Konsumkultur. Der Kapitalismus beruht auf der kontinuierlichen Schaffung von Konsumnachfrage, um wirtschaftliches Wachstum und Profit zu sichern. Dies wird durch Werbung, Marketing und die Kommodifizierung des Alltagslebens erreicht. Gegenkulturelle Bewegungen stellen dies in Frage, indem sie antikonsumistische Werte und Praktiken fördern. Beispielsweise ermutigt die DIY-Ethik die Menschen dazu, Dinge selbst zu erstellen, zu reparieren und wiederzuverwenden, anstatt neue Produkte zu kaufen, was ein Gefühl der Selbstversorgung und Nachhaltigkeit fördert. Ebenso setzt sich die Minimalismusbewegung dafür ein, materielle Besitztümer zu reduzieren und sich auf Erfahrungen und Beziehungen statt auf Konsum zu konzentrieren.

Umweltaktivismus ist ein weiterer bedeutender Aspekt gegenkultureller Bewegungen. Die Anerkennung der ökologischen Krise und der Unnachhaltigkeit kapitalistischer Produktion hat zur Entstehung von Bewegungen geführt, die radikale Veränderungen im Umgang der Gesellschaft mit der natürlichen Welt fordern. Die Umweltbewegung, die in den 1970er Jahren an Bedeutung gewann, fordert den Erhalt natürlicher Ressourcen, die Reduzierung von Verschmutzung und die Förderung erneuerbarer Energien. In jüngerer Zeit fordert die globale Klimagerechtigkeitsbewegung, verkörpert durch Gruppen wie Extinction Rebellion und die Sunrise Movement, systemische Veränderungen zur Bekämpfung des Klimawandels und der Umweltzerstörung. Diese Bewegungen greifen oft zu direkter Aktion, zivilem Ungehorsam und Basisorganisationen, um mächtige Unternehmens- und Staatsinteressen zu konfrontieren, die für ökologische Zerstörung verantwortlich sind.

Feministische und LGBTQ+-Bewegungen sind ebenfalls wichtige gegenkulturelle Kräfte, die das kapitalistische Patriarchat und die Heteronormativität herausfordern. Diese Bewegungen kritisieren, wie der Kapitalismus Geschlechts- und Sexualidentitäten ausbeutet und unterdrückende soziale Normen und wirtschaftliche Ungleichheiten verstärkt. Der radikale Feminismus beispielsweise betont die Verknüpfung von Geschlechtsunterdrückung und kapitalistischer Ausbeutung und fordert den Abbau beider Systeme. LGBTQ+-Bewegungen, insbesondere jene, die in der Queer-Theorie verwurzelt sind, lehnen die Kommodifizierung sexueller Identitäten ab und fördern eine Vision der Gesellschaft, in der vielfältige Ausdrucksformen von Geschlecht und Sexualität gefeiert und von kapitalistischen Zwängen befreit sind.

Der Aufstieg digitaler Technologien und des Internets hat neue Formen des gegenkulturellen Widerstands hervorgebracht. Online-Plattformen und soziale Medien bieten Räume für alternative Stimmen und Basisorganisationen und erleichtern die Verbreitung gegenhegemonialer Ideen. Bewegungen wie Occupy Wall Street und der Arabische Frühling nutzten digitale Werkzeuge, um groß angelegte Proteste zu mobilisieren und festgefügte Machtstrukturen herauszufordern. Das Internet hat auch das Wachstum dezentraler und führungsloser Bewegungen ermöglicht, wie Anonymous und verschiedene Hacker-Kollektive, die digitale Aktivismus nutzen, um Korruption aufzudecken, Zensur zu bekämpfen und kapitalistische Ausbeutung zu stören.

Kunst und Kultur spielen eine wesentliche Rolle in gegenkulturellen Bewegungen, indem sie Mittel bieten, um dominante Ideologien zu kritisieren und alternative Realitäten zu entwerfen. Musik, Literatur, bildende Kunst und Performance sind mächtige Werkzeuge zur Ausdruck von Dissens und Förderung von Solidarität. Punkrock beispielsweise entstand in den 1970er Jahren als rohe und rebellische Form kulturellen Widerstands, die die Normen der Mainstream-Musikindustrie und den kapitalistischen Konsum ablehnte. Seine DIY-Ethik und antietablierte Texte fanden Anklang bei marginalisierten Jugendlichen und inspirierten eine globale Subkultur des Widerstands. Ebenso bot die Hip-Hop-Kultur, die in den 1970er Jahren in der Bronx entstand, eine Stimme für afroamerikanische und lateinamerikanische Gemeinschaften, die mit systemischem Rassismus und wirtschaftlicher Entrechtung konfrontiert waren. Durch Rap, Graffiti, Breakdance und DJing artikulierte Hip-Hop die Kämpfe und Bestrebungen marginalisierter Gemeinschaften, hinterfragte dominante Narrative und behauptete kulturellen Stolz.

Gegenkulturelle Bewegungen betonen auch die Bedeutung der Schaffung alternativer Institutionen und Räume, die ihre Werte und Prinzipien verkörpern. Genossenschaftliche Unternehmen, Gemeinschaftsgärten und intentional Gemeinschaften sind Beispiele für Bemühungen, wirtschaftliche und soziale Systeme auf der Grundlage von Kooperation, gegenseitiger Hilfe und Nachhaltigkeit aufzubauen. Diese Initiativen versuchen, Taschen präfigurativer Politik zu schaffen, in denen die Prinzipien einer gewünschten zukünftigen Gesellschaft in der Gegenwart praktiziert werden. Durch die Entwicklung alternativer Modelle des Lebens und Arbeitens demonstrieren gegenkulturelle Bewegungen die

Möglichkeit, die Gesellschaft um andere Prinzipien als Profit und Wettbewerb zu organisieren.

Aus moderner marxistischer Perspektive sind gegenkulturelle Bewegungen bedeutend, weil sie sowohl die materiellen als auch die ideologischen Dimensionen kapitalistischer Herrschaft ansprechen. Während wirtschaftliche Ausbeutung und Klassenkampf zentrale Themen der marxistischen Theorie sind, spielt die kulturelle Hegemonie eine entscheidende Rolle bei der Aufrechterhaltung kapitalistischer sozialer Verhältnisse. Indem sie dominante kulturelle Normen herausfordern und alternative Werte fördern, stören gegenkulturelle Bewegungen die ideologischen Grundlagen des Kapitalismus und schaffen Öffnungen für breitere soziale und politische Veränderungen.

Gegenkulturelle Bewegungen stehen jedoch auch vor Herausforderungen und Einschränkungen. Der Prozess der Kooptation, bei dem Elemente der Gegenkultur vom kapitalistischen System absorbiert und kommodifiziert werden, kann ihr radikales Potenzial verwässern. Beispielsweise verwandelte die Kommerzialisierung der Symbole und Stile der Hippiebewegung in der Mode- und Werbeindustrie ihre gegenhegemonialen Botschaften in marktfähige Trends. Ebenso führte die Mainstreamisierung von LGBTQ+-Identitäten zur Kommodifizierung der queeren Kultur, oft auf Kosten ihrer radikaleren Kritik am Kapitalismus und an der Heteronormativität.

Die Fragmentierung und Vielfalt gegenkultureller Bewegungen kann manchmal ihre Fähigkeit beeinträchtigen, eine kohäsive und einheitliche Front gegen kapitalistische Ausbeutung zu bilden. Die Vielzahl von Themen und Identitäten, die in diesen Bewegungen vertreten sind, erfordert kontinuierliche Anstrengungen, Solidarität aufzubauen und gemeinsame

Grundlagen zu finden. Intersektionale Ansätze, die die Verknüpfung verschiedener Formen der Unterdrückung und Ausbeutung anerkennen, sind entscheidend, um Einheit zu fördern und kollektive Kämpfe voranzutreiben.

Gegenkulturelle Bewegungen spielen eine wesentliche Rolle bei der Herausforderung des dominanten kapitalistischen Narrativs und der Förderung alternativer Visionen der sozialen Organisation und Werte. Durch die Kritik an der Konsumkultur, das Eintreten für ökologische Nachhaltigkeit und die Förderung sozialer Gerechtigkeit stören diese Bewegungen die ideologische Hegemonie des Kapitalismus und schaffen Räume für kritisches Bewusstsein und kollektives Handeln. Aus moderner marxistischer Perspektive sind gegenkulturelle Bewegungen unerlässlich, um sowohl die materiellen als auch die ideologischen Dimensionen kapitalistischer Herrschaft anzugehen. Trotz der Herausforderungen der Kooptation und Fragmentierung bieten diese Bewegungen mächtige Beispiele für Widerstand und das Potenzial, eine gerechtere und nachhaltigere Welt aufzubauen.

KAPITEL 9: INTERNATIONALE ORGANISATIONEN

DIE ROLLE DES INTERNATIONALEN WÄHRUNGSFONDS UND DER WELTBANK

Aus der Perspektive des modernen Marxismus spielen internationale Finanzinstitutionen wie der Internationale Währungsfonds (IWF) und die Weltbank eine zentrale Rolle bei der Förderung neoliberaler Politiken weltweit, die dazu dienen, das kapitalistische System aufrechtzuerhalten und zu verstärken. Diese Institutionen, die nach dem Zweiten Weltkrieg gegründet wurden, zielen angeblich darauf ab, globale wirtschaftliche Stabilität und Entwicklung zu fördern. Ihre Politiken und Programme haben jedoch oft die Verbreitung neoliberaler Wirtschaftsprinzipien erleichtert, die auf Marktderegulierung, Privatisierung und Sparmaßnahmen setzen.

Der Internationale Währungsfonds und die Weltbank sind historisch zentrale Elemente der globalen Finanzarchitektur und bieten Ländern, die mit wirtschaftlichen Herausforderungen konfrontiert sind, finanzielle Unterstützung und politische Beratung. Der Internationale Währungsfonds konzentriert sich hauptsächlich auf die Stabilisierung internationaler Währungssysteme und bietet kurzfristige finanzielle Hilfe für Länder mit Zahlungsbilanzproblemen. Die Weltbank hingegen konzentriert sich auf langfristige wirtschaftliche Entwicklungsprojekte und Armutsbekämpfung. Trotz ihrer unterschiedlichen Mandate teilen beide Institutionen ein Bekenntnis zu neoliberalen Wirtschaftsprinzipien, die sie durch konditionierte Kreditvergabe und Strukturanpassungsprogramme fördern.

Strukturanpassungsprogramme, die in den 1980er Jahren eingeführt wurden, sind vielleicht die bedeutendsten Instrumente, durch die der Internationale Währungsfonds und die Weltbank neoliberale Politiken fördern. Diese Programme beinhalten eine Reihe von Wirtschaftsreformen, die kreditnehmende Länder umsetzen müssen, um finanzielle Unterstützung zu erhalten. Zu den Kernkomponenten der Strukturanpassungsprogramme gehören in der Regel fiskalische Austerität, Handelsliberalisierung, Deregulierung und Privatisierung staatlicher Unternehmen. Diese Maßnahmen zielen darauf ab, Haushaltsdefizite zu reduzieren, ausländische Investitionen anzuziehen und die Entwicklungsländer in den globalen Markt zu integrieren.

Aus moderner marxistischer Perspektive stellen Strukturanpassungsprogramme eine Form des Wirtschaftsimperialismus dar, bei der mächtige kapitalistische Staaten und Institutionen ihre wirtschaftliche Agenda schwächeren Nationen aufzwingen. Durch die Durchsetzung neoliberaler Reformen gestalten der Internationale Währungsfonds und die Weltbank die Volkswirtschaften der kreditnehmenden Länder in einer Weise um, die mit den Interessen des globalen Kapitals übereinstimmt. Dieser Prozess verschärft oft wirtschaftliche Ungleichheiten und untergräbt lokale Entwicklungsprioritäten, da nationale Volkswirtschaften darauf ausgerichtet werden, den

Bedürfnissen multinationaler Konzerne und ausländischer Investoren zu dienen.

Fiskalische Austerität, ein zentrales Element der Strukturanpassungsprogramme, beinhaltet die Reduzierung staatlicher Ausgaben für soziale Dienstleistungen wie Bildung, Gesundheitswesen und Sozialhilfe. Diese Maßnahme soll Haushaltsdefizite verringern und die fiskalische Disziplin wiederherstellen. Die sozialen Folgen der Austerität sind jedoch oft gravierend, insbesondere für die verletzlichsten Bevölkerungsgruppen. Kürzungen bei öffentlichen Dienstleistungen können zu erhöhter Armut, verschlechterten Gesundheitszuständen und eingeschränktem Zugang zu Bildung führen, was die langfristigen Entwicklungsaussichten untergräbt. Durch die Priorisierung der fiskalischen Disziplin vor sozialen Investitionen verfestigen Sparmaßnahmen bestehende soziale Ungleichheiten und begrenzen die Fähigkeit der Staaten, die Bedürfnisse ihrer Bürger zu erfüllen.

Handelsliberalisierung, ein weiterer wichtiger Bestandteil der Strukturanpassungsprogramme, beinhaltet die Reduzierung von Zöllen und anderen Handelsbarrieren, um den freien Handel zu fördern. Während die Handelsliberalisierung den Marktzugang und die wirtschaftliche Effizienz erhöhen kann, setzt sie die heimischen Industrien auch einem intensiven Wettbewerb mit fortgeschrittenen Volkswirtschaften aus. Dies kann zum Niedergang lokaler Industrien, Arbeitsplatzverlusten und erhöhter Abhängigkeit von Importen führen. Die Handelsliberalisierung kommt oft multinationalen Konzernen zugute, die niedrigere Arbeitskosten und schwächere Umweltvorschriften in Entwicklungsländern ausnutzen können. Diese Dynamik verstärkt globale wirtschaftliche Hierarchien, bei denen

Wohlstand und Ressourcen vom globalen Süden in den globalen Norden fließen.

Deregulierung, ein Kennzeichen des Neoliberalismus, beinhaltet die Reduzierung staatlicher Eingriffe in die Wirtschaft, um das Wachstum des privaten Sektors zu fördern. Deregulierungsmaßnahmen umfassen oft die Schwächung des Arbeitsschutzes, der Umweltvorschriften und der Finanzaufsicht. Befürworter argumentieren, dass Deregulierung Innovation und Wirtschaftswachstum fördert, sie kann jedoch auch zu ausbeuterischen Arbeitspraktiken, Umweltzerstörung und finanzieller Instabilität führen. Beispielsweise kann die Deregulierung der Arbeitsmärkte zu prekären Arbeitsbedingungen, niedrigeren Löhnen und verminderter Verhandlungsmacht der Arbeitnehmer führen. Ebenso kann die Umweltderegulierung die Ressourcenausbeutung und Verschmutzung erleichtern, mit erheblichen ökologischen und sozialen Kosten.

Die Privatisierung staatlicher Unternehmen ist ein weiteres wesentliches Element der Strukturanpassungsprogramme. Die Privatisierung zielt darauf ab, die Effizienz zu verbessern und die Defizite des öffentlichen Sektors zu reduzieren, indem das Eigentum an öffentlichen Vermögenswerten auf private Einheiten übertragen wird. Der Prozess der Privatisierung führt jedoch oft zur Konzentration von Reichtum und Macht in den Händen weniger, was die wirtschaftliche Ungleichheit verschärft. Privatisierte Dienstleistungen können Profit über öffentliches Wohl stellen, was zu höheren Kosten und reduziertem Zugang zu wesentlichen Dienstleistungen für marginalisierte Bevölkerungsgruppen führt. Darüber hinaus kann der Verkauf öffentlicher Vermögenswerte zu unterbewerteten Preisen einer Übertragung von öffentlichem Reichtum auf private Interessen gleichkommen, was die öffentliche Rechenschaftspflicht und soziale Gerechtigkeit untergräbt.

Der Einfluss des Internationalen Währungsfonds und der Weltbank bei der Förderung neoliberaler Politiken erstreckt sich über einzelne Länder hinaus und prägt die globale Wirtschaftsordnung. Indem sie finanzielle Unterstützung an die Umsetzung neoliberaler Reformen knüpfen, schaffen diese Institutionen ein standardisiertes Wirtschaftsmodell, das Markmechanismen und Kapitalmobilität priorisiert. Dieses Modell ignoriert oft lokale Kontexte und Entwicklungsbedürfnisse und zwingt einen Einheitsansatz auf, der für eine nachhaltige Entwicklung schädlich sein kann.

Die Governance-Strukturen des Internationalen Währungsfonds und der Weltbank spiegeln die Interessen der mächtigsten kapitalistischen Staaten wider, insbesondere der Vereinigten Staaten und europäischer Länder. Das Stimmrecht in diesen Institutionen basiert auf finanziellen Beiträgen, was bedeutet, dass wohlhabende Nationen einen unverhältnismäßigen Einfluss auf die Entscheidungsprozesse haben. Dieses Machtungleichgewicht stellt sicher, dass die Politiken und Prioritäten des Internationalen Währungsfonds und der Weltbank mit den Interessen fortgeschrittener kapitalistischer Volkswirtschaften übereinstimmen und globale wirtschaftliche Ungleichheiten perpetuieren.

Die Folgen der vom Internationalen Währungsfonds und der Weltbank geförderten neoliberalen Politiken haben weitreichende Kritik und Widerstand hervorgerufen. Kritiker argumentieren, dass diese Politiken die Interessen des globalen Kapitals über die Bedürfnisse der lokalen Bevölkerungen stellen und zu sozialer und wirtschaftlicher Verdrängung führen. Bewegungen wie die Global Justice Movement und Proteste gegen Treffen des Internationalen

Währungsfonds und der Weltbank haben die negativen Auswirkungen der Strukturanpassung hervorgehoben und gerechtere und demokratischere Ansätze zur globalen Wirtschaftspolitik gefordert.

In Reaktion auf Kritik haben der Internationale Währungsfonds und die Weltbank einige Anstrengungen unternommen, soziale und ökologische Überlegungen in ihre Programme zu integrieren. Initiativen wie die Heavily Indebted Poor Countries Initiative und die Einbeziehung von Armutsbekämpfungsstrategien in Kreditprogramme spiegeln die Anerkennung der Notwendigkeit ausgewogenerer Ansätze zur Entwicklung wider. Diese Bemühungen wurden jedoch oft als unzureichend und oberflächlich kritisiert, da sie die zugrunde liegenden strukturellen Probleme, die Ungleichheit und Unterentwicklung perpetuieren, nicht angehen.

Aus moderner marxistischer Perspektive erfordert die Bekämpfung der negativen Auswirkungen der vom Internationalen Währungsfonds und der Weltbank geförderten neoliberalen Politiken ein grundlegendes Umdenken der globalen Wirtschaftspolitik. Dies beinhaltet die Herausforderung der Dominanz kapitalistischer Interessen und die Förderung alternativer Entwicklungsmodelle, die soziale Gerechtigkeit, ökologische Nachhaltigkeit und wirtschaftliche Demokratie priorisieren. Zu den Schlüsselelementen eines solchen alternativen Modells gehören die Umverteilung von Reichtum und Macht, die Demokratisierung der wirtschaftlichen Entscheidungsfindung und der Schutz öffentlicher Güter und Dienstleistungen.

Der Internationale Währungsfonds und die Weltbank haben eine bedeutende Rolle bei der Förderung neoliberaler Politiken weltweit gespielt, mit tiefgreifenden Auswirkungen

> *auf wirtschaftliche Ungleichheit und soziale Gerechtigkeit.*
> *Durch Strukturanpassungsprogramme und konditionierte*
> *Kreditvergabe haben diese Institutionen die Volkswirtschaften*
> *der kreditnehmenden Länder in einer Weise umgestaltet,*
> *die mit den Interessen des globalen Kapitals übereinstimmt.*
> *Der resultierende Schwerpunkt auf fiskalischer Austerität,*
> *Handelsliberalisierung, Deregulierung und Privatisierung hat oft*
> *soziale und wirtschaftliche Ung.*

UN UND GLOBALE GOVERNANCE

Im Kontext des modernen Marxismus erfordert die Bewertung der Wirksamkeit und Rolle der Vereinten Nationen (UN) bei der Bekämpfung globaler Ungleichheiten und Konflikte eine kritische Untersuchung ihrer Struktur, Funktionen und des breiteren geopolitischen Kontexts, in dem sie operiert. Die UN, die ebenfalls nach dem Zweiten Weltkrieg gegründet wurde, wurde entworfen, um internationalen Frieden und Sicherheit zu fördern, die Zusammenarbeit zwischen den Nationen zu stärken und die wirtschaftliche und soziale Entwicklung zu unterstützen. Aus marxistischer Perspektive wird jedoch die Fähigkeit der UN, globale Ungleichheiten und Konflikte anzugehen, durch den dominierenden Einfluss mächtiger kapitalistischer Staaten und die inhärenten Widersprüche im globalen kapitalistischen System eingeschränkt.

Die Struktur der UN spiegelt die geopolitischen Realitäten ihrer Gründungszeit wider, insbesondere die Machtverhältnisse unter den siegreichen alliierten Mächten. Der UN-Sicherheitsrat, das mächtigste Gremium innerhalb der UN, hat fünf ständige Mitglieder (die Vereinigten Staaten, Russland, China, das Vereinigte Königreich und Frankreich) mit Vetorecht. Diese Struktur stellt sicher, dass die Interessen dieser Großmächte bei Fragen der internationalen Frieden und

Sicherheit Priorität haben. Die Generalversammlung, die alle UN-Mitgliedsstaaten umfasst, bietet ein demokratischeres Forum für Debatten und Entscheidungsfindung, aber ihre Resolutionen sind im Allgemeinen nicht bindend und haben weniger Gewicht als die Entscheidungen des Sicherheitsrates.

Aus moderner marxistischer Perspektive begrenzt die Dominanz mächtiger kapitalistischer Staaten innerhalb des UN-Systems ihre Wirksamkeit bei der Bekämpfung globaler Ungleichheiten und Konflikte. Diese Staaten nutzen oft ihren Einfluss, um UN-Politiken und -Maßnahmen in einer Weise zu gestalten, die ihren wirtschaftlichen und geopolitischen Interessen entspricht. Beispielsweise haben die Vereinigten Staaten häufig ihr Vetorecht genutzt, um Resolutionen zu blockieren, die ihre Verbündeten, insbesondere Israel, kritisieren, während sie Interventionen und Sanktionen gegen Staaten fördern, die ihre Hegemonie herausfordern. Diese selektive Anwendung internationaler Normen untergräbt die Glaubwürdigkeit und Wirksamkeit der UN bei der Förderung einer gerechten und gerechten globalen Ordnung.

Die Rolle der UN bei der Bewältigung globaler Konflikte ist vielfältig und umfasst Friedenssicherung, Konfliktlösung und die Förderung der Menschenrechte. UN-Friedensmissionen, die in Konfliktzonen eingesetzt werden, um Waffenstillstände zu überwachen und politische Übergänge zu unterstützen, haben gemischten Erfolg. Während einige Missionen, wie die in Namibia und El Salvador, zu dauerhaftem Frieden beigetragen haben, wurden andere wegen ihrer Ineffizienz, mangelnder Ressourcen und ihres Versagens, Zivilisten zu schützen, kritisiert. Die Herausforderungen, denen sich die UN-Friedenssicherungseinsätze gegenübersehen, resultieren oft aus den konkurrierenden Interessen mächtiger

Staaten, unzureichender Finanzierung und logistischen Einschränkungen.

Im Bereich der Konfliktlösung spielt die UN eine wichtige Rolle bei der Förderung von Verhandlungen und der Vermittlung von Streitigkeiten. Der UN-Generalsekretär und verschiedene Sondergesandte sind oft in diplomatische Bemühungen zur Lösung von Konflikten und zur Förderung des Dialogs zwischen Kriegsparteien involviert. Der Erfolg dieser Bemühungen hängt jedoch von der Bereitschaft der beteiligten Parteien und der Unterstützung einflussreicher Mitgliedsstaaten ab. In vielen Fällen behindern geopolitische Rivalitäten und die Eigeninteressen mächtiger Staaten die Fähigkeit der UN, bedeutende Konfliktlösungen zu erreichen.

Die Förderung der Menschenrechte ist ein zentraler Aspekt des Mandats der UN, verkörpert in der Allgemeinen Erklärung der Menschenrechte und verschiedenen internationalen Verträgen und Konventionen. Der UN-Menschenrechtsrat und andere Gremien überwachen Menschenrechtsverletzungen und halten Staaten für Verstöße zur Rechenschaft. Die Wirksamkeit dieser Mechanismen wird jedoch oft durch politische Überlegungen und den Einfluss mächtiger Staaten beeinträchtigt. Länder mit schlechten Menschenrechtsbilanzen, einschließlich einiger ständiger Mitglieder des Sicherheitsrates, entziehen sich häufig der Überprüfung oder nutzen ihren Einfluss, um Kritik abzulenken. Diese selektive Durchsetzung von Menschenrechtsnormen untergräbt die Glaubwürdigkeit der UN und die Universalität der Menschenrechtsprinzipien.

Die Bemühungen der UN, globale Ungleichheiten anzugehen, werden hauptsächlich durch ihre Entwicklungsagenturen kanalisiert, wie das Entwicklungsprogramm der Vereinten Nationen, das Welternährungsprogramm und das Kinderhilfswerk der Vereinten Nationen. Diese Agenturen setzen Programme zur Armutsbekämpfung, Ernährungssicherheit, Gesundheitsversorgung, Bildung und nachhaltigen Entwicklung um. Während diese Initiativen bedeutende Fortschritte bei der Verbesserung der Lebensstandards und der Deckung grundlegender Bedürfnisse in vielen Teilen der Welt erzielt haben, arbeiten sie oft innerhalb der Zwänge eines globalen Wirtschaftssystems, das Ungleichheit perpetuiert.

Aus moderner marxistischer Perspektive liegen die Wurzeln globaler Ungleichheiten im kapitalistischen Produktionsmodus und der ungleichen Verteilung von Reichtum und Macht, die er erzeugt. Die Entwicklungsprogramme der UN, obwohl sie hilfreich sind, um einige Symptome von Armut und Unterentwicklung zu lindern, stellen die strukturellen Faktoren, die globale Ungleichheiten produzieren und aufrechterhalten, nicht grundlegend in Frage. Die Abhängigkeit von freiwilligen Beiträgen der Mitgliedstaaten und Partnerschaften mit privaten Unternehmen kann dazu führen, dass die Interessen der Geber über die Bedürfnisse der am stärksten marginalisierten Gemeinschaften gestellt werden.

Die Anwaltschaft der UN für nachhaltige Entwicklung, verkörpert in den Zielen für nachhaltige Entwicklung (Sustainable Development Goals, SDGs), stellt einen umfassenden Rahmen für die Bewältigung wirtschaftlicher, sozialer und ökologischer Herausforderungen dar. Die Ziele für nachhaltige Entwicklung zielen darauf ab, Armut zu beseitigen, Ungleichheiten zu verringern, Geschlechtergleichstellung zu fördern und ökologische Nachhaltigkeit bis 2030 zu gewährleisten. Während die SDGs einen wertvollen Fahrplan für die globale Entwicklung bieten, stehen ihrer Umsetzung erhebliche Hindernisse im Weg, darunter unzureichende Finanzierung, mangelnder politischer Wille und die Zwänge des globalen kapitalistischen Systems.

Ein zentrales Thema bei der Verfolgung nachhaltiger Entwicklung ist die Notwendigkeit systemischer Veränderungen in der globalen Wirtschaftsordnung. Der moderne Marxismus betont die Bedeutung der Bekämpfung der ausbeuterischen Produktionsverhältnisse und der Konzentration von Reichtum und Macht, die den globalen Kapitalismus untermauern. Um die Ziele für nachhaltige Entwicklung zu erreichen, sind transformative Politiken erforderlich, die über schrittweise Reformen hinausgehen und die strukturellen Wurzeln von Ungleichheit und Umweltzerstörung angehen. Dies umfasst das Überdenken wirtschaftlicher Modelle, die Förderung gerechter Handels- und Investitionspraktiken und die Sicherstellung demokratischer Kontrolle über Ressourcen und Entscheidungsprozesse.

In den letzten Jahren wurden Rufe nach einer Reform der UN laut, um sie demokratischer, transparenter und reaktionsfähiger auf die Bedürfnisse aller Mitgliedstaaten zu machen. Reformvorschläge umfassen die Erweiterung des Sicherheitsrates um mehr ständige und nichtständige Mitglieder, die Stärkung der Rolle der Generalversammlung und die Verbesserung der Rechenschaftspflicht von UN-Agenturen. Während diese Reformen die Wirksamkeit der UN verbessern könnten, müssen sie von breiteren Bemühungen begleitet werden, die Machtungleichgewichte und strukturellen Ungleichheiten im globalen System zu bekämpfen.

Die Vereinten Nationen spielen eine entscheidende Rolle bei der Bekämpfung globaler Ungleichheiten und Konflikte, aber ihre Wirksamkeit wird durch den Einfluss mächtiger kapitalistischer Staaten und die strukturellen Zwänge des globalen Wirtschaftssystems eingeschränkt. Aus moderner marxistischer Perspektive werden die Bemühungen der UN, Frieden, Menschenrechte und nachhaltige Entwicklung zu fördern, durch die Dominanz neoliberaler Politiken und die Interessen der globalen Elite untergraben.

Um bedeutende Veränderungen zu erreichen, ist es unerlässlich, die zugrunde liegenden Strukturen des globalen Kapitalismus herauszufordern und für eine gerechtere und gleichberechtigtere Weltordnung einzutreten. Dies erfordert sowohl die Reform internationaler Institutionen wie der UN als auch die Verfolgung transformativer Politiken, die die Ursachen von Ungleichheit und Konflikten ansprechen. Indem die Mission der UN mit den Prinzipien der sozialen Gerechtigkeit, Solidarität und demokratischen Governance in Einklang gebracht wird, ist es möglich, ein globales Regierungssystem aufzubauen, das wirklich den Interessen der gesamten Menschheit dient.

KAPITEL 10: HISTORISCHER KONTEXT UND ENTWICKLUNG

HISTORISCHE MARXISTISCHE ANALYSE

Aus der Perspektive des modernen Marxismus bietet die Überprüfung historischer Beispiele, in denen die marxistische Theorie angewendet wurde, wichtige Einblicke in die Erfolge und Herausforderungen, denen sich Bewegungen und Staaten gegenübersehen, die versuchen, sozialistische Prinzipien zu verwirklichen. Die marxistische Theorie, die auf den Werken von Karl Marx und Friedrich Engels basiert, strebt eine klassenlose Gesellschaft an, in der die Produktionsmittel kollektiv besessen und kontrolliert werden. Im letzten Jahrhundert haben verschiedene Länder versucht, marxistische Ideen umzusetzen, wobei sie diese jeweils an ihre einzigartigen historischen und sozio-politischen Kontexte anpassten.

Die Russische Revolution von 1917 steht als das bedeutendste und einflussreichste Beispiel für die Anwendung der marxistischen Theorie. Unter der Führung der Bolschewiki und Wladimir Lenin stürzte die Revolution die provisorische Regierung und etablierte den ersten sozialistischen Staat der Welt. Die Bolschewiki hatten das Ziel, eine Diktatur des Proletariats zu schaffen, Privateigentum abzuschaffen und eine Planwirtschaft zu etablieren. Die frühen Jahre der Sowjetunion brachten bedeutende soziale und wirtschaftliche Veränderungen mit sich, einschließlich der Verstaatlichung der Industrie, der Umverteilung von Land an Bauern und der Umsetzung ehrgeiziger Bildungs- und Gesundheitsprogramme.

Allerdings sah sich das sowjetische Experiment zahlreichen Herausforderungen gegenüber. Der Russische Bürgerkrieg, ausländische Interventionen und innerer Widerstand erzeugten enormen Druck auf den neuen sozialistischen Staat. Als Reaktion darauf implementierten die Bolschewiki die Politik des Kriegskommunismus, die die Requirierung von Getreide, die Verstaatlichung aller Industrien und die zentrale Kontrolle über die Wirtschaft beinhaltete. Obwohl diese Maßnahmen den Bolschewiki halfen, den Bürgerkrieg zu gewinnen, führten sie auch zu weitverbreitetem Hunger und wirtschaftlicher Desorganisation.

In den 1920er Jahren erlaubte die sowjetische Regierung unter Lenins Neuer Ökonomischer Politik eine teilweise Rückkehr zu Marktmechanismen, um die Wirtschaft zu stabilisieren. Dieser pragmatische Ansatz half, die Wirtschaft zu stabilisieren, erzeugte jedoch auch Spannungen innerhalb der Partei bezüglich der Rolle des Marktes in einem sozialistischen Staat. Nach Lenins Tod markierte der Aufstieg Stalins zur Macht einen Wandel hin zu einer autoritäreren und zentralisierteren Form des Sozialismus. Stalins Politik der schnellen Industrialisierung und Kollektivierung der Landwirtschaft zielte darauf ab, die Sowjetunion in eine bedeutende Industrienation zu verwandeln. Obwohl diese Politik erhebliches wirtschaftliches Wachstum erzielte, führte sie auch zu erheblichen menschlichen Kosten, einschließlich massiver Repression, Zwangsarbeit und weitverbreitetem Hunger.

Die Erfahrungen der Sowjetunion heben die Komplexitäten und Widersprüche hervor, die mit der Anwendung der marxistischen Theorie in der Praxis einhergehen. Die Herausforderungen beim Aufbau des Sozialismus in einer weitgehend agrarischen und kriegsgebeutelten Gesellschaft, der Druck von außen und die internen Dynamiken der Parteipolitik beeinflussten alle den Verlauf des sowjetischen Sozialismus. Trotz ihrer Errungenschaften, einschließlich bedeutender industrieller Entwicklung und Verbesserungen im Bildungs- und Gesundheitswesen, wies das sowjetische Modell auch erhebliche Mängel auf, wie bürokratische Ineffizienzen, mangelnde politische Freiheiten und Menschenrechtsverletzungen.

Die Chinesische Revolution von 1949 unter der Führung der Kommunistischen Partei Chinas und Mao Zedong stellt ein weiteres kritisches Beispiel für die Anwendung der marxistischen Theorie dar. Die Kommunistische Partei versuchte, marxistische Prinzipien an die überwiegend agrarische Gesellschaft Chinas anzupassen und betonte die Rolle der Bauernschaft im revolutionären Kampf. Nach dem Sieg im Bürgerkrieg führte die Kommunistische Partei Landreformen durch, verteilte Land an Bauern und startete Kampagnen zur Ausrottung feudaler Praktiken und zur Verbesserung der Alphabetisierung und der öffentlichen Gesundheit.

In den 1950er Jahren schlug China einen Weg der schnellen Industrialisierung und Kollektivierung ein, inspiriert vom sowjetischen Modell. Der Große Sprung nach vorn, der 1958 initiiert wurde, zielte darauf ab, Chinas wirtschaftliche Entwicklung durch die Einrichtung von Volkskommunen und ehrgeizige Industrieprojekte zu beschleunigen. Die Kampagne führte jedoch zu einer katastrophalen Niederlage, was zu weitverbreitetem Hunger und Millionen von Todesfällen führte. Die Kulturrevolution, die Mao 1966 startete, sollte kapitalistische und traditionelle Elemente aus der chinesischen Gesellschaft säubern und den revolutionären Geist erneuern. Diese Periode war von intensiven sozialen und politischen Umwälzungen, Verfolgung von Intellektuellen und weitverbreiteter Gewalt geprägt.

Nach Maos Tod 1976 initiierte die Kommunistische Partei unter Deng Xiaoping eine Reihe wirtschaftlicher Reformen, die China in Richtung einer marktorientierten Wirtschaft lenkten, während die politische Kontrolle der Partei erhalten blieb. Diese Reformen führten zu erheblichem Wirtschaftswachstum und hoben Hunderte von Millionen Menschen aus der Armut, führten aber auch zu wachsenden Einkommensungleichheiten und Umweltzerstörung. Die chinesische Erfahrung hebt die Bedeutung der Anpassung marxistischer Prinzipien an spezifische historische und soziale Kontexte sowie die potenziellen Fallstricke schneller und radikaler Politikwechsel hervor.

Die kubanische Revolution von 1959 unter der Führung von Fidel Castro und Che Guevara liefert ein weiteres Beispiel für die Anwendung der marxistischen Theorie in der Praxis. Die kubanische Regierung setzte sozialistische Politiken um, einschließlich der Verstaatlichung der Industrie, Landreformen und der Etablierung einer zentral geplanten Wirtschaft. Kuba erzielte bemerkenswerte Erfolge im Bildungswesen, Gesundheitswesen und bei der sozialen Gleichheit, trotz erheblicher Herausforderungen, einschließlich des US-Embargos und der wirtschaftlichen Isolation.

Kubas Erfahrung hebt sowohl die Widerstandsfähigkeit als auch die Grenzen kleinmaßstäblicher sozialistischer Experimente angesichts äußerer Drucks hervor. Das kubanische Modell zeigte das Potenzial für bedeutende soziale Fortschritte durch sozialistische Politiken, illustrierte aber auch die Schwierigkeiten, eine sozialistische Wirtschaft in einer feindlichen internationalen Umgebung aufrechtzuerhalten, sowie die Herausforderungen des politischen Autoritarismus.

Die vietnamesische Revolution, die 1976 zur Gründung der Sozialistischen Republik Vietnam führte, zog ebenfalls Inspiration aus der marxistischen Theorie. Unter der Führung der Kommunistischen Partei Vietnams und Ho Chi Minh zielte die Revolution darauf ab, nationale Befreiung zu erreichen und den Sozialismus in einer kriegszerrütteten und agrarischen Gesellschaft aufzubauen. Die Kommunistische Partei Vietnams setzte Landreformen um, verstaatlichte die Industrie und förderte soziale Wohlfahrtsprogramme. Allerdings stellten das Erbe des Krieges, wirtschaftliche Herausforderungen und die Komplexitäten des Übergangs zum Sozialismus in einer überwiegend bäuerlichen Gesellschaft erhebliche Schwierigkeiten dar.

In den späten 1980er und 1990er Jahren initiierte Vietnam wirtschaftliche Reformen unter der Đổi Mới (Erneuerung)-Politik, die Markmechanismen einführte und das Land für ausländische Investitionen öffnete. Diese Reformen führten zu schnellem Wirtschaftswachstum und Armutsreduktion, warfen aber auch Fragen zur Nachhaltigkeit sozialistischer Prinzipien in einer marktorientierten Wirtschaft auf. Vietnams Erfahrung hebt die Bedeutung von Pragmatismus und Anpassungsfähigkeit bei der Anwendung der marxistischen Theorie in unterschiedlichen historischen und sozialen Kontexten hervor.

Über staatlich geführte Revolutionen hinaus wurde die marxistische Theorie auch in verschiedenen sozialen und politischen Bewegungen weltweit angewendet. Die Pariser Kommune von 1871, oft von Marx und Engels als Prototyp der Diktatur des Proletariats zitiert, zeigte das Potenzial für Selbstverwaltung der Arbeiter und direkte Demokratie. Die kurze Existenz der Kommune und ihre gewaltsame Unterdrückung durch die französische Regierung hoben jedoch die Herausforderungen hervor, revolutionäre Bewegungen angesichts staatlicher Repression aufrechtzuerhalten.

In der heutigen Zeit haben Bewegungen wie die Zapatisten in Mexiko und die kurdische Bewegung in Rojava (Nord-Syrien) versucht, marxistische Prinzipien in ihren Kämpfen für Autonomie, soziale Gerechtigkeit und ökologische Nachhaltigkeit anzuwenden. Diese Bewegungen betonen die Bedeutung von Basisdemokratie, Geschlechtergleichstellung und gemeinschaftsbasierten Wirtschaften und bieten alternative Modelle der sozialen Organisation, die sowohl kapitalistische als auch staatszentrierte sozialistische Paradigmen herausfordern.

Die historische Anwendung der marxistischen Theorie bietet wertvolle Lehren für zeitgenössische sozialistische Bewegungen. Während marxistische Prinzipien bedeutende soziale und wirtschaftliche Transformationen inspiriert haben, war ihre Umsetzung auch mit zahlreichen Herausforderungen und Widersprüchen konfrontiert. Die Erfahrungen der Sowjetunion, Chinas, Kubas, Vietnams und verschiedener sozialer Bewegungen heben die Bedeutung kontextspezifischer Anpassungen, die Notwendigkeit von Pragmatismus und Flexibilität sowie die potenziellen Fallstricke bürokratischer Zentralisierung und politischem Autoritarismus hervor. Durch eine kritische Auseinandersetzung mit diesen historischen Erfahrungen kann der moderne Marxismus weiterhin

> *sich entwickeln und Wege zu einer gerechteren und*
> *gleichberechtigteren Welt bieten.*

ANPASSUNG UND EVOLUTION

Die marxistische Theorie hat erhebliche Anpassungen und Entwicklungen durchlaufen, um zeitgenössische Probleme anzugehen und im modernen Kontext relevant zu bleiben. Dieser Prozess der Anpassung spiegelt die dynamische Natur des Marxismus als sowohl Kapitalismuskritik als auch Leitfaden für revolutionäre Praxis wider. Die Kernprinzipien der marxistischen Theorie—Klassenkampf, historischer Materialismus, die Arbeitswerttheorie und die Kritik am Kapitalismus—wurden neu interpretiert und erweitert, um eine Vielzahl zeitgenössischer sozialer, wirtschaftlicher und politischer Fragen zu analysieren und anzugehen.

Eines der Hauptgebiete der Anpassung innerhalb der marxistischen Theorie ist ihre Analyse der Globalisierung. Im späten zwanzigsten und frühen einundzwanzigsten Jahrhundert hat die rasche Ausbreitung des globalen Kapitalismus eine hochgradig vernetzte und interdependente Weltwirtschaft geschaffen. Dieses Phänomen, oft als neoliberale Globalisierung bezeichnet, umfasst die Liberalisierung von Handel und Finanzen, die Verbreitung multinationaler Konzerne und die Dominanz globaler Finanzinstitutionen wie des Internationalen Währungsfonds und der Weltbank. Zeitgenössische marxistische Theoretiker haben Marx' Analyse des Kapitalismus auf globaler Ebene erweitert, indem sie untersuchen, wie neoliberale Politiken globale Ungleichheiten verschärfen, Arbeitskräfte über Grenzen hinweg ausbeuten und Reichtum und Macht in den Händen einer globalen kapitalistischen Elite konzentrieren.

David Harvey, ein prominenter marxistischer Geograph, hat bedeutende Beiträge zum Verständnis der neoliberalen Globalisierung geleistet. Sein Konzept der „Akkumulation durch Enteignung" beschreibt, wie das Kapital weiterhin expandiert, indem es Menschen ihres Landes, ihrer Ressourcen und ihrer Arbeitskraft beraubt. Dieser Prozess, der Privatisierung, Finanzialisierung und die Kommodifizierung der Natur umfasst, perpetuiert wirtschaftliche Ungleichheiten und Umweltzerstörung. Harveys Arbeit hebt die räumlichen Dimensionen des Kapitalismus und die ungleiche Entwicklung, die er produziert, hervor und bietet einen kritischen Rahmen zur Analyse zeitgenössischer Probleme wie Landraub, städtische Gentrifizierung und die Ausbeutung natürlicher Ressourcen.

Die Anpassung der marxistischen Theorie zur Bewältigung ökologischer Probleme ist eine weitere entscheidende Entwicklung. Die ökologische Krise, gekennzeichnet durch den Klimawandel, den Verlust der biologischen Vielfalt und weitverbreitete Verschmutzung, stellt eine erhebliche Herausforderung für die zeitgenössische Gesellschaft dar. Marxistische Ökologen wie John Bellamy Foster und Paul Burkett haben ökologische Anliegen in die marxistische Analyse integriert und betonen die Notwendigkeit einer ökologischen Revolution neben der sozialen Revolution. Sie argumentieren, dass der kapitalistische Produktionsmodus mit seinem unaufhörlichen Streben nach Profit und Wachstum inhärent unnachhaltig ist und für die Umweltzerstörung verantwortlich ist. Durch die Wiederaufnahme von Marx' Konzept des „metabolischen Risses"—der Störung der Beziehung zwischen Mensch und Natur durch die kapitalistische Produktion—bieten diese Theoretiker einen Rahmen zum Verständnis der ökologischen Dimensionen des

Klassenkampfes und der Notwendigkeit, eine nachhaltige, ökosozialistische Gesellschaft zu schaffen.

Die feministische Kritik und Anpassung des Marxismus haben ebenfalls die zeitgenössische marxistische Theorie bereichert. Der marxistische Feminismus untersucht die Schnittstellen von Klasse, Geschlecht und Kapitalismus und hebt hervor, wie die Ausbeutung von Frauen und geschlechtsspezifischer Arbeit integraler Bestandteil der Funktionsweise kapitalistischer Gesellschaften ist. Die Arbeit von Wissenschaftlerinnen wie Silvia Federici, Nancy Fraser und Angela Davis war entscheidend für die Integration feministischer Perspektiven in die marxistische Analyse. Federicis Erforschung der Geschichte der reproduktiven Arbeit und die Theorie der sozialen Reproduktion betonen die zentrale Bedeutung unbezahlter Hausarbeit und Pflegearbeit für die Aufrechterhaltung kapitalistischer Wirtschaften. Durch die Auseinandersetzung mit der Ausbeutung der Frauenarbeit sowohl im häuslichen als auch im bezahlten Arbeitsbereich bietet der marxistische Feminismus ein umfassendes Verständnis der Verbindungen zwischen Patriarchat und Kapitalismus.

Rasse und Rassismus sind weitere kritische Bereiche, in denen sich die marxistische Theorie entwickelt hat. Wissenschaftler wie Cedric Robinson, der das Konzept des „rassischen Kapitalismus" entwickelte, argumentieren, dass der Kapitalismus von Anfang an rassisiert war und dass rassische Ausbeutung grundlegend für seine Entwicklung ist. Robinsons Arbeit sowie die anderer kritischer Rassentheoretiker hebt hervor, wie Kapitalismus und Rassismus sich gegenseitig verstärkende Unterdrückungssysteme sind. Diese Perspektive fordert traditionelle marxistische Ansichten heraus, die sich primär auf den Klassenkampf konzentrieren, und betont die Notwendigkeit, rassische Ungleichheiten als integralen Bestandteil des breiteren Kampfes gegen den Kapitalismus anzugehen. Die zeitgenössische marxistische Theorie integriert daher Analysen darüber, wie Rassismus in kapitalistischen Gesellschaften operiert und wie antirassistische Kämpfe mit dem Klassenkampf verbunden sind.

Die digitale Revolution und der Aufstieg der Informationstechnologie haben ebenfalls Anpassungen in der marxistischen Theorie ausgelöst. Die zunehmende Bedeutung digitaler Arbeit, der Gig Economy und der Kommodifizierung von Daten stellt neue Herausforderungen für das Verständnis kapitalistischer Ausbeutung dar. Wissenschaftler wie Nick Srnicek und Alex Williams haben untersucht, wie digitale Plattformen und Algorithmen Arbeitsbeziehungen umgestalten und neue Formen der kapitalistischen Akkumulation schaffen. Das Konzept des „Plattformkapitalismus" beschreibt, wie Unternehmen wie Uber, Amazon und Facebook Daten und digitale Arbeit ausbeuten, um Gewinne zu erzielen. Zeitgenössische marxistische Analysen untersuchen die Auswirkungen dieser Entwicklungen auf Arbeitsrechte, Privatsphäre und die Konzentration wirtschaftlicher Macht in den Händen weniger Technologieriesen.

Das Wiederaufleben sozialistischer und antikapitalistischer Bewegungen im einundzwanzigsten Jahrhundert hat die Anpassung und Entwicklung der marxistischen Theorie weiter beeinflusst. Bewegungen wie Occupy Wall Street, Black Lives Matter und die globale Klimagerechtigkeitsbewegung haben sich auf marxistische Ideen gestützt, um den Neoliberalismus, systemischen Rassismus und die Umweltzerstörung zu kritisieren. Diese Bewegungen betonen die Notwendigkeit systemischer Veränderungen und die Schaffung alternativer wirtschaftlicher und sozialer Systeme, die auf den Prinzipien von Gleichheit, Gerechtigkeit und Nachhaltigkeit basieren. Theoretische Beiträge von Aktivisten und Wissenschaftlern innerhalb dieser Bewegungen prägen und erweitern weiterhin das zeitgenössische marxistische Denken.

Zusätzlich zu diesen thematischen Anpassungen hat sich die zeitgenössische marxistische Theorie auch methodisch weiterentwickelt. Die Entwicklung der Intersektionalität als Rahmen zur Analyse mehrerer, miteinander verbundener Formen der Unterdrückung hat die marxistische Analyse bereichert. Intersektionalität, ursprünglich entwickelt von schwarzen feministischen Wissenschaftlerinnen wie Kimberlé Crenshaw, untersucht, wie Rasse, Geschlecht, Klasse, Sexualität und andere soziale Kategorien sich überschneiden, um einzigartige Erfahrungen von Unterdrückung und Privilegien zu erzeugen. Durch die Integration intersektionaler Analysen bietet die zeitgenössische marxistische Theorie ein nuancierteres Verständnis sozialer Dynamiken und der Wege, auf denen verschiedene Formen der Ausbeutung und Dominanz im Kapitalismus zusammenwirken.

Eine weitere methodische Entwicklung ist die Einbeziehung postkolonialer und dekolonialer Perspektiven. Postkoloniale Theoretiker wie Frantz Fanon, Edward Said und Gayatri Spivak haben die Vermächtnisse des Kolonialismus und die anhaltende Ausbeutung ehemals kolonialisierter Völker kritisiert. Dekoloniale Theoretiker wie Aníbal Quijano und Walter Mignolo betonen die Notwendigkeit, Wissen zu dekolonisieren und eurozentrische Rahmen zu hinterfragen. Durch die Integration dieser Perspektiven befasst sich die zeitgenössische marxistische Theorie mit den globalen Dimensionen des Kapitalismus und den historischen und aktuellen Auswirkungen von Kolonialismus und Imperialismus.

> *Die marxistische Theorie hat sich kontinuierlich angepasst und weiterentwickelt, um zeitgenössische Probleme anzugehen und im modernen Kontext relevant zu bleiben. Durch die Integration von Analysen zur Globalisierung, ökologischen Krise, Geschlecht, Rasse, digitalem Kapitalismus und Intersektionalität bietet das zeitgenössische marxistische Denken eine umfassende Kritik am Kapitalismus und eine Vision für transformative soziale Veränderungen. Indem sie dynamisch und reaktionsfähig auf neue Entwicklungen bleibt, bietet die marxistische Theorie weiterhin wertvolle Einblicke und Strategien zum Verständnis und zur Bekämpfung der komplexen Formen von Ausbeutung und Unterdrückung, die das einundzwanzigste Jahrhundert kennzeichnen.*

FALLSTUDIE: PALÄSTINA

VORWORT ZU DIESER FALLSTUDIE

Der Konflikt zwischen Israel und Palästina bleibt eine der langwierigsten und komplexesten Fragen der modernen Geschichte. Die Anwendung des modernen Marxismus auf diesen Konflikt erfordert eine kritische Untersuchung der zugrunde liegenden sozialen, wirtschaftlichen und politischen Dynamiken, die die Gewalt und Ungleichheit, die die Palästinenser erleben, fortwährend aufrechterhalten. Die brutalen Ereignisse nach den Hamas-Angriffen am 7. Oktober 2023, die eine schwere und unverhältnismäßige Reaktion der Israelischen Verteidigungsstreitkräfte gegen Gaza zur Folge hatten, bei der über 200.000 Zivilisten ums Leben kamen, verdeutlichen die Dringlichkeit eines transformativen Ansatzes zur Lösung dieses Konflikts.

Der moderne Marxismus betrachtet die Situation durch die Linse des Klassenkampfes und des Imperialismus. Die historische Unterstützung, die Israel durch internationale Mächte, insbesondere durch diejenigen, die mit dem westlichen militärisch-industriellen Komplex verbunden sind, erhalten hat, wird als ein wesentlicher Faktor für die anhaltende Unterdrückung des palästinensischen Volkes angesehen. Diese Unterstützung ermöglicht eine systematische Kampagne der Gewalt und Unterwerfung gegen die Palästinenser, die als notwendig für die regionale Stabilität und Sicherheit dargestellt wird, letztendlich aber den Interessen des globalen Kapitalismus dient und nicht den arbeitenden Menschen beider Seiten.

Um dies zu ändern, schlägt der moderne Marxismus ein radikales Umdenken der politischen und territorialen Verhältnisse in der Region vor. Ein Schlüsselelement dieses Ansatzes ist die Forderung nach einer Rückkehr zu mindestens den Grenzen von 1967. Dies würde den Rückzug Israels aus den seit dem Sechstagekrieg besetzten Gebieten erfordern, die nach internationalem Recht als illegal gelten. Darüber hinaus müsste Israel Wiedergutmachung für jahrzehntelange Verstöße gegen das Völkerrecht leisten und das umfangreiche Leid anerkennen, das der palästinensischen Gesellschaft, Wirtschaft und Infrastruktur zugefügt wurde.

Ein weiterer wichtiger Aspekt des marxistischen Ansatzes ist die Auseinandersetzung mit den historischen Ungerechtigkeiten, die aus der Nakba von 1948 resultieren, als viele Palästinenser gewaltsam aus ihren Häusern vertrieben wurden. Der moderne Marxismus unterstützt das Rückkehrrecht für diese vertriebenen Bevölkerungen und argumentiert, dass eine solche Maßnahme unerlässlich ist, um historische Ungerechtigkeiten zu korrigieren und wahre Gerechtigkeit und Versöhnung zu erreichen. Diese Politik betrifft nicht nur die physische Rückkehr, sondern auch die Wiederherstellung von Rechten und die Bereitstellung von Entschädigungen, wo eine Rückkehr nicht möglich ist.

Obwohl diese Lösungen angesichts des aktuellen Zustands des Völkermords und der systemischen Gewalt in Gaza übermäßig idealistisch oder unerreichbar erscheinen mögen, werden sie mit der langfristigen Vision vorgeschlagen, dauerhaften Frieden und Stabilität zu schaffen. Der moderne Marxismus argumentiert, dass ohne die Bekämpfung der Wurzeln des Konflikts – Imperialismus, wirtschaftliche

Ausbeutung und soziale Ungerechtigkeit – jeder Frieden nur vorübergehend und fragil sein wird.

Die marxistische Perspektive betont auch die Notwendigkeit internationaler Solidarität und Unterstützung für die palästinensische Sache. Dies beinhaltet die Mobilisierung der globalen öffentlichen Meinung gegen die Aktionen des israelischen Staates und seiner Verbündeten, wobei Parallelen zu anderen anti-imperialistischen Kämpfen auf der ganzen Welt gezogen werden. Durch die Hervorhebung der Verbindungen zwischen der Unterdrückung der Palästinenser und den breiteren Dynamiken des globalen Kapitalismus strebt der moderne Marxismus den Aufbau einer breiten Bewegung an, die diese Machtstrukturen herausfordert.

Darüber hinaus fordert der moderne Marxismus die Demokratisierung sowohl der israelischen als auch der palästinensischen Gesellschaften. Dies schließt die Rechte der Arbeiterklasse und marginalisierter Gruppen in Israel ein, die ebenfalls unter dem kapitalistischen System und dessen militaristischer Politik leiden. Durch die Förderung von Allianzen zwischen progressiven Kräften auf beiden Seiten ist es möglich, eine gemeinsame Front gegen die Eliten aufzubauen, die von dem anhaltenden Konflikt und der Spaltung profitieren.

Die Rolle ausländischer Interventionen und imperialistischer Interessen im Nahen Osten muss ebenfalls kritisch untersucht werden. Im größten Teil des zwanzigsten und einundzwanzigsten Jahrhunderts haben Großmächte in die Region eingegriffen, um ihre strategischen und wirtschaftlichen Interessen zu sichern, oft lokale Konflikte verschärft und einheimische Bewegungen für Gerechtigkeit und Selbstbestimmung untergraben. Der moderne Marxismus fordert ein Ende dieser Interventionen und plädiert für regionale Lösungen, die von den Bedürfnissen und Bestrebungen der dort lebenden Menschen geleitet werden.

Die Anwendung des modernen Marxismus auf den Palästina-Israel-Konflikt bedeutet, die historischen und anhaltenden Ungerechtigkeiten gegenüber dem palästinensischen Volk zu bekämpfen, die imperialistischen Kräfte, die den Konflikt aufrechterhalten, herauszufordern und eine Vision von sozialer und wirtschaftlicher Gerechtigkeit zu fördern, die nationale und ethnische Spaltungen überwindet. Auch wenn der Weg zu einer solchen Lösung mit Schwierigkeiten behaftet ist, bietet er einen umfassenden Rahmen, um in einer der problematischsten Regionen der Welt einen gerechten und dauerhaften Frieden zu erreichen.

1. WIRTSCHAFTLICHE UNGLEICHHEIT UND UMVERTEILUNG

GERECHTE RESSOURCENTEILUNG UND LANDUMVERTEILUNG

Die Anwendung des modernen Marxismus zur Lösung des Konflikts für das palästinensische Volk und zur Gewährleistung von Gerechtigkeit erfordert einen Fokus auf gerechte Ressourcenteilung und Landumverteilung, um die zugrunde liegenden wirtschaftlichen und sozialen Ungleichheiten zu adressieren, die den Konflikt antreiben. Durch eine gerechte Verteilung von Ressourcen wie Wasser, Land und wirtschaftlichen Chancen sowie durch die Implementierung von Maßnahmen, die den gleichberechtigten Zugang zu diesen essenziellen Ressourcen sicherstellen, ist es möglich, wirtschaftliche Disparitäten zu verringern und eine gerechte Lösung zu fördern.

Der Konflikt zwischen Israelis und Palästinensern ist tief verwurzelt in historischen Ungerechtigkeiten und wirtschaftlichen Ungleichheiten. Ein marxistischer Ansatz zur Lösung dieses Konflikts betont die Bedeutung der Auseinandersetzung mit den wirtschaftlichen Grundlagen des Konflikts und die Umverteilung von Ressourcen, um soziale und wirtschaftliche Gerechtigkeit zu gewährleisten. Zentral für diesen Ansatz ist das Konzept der gerechten Ressourcenteilung, das darauf abzielt, beiden, Israelis und Palästinensern, einen fairen Zugang zu wesentlichen Ressourcen wie Wasser, Land und wirtschaftlichen Chancen zu bieten.

Wasser ist eine kritische Ressource in der Region, und seine ungleiche Verteilung war seit Jahrzehnten eine Quelle von Spannungen. Das Westjordanland und der Gazastreifen haben mit erheblichen Wasserknappheiten zu kämpfen, die durch Einschränkungen des Zugangs zu Wasserressourcen durch die israelischen Behörden verschärft werden. Um einen gerechten Zugang zu Wasser zu gewährleisten, ist eine umfassende Politik erforderlich, die Wasserressourcen nach Bedarf und Nachhaltigkeit und nicht nach politischer Kontrolle zuteilt. Dies könnte eine gemeinsame Verwaltung der Wasserressourcen durch israelische und palästinensische Behörden beinhalten, mit der Beteiligung internationaler Organisationen, um Transparenz und Fairness zu gewährleisten. Indem die Wassersicherheit für alle Gemeinschaften priorisiert wird, ist es möglich, eine der Hauptursachen des Konflikts zu verringern und Vertrauen zwischen den beiden Seiten aufzubauen.

Land ist eine weitere entscheidende Ressource, und seine Verteilung war ein zentrales Thema im palästinensisch-israelischen Konflikt. Die historische Enteignung palästinensischen Landes durch Kriege, Siedlungen und rechtliche Maßnahmen hat tief verwurzelte Missstände und wirtschaftliche Disparitäten geschaffen. Diese Ungerechtigkeiten zu bekämpfen, erfordert eine robuste Landreformpolitik, die Land an vertriebene Palästinenser zurückgibt und dort, wo eine direkte Rückerstattung nicht möglich ist, eine gerechte Entschädigung sicherstellt. Diese Landreform sollte von den Prinzipien der sozialen Gerechtigkeit und Gleichheit geleitet werden und die historische und emotionale Bedeutung des Landes für sowohl Palästinenser als auch Israelis anerkennen.

Landumverteilung könnte verschiedene Formen annehmen, einschließlich der Rückgabe von Land an palästinensische Familien, der Gründung von Genossenschaften zur kollektiven Verwaltung und Nutzung des Landes sowie von Entschädigungsplänen für diejenigen, die nicht in ihre ursprünglichen Gebiete zurückkehren können. Der Prozess muss transparent, inklusiv und von rechtlichen Rahmenbedingungen unterstützt werden, die die Rechte aller Beteiligten schützen. Durch eine faire Umverteilung des Landes ist es möglich, eine der Wurzeln des Konflikts zu beseitigen und eine ausgeglichenere und gerechtere Gesellschaft zu schaffen.

Wirtschaftliche Chancen sind essentiell für das Wohlstand und die Entwicklung jeder Gesellschaft. Die derzeitigen wirtschaftlichen Ungleichheiten zwischen Israelis und Palästinensern tragen zu sozialen Spannungen bei und behindern die Aussichten auf Frieden. Ein marxistischer Ansatz zur Überwindung dieser Ungleichheiten beinhaltet die Umsetzung von Maßnahmen, die einen gleichberechtigten Zugang zu wirtschaftlichen Chancen, einschließlich Beschäftigung, Bildung und Unternehmertum, gewährleisten. Dies erfordert die Beseitigung von Barrieren, die Palästinenser daran hindern, vollständig an der Wirtschaft teilzunehmen, wie Bewegungsbeschränkungen, diskriminierende Praktiken und ungleicher Zugang zu Märkten und Ressourcen.

Die Schaffung wirtschaftlicher Chancen für Palästinenser erfordert Investitionen in Infrastruktur, Bildung und Berufsausbildung, um eine qualifizierte und widerstandsfähige Arbeitskraft aufzubauen. Es erfordert auch die Förderung eines Geschäftsumfelds, das Unternehmertum und Innovation unterstützt, unterstrichen durch den Zugang zu Krediten,

Märkten und Technologie. Internationale Unterstützung und Investitionen können in diesem Prozess eine entscheidende Rolle spielen, indem sie helfen, eine nachhaltige und inklusive Wirtschaft aufzubauen, die sowohl Israelis als auch Palästinensern zugutekommt.

Landumverteilung und gerechte Ressourcenteilung sollten durch umfassendere soziale und wirtschaftliche Reformen ergänzt werden, die darauf abzielen, Ungleichheit zu verringern und soziale Gerechtigkeit zu fördern. Dies schließt die Stärkung von Arbeitsrechten, die Sicherstellung fairer Löhne und die Bereitstellung sozialer Schutzmaßnahmen für gefährdete Bevölkerungsgruppen ein. Durch die Stärkung der Arbeiter und die Förderung kollektiver Verhandlungen ist es möglich, Solidarität über die Gemeinschaften hinweg aufzubauen und die Ausbeutung und Marginalisierung zu verringern, die den Konflikt anheizen.

Die Umsetzung dieser Maßnahmen erfordert einen starken und engagierten politischen Rahmen. Dies beinhaltet die Schaffung von Institutionen, die rechenschaftspflichtig, transparent und inklusiv sind, um sicherzustellen, dass alle Stimmen im Entscheidungsprozess gehört und respektiert werden. Es erfordert auch den Aufbau von Vertrauen und Zusammenarbeit zwischen israelischen und palästinensischen Behörden mit Unterstützung der internationalen Gemeinschaft. Dialog und Verhandlungen sollten priorisiert werden, wobei der Fokus auf gemeinsamen Interessen und gegenseitigen Vorteilen liegt, anstatt auf Nullsummenansätzen, die Spaltung und Konflikt weiter perpetuieren.

Bildung und kultureller Austausch sind ebenfalls wesentliche Komponenten eines marxistischen Ansatzes zur Lösung des Konflikts. Durch die Förderung von gegenseitigem Verständnis und Respekt ist es möglich, Stereotype abzubauen und ein gemeinsames Gefühl von Gemeinschaft und Solidarität zu schaffen. Bildungsprogramme, die die Geschichte und Kultur sowohl der Israelis als auch der Palästinenser lehren, können helfen, Empathie und Kooperation zu fördern, während kulturelle Austauschprogramme Möglichkeiten für Dialog und Zusammenarbeit schaffen können.

Internationale Solidarität und Unterstützung sind entscheidend für den Erfolg dieser Bemühungen. Die globale Gemeinschaft, einschließlich internationaler Organisationen, Regierungen und der Zivilgesellschaft, muss eine aktive Rolle bei der Unterstützung von Maßnahmen zur gerechten Ressourcenteilung und Landumverteilung spielen. Dies beinhaltet die Bereitstellung finanzieller Unterstützung, technischer Expertise und politischer Unterstützung, um die Umsetzung dieser Maßnahmen sicherzustellen und diejenigen zur Rechenschaft zu ziehen, die den Weg zu Gerechtigkeit und Frieden behindern.

Die Anwendung des modernen Marxismus zur Lösung des Konflikts für das palästinensische Volk und zur Gewährleistung von Gerechtigkeit erfordert einen umfassenden und facettenreichen Ansatz, der die wirtschaftlichen und sozialen Ungleichheiten, die im Zentrum des Konflikts stehen, adressiert. Durch die Sicherstellung gerechter Ressourcenteilung und die Umsetzung von Landumverteilungspolitiken ist es möglich, eine gerechtere und ausgeglichenere Gesellschaft zu schaffen, die sowohl Israelis als auch Palästinensern zugutekommt. Dieser Ansatz, der auf Prinzipien der sozialen Gerechtigkeit, Solidarität und Kooperation basiert, bietet einen Weg zu einem nachhaltigen und dauerhaften Frieden in der Region.

2. KLASSENKAMPF UND SOZIALE GERECHTIGKEIT

STÄRKUNG DER ARBEITERKLASSE UND KOLLEKTIVES EIGENTUM

Die Stärkung der Arbeitsrechte, die Sicherstellung fairer Löhne und die Bereitstellung sozialer Schutzmaßnahmen sind entscheidende Schritte, um Solidarität unter den Arbeitern aufzubauen, die unerlässlich ist, um klassenbasierte Ausbeutung zu verringern. Die Förderung kollektiven Eigentums und der gemeinsamen Verwaltung von Industrien und Ressourcen kann die wirtschaftliche Zusammenarbeit fördern und eine gerechtere und ausgewogenere Gesellschaft schaffen.

Der Konflikt zwischen Israelis und Palästinensern ist nicht nur ein territorialer und nationaler Kampf, sondern auch ein Klassenkampf, bei dem wirtschaftliche Ungleichheiten und soziale Ungerechtigkeiten eng mit politischen Fragen verknüpft sind. Ein marxistischer Ansatz zur Lösung dieses Konflikts betont die Bedeutung der Auseinandersetzung mit diesen wirtschaftlichen und sozialen Dimensionen und erkennt an, dass die Stärkung der Arbeiterklasse und marginalisierter Gemeinschaften der Schlüssel zu dauerhaftem Frieden und Gerechtigkeit ist.

Die Stärkung der Arbeiterklasse beinhaltet die Verbesserung der Arbeitsrechte und die Sicherstellung, dass Arbeiter auf beiden Seiten des Konflikts fair und würdevoll behandelt werden. Dies erfordert die Umsetzung von Maßnahmen, die das Recht der Arbeiter schützen, sich zu organisieren, kollektiv zu verhandeln und ohne Angst vor Repressalien zu streiken. Gewerkschaften und Arbeitsorganisationen spielen in diesem Prozess eine entscheidende Rolle, indem sie eine Plattform bieten, auf der Arbeiter ihre Forderungen äußern und bessere Arbeitsbedingungen aushandeln können. Durch die Unterstützung der Gründung und Stärkung unabhängiger Gewerkschaften sowohl in Israel als auch in Palästina ist es möglich, eine vereinte Front von Arbeitern aufzubauen, die gemeinsam die ausbeuterischen Praktiken von Arbeitgebern und dem Staat herausfordern können.

Die Sicherstellung fairer Löhne und sozialer Schutzmaßnahmen für Arbeiter ist ein weiterer wesentlicher Bestandteil der Stärkung der Arbeiterklasse. Viele palästinensische Arbeiter, insbesondere diejenigen, die in israelischen Siedlungen oder in Niedriglohnsektoren beschäftigt sind, sehen sich ausbeuterischen Arbeitsbedingungen und unzureichender Bezahlung ausgesetzt. Die Einführung von Mindestlohngesetzen, die Durchsetzung von Arbeitsstandards und der Zugang zu Sozialversicherung und Gesundheitsversorgung können dazu beitragen, die Lebensbedingungen dieser Arbeiter zu verbessern. Durch die Förderung von Maßnahmen, die faire Löhne und soziale Schutzmaßnahmen garantieren, ist es möglich, wirtschaftliche Ungleichheiten zu verringern und Solidarität unter den Arbeitern aufzubauen.

Der Aufbau von Solidarität unter den Arbeitern ist entscheidend, um die Spaltungen zu überwinden, die den Konflikt befeuern. Das kapitalistische System nutzt oft ethnische und nationale Spaltungen, um Arbeiter gegeneinander auszuspielen, sie von ihren gemeinsamen Interessen abzulenken und ihre kollektive Macht zu untergraben. Durch die Förderung von Arbeitsrechten und sozialen Schutzmaßnahmen für alle Arbeiter, unabhängig von ihrer ethnischen Zugehörigkeit oder Nationalität, ist es möglich, ein Gefühl des gemeinsamen Kampfes und der gegenseitigen Unterstützung zu fördern. Gemeinsame Arbeitsaktionen, wie Streiks und Proteste, können als starke Demonstrationen der Solidarität dienen, indem sie Arbeiter unterschiedlicher Herkunft zusammenbringen, um für ihre gemeinsamen Interessen zu kämpfen.

Kollektives Eigentum und die gemeinsame Verwaltung von Industrien und Ressourcen sind zentral, um klassenbasierte Ausbeutung zu verringern und die wirtschaftliche Zusammenarbeit zu fördern. In einem kapitalistischen System konzentriert das Privateigentum an den Produktionsmitteln Reichtum und Macht in den Händen weniger, während die Mehrheit der Arbeiter marginalisiert und ausgebeutet wird. Durch den Übergang zu einem System des kollektiven Eigentums ist es möglich, die wirtschaftliche Macht zu demokratisieren und sicherzustellen, dass die Vorteile der Produktion gerechter verteilt werden.

Im Kontext des palästinensisch-israelischen Konflikts kann kollektives Eigentum verschiedene Formen annehmen, einschließlich Genossenschaften, von Arbeitern geführte Unternehmen und gemeinschaftlich verwaltete Ressourcen. Genossenschaften, in denen Arbeiter ihre Arbeitsplätze gemeinsam besitzen und verwalten, können ein Modell für eine gerechte und demokratische wirtschaftliche Organisation bieten. Diese Unternehmen können in verschiedenen Sektoren tätig sein, einschließlich Landwirtschaft, Fertigung und Dienstleistungen, und ihren Mitgliedern anständige

Arbeitsplätze und faire Löhne bieten. Durch die Unterstützung der Entwicklung von Genossenschaften sowohl in Israel als auch in Palästina ist es möglich, wirtschaftliche Chancen zu schaffen, die auf Solidarität und gegenseitigem Nutzen basieren und nicht auf Ausbeutung.

Gemeinschaftlich verwaltete Ressourcen, wie Land und Wasser, sind ein weiterer wichtiger Aspekt des kollektiven Eigentums. In vielen Fällen wird der Konflikt um diese Ressourcen durch deren Privatisierung und ungleiche Verteilung angetrieben. Durch die kollektive Verwaltung dieser Ressourcen ist es möglich, sicherzustellen, dass sie nachhaltig und gerecht genutzt werden und allen Mitgliedern der Gemeinschaft zugutekommen. Dieser Ansatz kann dazu beitragen, einige der Ursachen des Konflikts, wie den Wettbewerb um knappe Ressourcen und die Vertreibung palästinensischer Gemeinschaften, zu beseitigen.

Die Förderung kollektiven Eigentums beinhaltet auch die Unterstützung von Maßnahmen, die lokale Wirtschaften stärken und die Abhängigkeit von externen Akteuren verringern. Durch Investitionen in lokale Industrien, Infrastruktur und Dienstleistungen ist es möglich, selbstständige und widerstandsfähige Gemeinschaften zu schaffen. Dies kann den Zugang zu Krediten, technischer Unterstützung und Marktchancen für kleine und mittlere Unternehmen sowie die Unterstützung von Gemeindeverwaltungsinitiativen umfassen. Durch die Förderung der lokalen wirtschaftlichen Entwicklung ist es möglich, Arbeitsplätze zu schaffen und den Lebensstandard zu verbessern, wodurch die wirtschaftlichen Zwänge, die zum Konflikt beitragen, verringert werden.

Bildung und Kompetenzentwicklung sind entscheidend für die Stärkung der Arbeiterklasse und die Förderung kollektiven Eigentums. Es ist wichtig, den Arbeitern die Fähigkeiten und das Wissen zu vermitteln, die sie benötigen, um an demokratischen Entscheidungsprozessen teilzunehmen und kollektive Unternehmen zu verwalten. Dies kann durch die Bereitstellung von Schulungsprogrammen, Workshops und Bildungsangeboten geschehen, die sich auf genossenschaftliche Prinzipien, Finanzmanagement und demokratische Governance konzentrieren. Durch Investitionen in Bildung und Kompetenzentwicklung ist es möglich, Arbeiter mit den Werkzeugen auszustatten, die sie benötigen, um die Kontrolle über ihre wirtschaftliche Zukunft zu übernehmen und eine gerechtere und ausgewogenere Gesellschaft aufzubauen.

Internationale Solidarität und Unterstützung sind ebenfalls wichtig für den Erfolg dieser Bemühungen. Die globale Arbeiterbewegung, progressive Organisationen und internationale Institutionen können eine entscheidende Rolle bei der Unterstützung der Stärkung der Arbeiterklasse und der Förderung kollektiven Eigentums in Israel und Palästina spielen. Dies kann die Bereitstellung von finanzieller Unterstützung, technischer Expertise und politischer Unterstützung für lokale Initiativen sowie die Förderung von Maßnahmen zur sozialen und wirtschaftlichen Gerechtigkeit auf internationaler Ebene umfassen. Durch den Aufbau globaler Solidarität ist es möglich, die Bemühungen von Arbeitern und marginalisierten Gemeinschaften in ihrem Kampf für Gerechtigkeit und Frieden zu stärken.

Durch die Stärkung der Arbeiterklasse und marginalisierter Gemeinschaften, die Förderung von Arbeitsrechten, die Sicherstellung fairer Löhne und die Bereitstellung sozialer Schutzmaßnahmen ist es möglich, Solidarität unter den Arbeitern aufzubauen und klassenbasierte Ausbeutung zu verringern. Die Förderung kollektiven Eigentums und der gemeinsamen Verwaltung von Industrien und Ressourcen kann die wirtschaftliche Zusammenarbeit fördern und eine gerechtere und ausgewogenere Gesellschaft schaffen. Durch diese Bemühungen ist es möglich, die Ursachen des Konflikts anzugehen und auf einen nachhaltigen und dauerhaften Frieden für sowohl Israelis als auch Palästinenser hinzuarbeiten.

3. POLITISCHE SYSTEME UND REGIERUNGSFÜHRUNG

DEMOKRATISCHE KONTROLLE UND DEZENTRALISIERUNG DER MACHT

Das Eintreten für demokratische Regierungsstrukturen, die eine gleichberechtigte Teilnahme aller ethnischen und sozialen Gruppen an Entscheidungsprozessen ermöglichen, ist entscheidend, um sicherzustellen, dass politische Systeme inklusiv und repräsentativ für alle Gemeinschaften sind. Darüber hinaus kann die Förderung der Dezentralisierung der Macht auf lokale Gemeinschaften diese dazu befähigen, ihre eigenen Angelegenheiten zu regeln und die Dominanz zentraler Behörden, die bestimmte Gruppen ausbeuten oder marginalisieren könnten, zu verringern.

Der Konflikt zwischen Israelis und Palästinensern war lange Zeit durch tief verwurzelte politische und soziale Ungleichheiten geprägt, wobei erhebliche Machtungleichgewichte zu anhaltenden Spannungen und Gewalt beigetragen haben. Ein marxistischer Ansatz zur Lösung dieses Konflikts betont die Bedeutung des Abbaus dieser Machtstrukturen und den Aufbau eines politischen Systems, das wirklich demokratisch und inklusiv ist. Dies beinhaltet die Schaffung von Regierungsstrukturen, die eine gleichberechtigte Teilnahme und Repräsentation aller Gemeinschaften ermöglichen und sicherstellen, dass ihre Stimmen gehört und ihre Bedürfnisse berücksichtigt werden.

Demokratische Kontrolle ist grundlegend, um eine gerechte Lösung des Konflikts zu erreichen. Dies bedeutet, Regierungsstrukturen zu etablieren, die wirklich repräsentativ und partizipativ sind und allen ethnischen und sozialen Gruppen ermöglichen, bei den Entscheidungsprozessen, die ihr Leben betreffen, mitzubestimmen. Ein Weg, dies zu erreichen, ist die Schaffung eines Zweikammerparlaments mit einem Unterhaus, das durch Verhältniswahlrecht gewählt wird, und einem Oberhaus mit gleicher Repräsentation für alle Gemeinschaften. Diese Struktur kann dazu beitragen, sicherzustellen, dass sowohl Mehrheits- als auch Minderheitsgruppen eine Stimme in der Regierung haben, die Inklusivität fördert und das Risiko einer Dominanz durch eine einzelne Gruppe verringert.

Neben repräsentativen gesetzgebenden Körperschaften können direkte demokratische Mechanismen wie Referenden und Bürgerversammlungen eingesetzt werden, um die breitere Bevölkerung in die Entscheidungsfindung einzubeziehen. Diese Mechanismen ermöglichen es den Bürgern, direkt an wichtigen politischen Entscheidungen teilzunehmen und ein Gefühl der Verantwortung und Rechenschaftspflicht zu fördern. Durch die Einbeziehung direkter Demokratie in das politische System ist es möglich, eine verantwortungsvollere und inklusivere Regierungsstruktur zu schaffen, die die vielfältigen Interessen und Bedürfnisse aller Gemeinschaften widerspiegelt.

Um Inklusivität weiter zu gewährleisten, müssen politische Systeme auch die Hindernisse abbauen, die marginalisierte Gruppen daran hindern, sich an der Regierungsführung zu beteiligen. Dies beinhaltet die Umsetzung von Maßnahmen zur Förderung der Geschlechtergleichstellung, den Schutz der Rechte von Minderheiten und die Sicherstellung, dass alle Bürger gleichberechtigten Zugang zu politischen Prozessen haben. Geschlechterquoten, Antidiskriminierungsgesetze und Wählerbildungsprogramme können dazu beitragen, gleiche Bedingungen zu schaffen und eine breitere Beteiligung an der Regierungsführung zu fördern. Durch den Abbau dieser Hindernisse ist es möglich, ein politisches System zu schaffen, das die Vielfalt der Bevölkerung wirklich repräsentiert.

Die Dezentralisierung der Macht ist ein weiterer wichtiger Bestandteil eines marxistischen Ansatzes zur Lösung des Konflikts. Zentralisierte Machtstrukturen führen oft zur Ausbeutung und Marginalisierung bestimmter Gruppen, da Entscheidungen von einer fernen und oft nicht rechenschaftspflichtigen Zentralbehörde getroffen werden. Die Dezentralisierung der Macht auf lokale Gemeinschaften kann diese befähigen, die Kontrolle über ihre eigenen Angelegenheiten zu übernehmen, sicherzustellen, dass Entscheidungen näher bei den Menschen getroffen werden, die sie betreffen, und dass lokale Bedürfnisse und Prioritäten berücksichtigt werden.

Ein Weg, die Dezentralisierung zu erreichen, ist die Einrichtung von regionalen und lokalen Räten mit erheblichen Entscheidungsbefugnissen. Diese Räte können von den örtlichen Bewohnern gewählt werden und die Kontrolle über Schlüsselbereiche wie Bildung, Gesundheitswesen, Wohnungswesen und lokale Wirtschaftsentwicklung erhalten. Durch die Übertragung von Macht auf diese lokalen Gremien ist es möglich, eine verantwortungsvollere und rechenschaftspflichtigere Regierungsstruktur zu schaffen, die die spezifischen Bedürfnisse und Prioritäten verschiedener Gemeinschaften widerspiegelt.

Neben regionalen und lokalen Räten kann die Dezentralisierung auch die Schaffung von autonomen Zonen mit größerer Selbstverwaltung umfassen. Diese Zonen können in Gebieten mit ausgeprägten ethnischen oder kulturellen Identitäten eingerichtet werden und es ihnen ermöglichen, ihr einzigartiges Erbe und ihre Traditionen zu bewahren, während sie am breiteren politischen System teilnehmen. Autonomie kann dazu beitragen, Spannungen zu verringern und das Zusammenleben zu fördern, indem verschiedene Gemeinschaften in die Lage versetzt werden, sich nach ihren eigenen Werten und Prioritäten zu regieren.

Die Dezentralisierung erfordert auch den Aufbau der Kapazitäten lokaler Institutionen und die Bereitstellung der Ressourcen, die sie benötigen, um effektiv zu regieren. Dies beinhaltet Investitionen in lokale Infrastruktur, Bildung und öffentliche Dienstleistungen sowie die Bereitstellung von Schulungen und Unterstützung für lokale Beamte. Durch die Stärkung lokaler Institutionen ist es möglich, eine widerstandsfähigere und fähigere Regierungsstruktur zu schaffen, die die Bedürfnisse der lokalen Gemeinschaften wirksam adressieren kann.

Die Dezentralisierung sollte von Mechanismen begleitet werden, die die Koordination und Zusammenarbeit zwischen den verschiedenen Regierungsebenen sicherstellen. Dies kann die Einrichtung intergouvernementaler Gremien umfassen, die den Dialog und die Zusammenarbeit zwischen zentralen, regionalen und lokalen Behörden fördern. Durch die Förderung von Kooperation und Koordination ist es möglich, eine integriertere und kohäsivere Regierungsstruktur zu schaffen, die die komplexen Herausforderungen der Region wirksam angehen kann.

Internationale Unterstützung und Solidarität sind ebenfalls entscheidend für den Erfolg dieser Bemühungen. Die globale Gemeinschaft, einschließlich internationaler Organisationen, Regierungen und der Zivilgesellschaft, kann eine wichtige Rolle bei der Unterstützung der Entwicklung demokratischer und dezentralisierter Regierungsstrukturen spielen. Dies kann die Bereitstellung von finanzieller Unterstützung, technischer Expertise und politischer Unterstützung für lokale Initiativen sowie die Förderung von Maßnahmen zur sozialen und wirtschaftlichen Gerechtigkeit auf internationaler Ebene umfassen. Durch den Aufbau globaler Solidarität ist es möglich, die Bemühungen lokaler Gemeinschaften in ihrem Kampf für Gerechtigkeit und Frieden zu stärken.

Bildung und Kompetenzentwicklung sind entscheidend für die Stärkung lokaler Gemeinschaften und die Förderung demokratischer Regierungsführung. Den Bürgern die Fähigkeiten und das Wissen zu vermitteln, die sie benötigen, um an demokratischen Prozessen teilzunehmen und lokale Institutionen zu verwalten, ist entscheidend für den Erfolg dieser Initiativen. Dies kann durch die Bereitstellung von Schulungsprogrammen, Workshops und Bildungsmöglichkeiten geschehen, die sich auf demokratische Prinzipien, Regierungsführung und bürgerschaftliches Engagement konzentrieren. Durch Investitionen in Bildung und Kompetenzentwicklung ist es möglich, die Bürger mit den Werkzeugen auszustatten, die sie benötigen, um die Kontrolle über ihre politische Zukunft zu übernehmen und eine gerechtere und ausgewogenere Gesellschaft aufzubauen.

Durch das Eintreten für demokratische Regierungsstrukturen, die eine gleichberechtigte Teilnahme aller ethnischen und sozialen Gruppen an Entscheidungsprozessen ermöglichen, und die Förderung der Dezentralisierung der Macht auf lokale Gemeinschaften ist es möglich, ein politisches System zu schaffen, das inklusiv, repräsentativ und auf die Bedürfnisse aller Gemeinschaften reagiert. Durch diese Bemühungen ist es möglich, die Ursachen des Konflikts anzugehen und auf einen nachhaltigen und dauerhaften Frieden für sowohl Palästinenser als auch Israelis hinzuarbeiten.

4. GLOBALER KAPITALISMUS UND IMPERIALISMUS

WIRTSCHAFTLICHEN IMPERIALISMUS BEKÄMPFEN UND ANTIIMPERIALISTISCHE SOLIDARITÄT FÖRDERN

Die Förderung von wirtschaftlicher Unabhängigkeit und Selbstversorgung für sowohl Palästinenser als auch Israelis ist entscheidend, um eine gerechte und ausgewogene Gesellschaft zu schaffen. Die Förderung von antiimperialistischen Solidaritätsbewegungen zur Unterstützung unterdrückter Gruppen und zur Bekämpfung imperialistischer Interventionen ist entscheidend, um dauerhaften Frieden und Gerechtigkeit zu erreichen.

Der palästinensisch-israelische Konflikt ist eng mit den breiteren Dynamiken des globalen Kapitalismus und Imperialismus verknüpft. Seit Jahrzehnten spielen ausländische Mächte und multinationale Konzerne eine bedeutende Rolle bei der Gestaltung des politischen und wirtschaftlichen Umfelds der Region. Diese externen Akteure priorisieren oft ihre wirtschaftlichen und geopolitischen Interessen über das Wohl der lokalen Bevölkerung, was Spannungen verschärft und Ungleichheiten perpetuiert. Ein marxistischer Ansatz zur Lösung des Konflikts betont die Notwendigkeit, diese Strukturen des wirtschaftlichen Imperialismus abzubauen und eine selbstständigere und gerechtere Wirtschaft für sowohl Palästinenser als auch Israelis aufzubauen.

Wirtschaftlicher Imperialismus manifestiert sich auf verschiedene Weise, einschließlich der Kontrolle über natürliche Ressourcen, der Ausbeutung von Arbeitskräften und der Durchsetzung neoliberaler Wirtschaftspolitiken. Multinationale Konzerne, insbesondere im Energie- und Technologiesektor, sind in der Region stark vertreten. Diese Konzerne gewinnen oft Ressourcen wie Öl, Gas und Mineralien, erzielen erhebliche Gewinne und bieten der lokalen Bevölkerung nur minimale Vorteile. Die Einnahmen aus diesen Ressourcen werden häufig an ausländische Investoren abgeschöpft, was dazu führt, dass die lokalen Volkswirtschaften unterentwickelt und abhängig bleiben.

Um den wirtschaftlichen Imperialismus zu bekämpfen, ist es unerlässlich, politische Maßnahmen zu fördern, die eine gerechte Verteilung der Ressourcen sicherstellen und die Bedürfnisse der lokalen Bevölkerung in den Vordergrund stellen. Dies kann die Verstaatlichung wichtiger Industrien und Ressourcen umfassen, wodurch diese unter öffentliche Kontrolle und Eigentum gestellt werden. Auf diese Weise können die Gewinne aus diesen Ressourcen in die lokale Wirtschaft reinvestiert werden, um Infrastrukturprojekte, soziale Dienste und wirtschaftliche Entwicklungsinitiativen zu finanzieren. Dieser Ansatz verringert nicht nur die Abhängigkeit von ausländischen Konzernen, sondern befähigt auch die lokale Bevölkerung, die Kontrolle über ihre wirtschaftliche Zukunft zu übernehmen.

Die Förderung wirtschaftlicher Unabhängigkeit und Selbstversorgung ist ein weiterer wesentlicher Aspekt der Bekämpfung des wirtschaftlichen Imperialismus. Dies beinhaltet die Entwicklung lokaler Industrien und der Landwirtschaft, um die Abhängigkeit von Importen zu verringern und nachhaltige Lebensgrundlagen für die

Bevölkerung zu schaffen. Investitionen in Bildung, Technologie und Infrastruktur sind unerlässlich, um eine robuste und diversifizierte Wirtschaft aufzubauen, die externen Druck standhalten kann. Die Förderung lokaler unternehmerischer Tätigkeit und die Unterstützung von kleinen und mittleren Unternehmen können ebenfalls die wirtschaftliche Widerstandsfähigkeit stärken und Möglichkeiten für marginalisierte Gemeinschaften schaffen.

Neben wirtschaftspolitischen Maßnahmen ist der Aufbau antiimperialistischer Solidaritätsbewegungen entscheidend, um die breiteren Strukturen des globalen Kapitalismus und Imperialismus herauszufordern. Diese Bewegungen können Aktivisten, Organisationen und Gemeinschaften aus der ganzen Welt zusammenbringen, um die Kämpfe unterdrückter Gruppen in Palästina und Israel zu unterstützen. Durch die Sensibilisierung, das Eintreten für politische Veränderungen und die Organisation direkter Aktionen können antiimperialistische Bewegungen Druck auf Regierungen und Unternehmen ausüben, ihre ausbeuterischen Praktiken zu ändern.

Internationale Solidarität ist besonders wichtig, um die Stimmen der vom Konflikt Betroffenen zu verstärken und die globalen Dimensionen des wirtschaftlichen Imperialismus hervorzuheben. Solidaritätsbewegungen können wichtige Unterstützung für Basisorganisationen in Palästina und Israel bieten, indem sie ihnen helfen, Kapazitäten aufzubauen, Ressourcen zu mobilisieren und für ihre Rechte einzutreten. Durch die Verbindung lokaler Kämpfe mit breiteren globalen Bewegungen ist es möglich, eine stärkere und einheitlichere Kraft für Veränderung zu schaffen.

Die Bekämpfung imperialistischer Interventionen in der Region erfordert auch die Auseinandersetzung mit der

Rolle der ausländischen Militärhilfe und des Waffenhandels. Die Vereinigten Staaten beispielsweise leisten erhebliche militärische Unterstützung für Israel, was zur Aufrechterhaltung des Konflikts und zum Machtungleichgewicht in der Region beiträgt. Die Reduzierung von Militärhilfe und Waffenverkäufen kann dazu beitragen, Spannungen abzubauen und ein förderlicheres Umfeld für Friedensverhandlungen zu schaffen. Anstrengungen zur Interessenvertretung sollten sich darauf konzentrieren, Regierungen unter Druck zu setzen, die militärische Unterstützung, die den Konflikt anheizt, zu beenden und stattdessen diplomatische Lösungen zu fördern, die auf Gerechtigkeit und Gleichheit basieren.

Die Auseinandersetzung mit wirtschaftlichem Imperialismus erfordert auch, dass die neoliberalen Wirtschaftspolitiken in Frage gestellt werden, die von internationalen Finanzinstitutionen wie dem Internationalen Währungsfonds und der Weltbank auferlegt werden. Während diese Politiken als Mittel zur Erreichung wirtschaftlicher Stabilität und Wachstums propagiert werden, verschärfen sie oft Ungleichheiten und untergraben soziale Schutzmaßnahmen. Indem alternative Wirtschaftspolitiken gefördert werden, die soziale und wirtschaftliche Gerechtigkeit priorisieren, ist es möglich, ein gerechteres Wirtschaftssystem zu schaffen, das den Bedürfnissen der Bevölkerung dient und nicht den Interessen des globalen Kapitals.

Bildung und Bewusstseinsbildung sind ebenfalls entscheidende Bestandteile des Aufbaus antiimperialistischer Solidarität. Indem die Öffentlichkeit über die historischen und aktuellen Dimensionen des wirtschaftlichen Imperialismus und seine Auswirkungen auf den palästinensisch-israelischen Konflikt aufgeklärt wird, ist es möglich, breitere Unterstützung für auf Gerechtigkeit ausgerichtete Politiken zu gewinnen. Dies beinhaltet die Einbeziehung antiimperialistischer Perspektiven in Lehrpläne, die Organisation öffentlicher Foren und Diskussionen sowie die Nutzung von Medien und kulturellen Produktionen, um die Kämpfe unterdrückter Gemeinschaften hervorzuheben.

Die Förderung einer gerechten Lösung des palästinensisch-israelischen Konflikts durch den modernen Marxismus erfordert ein Bekenntnis zu demokratischen Prinzipien und Menschenrechten. Die Sicherstellung, dass alle Gemeinschaften eine Stimme in Entscheidungsprozessen haben und ihre Rechte geschützt werden, ist entscheidend, um eine gerechte und ausgewogene Gesellschaft zu schaffen. Dies beinhaltet das Eintreten für politische Systeme, die inklusiv, repräsentativ und rechenschaftspflichtig sind und die Bedürfnisse und Bestrebungen der lokalen Bevölkerung in den Vordergrund stellen.

Indem wirtschaftlicher Imperialismus bekämpft, wirtschaftliche Unabhängigkeit und Selbstversorgung gefördert und antiimperialistische Solidaritätsbewegungen aufgebaut werden, ist es möglich, eine gerechtere und ausgewogene Gesellschaft für sowohl Palästinenser als auch Israelis zu schaffen. Dieser Ansatz betont die Bedeutung der gerechten Verteilung von Ressourcen, der lokalen Stärkung und der internationalen Solidarität, um einen nachhaltigen und dauerhaften Frieden zu erreichen. Durch diese Bemühungen ist es möglich, die Ursachen des Konflikts anzugehen und auf eine Zukunft hinzuarbeiten, die auf Gerechtigkeit, Gleichheit und Selbstbestimmung für alle basiert.

5. TECHNOLOGISCHE FORTSCHRITTE

GERECHTER ZUGANG ZU TECHNOLOGIE UND TECHNOLOGIE FÜR DEN FRIEDEN

Die Lösung des Konflikts und die Schaffung von Gerechtigkeit erfordert es, technologische Fortschritte zu nutzen, um einen gerechten Zugang zu Technologie und digitaler Infrastruktur für alle Gemeinschaften zu gewährleisten. Dieser Ansatz zielt darauf ab, wirtschaftliche Ungleichheiten zu überbrücken und die Entwicklung zu fördern, während Technologie genutzt wird, um Dialog, Verständnis und Zusammenarbeit zwischen den Konfliktparteien zu fördern, was letztlich eine Kultur des Friedens schafft. Technologie, die gerecht verteilt und sinnvoll eingesetzt wird, kann ein mächtiges Werkzeug sein, um systemische Ungleichheiten anzugehen und eine gerechtere und harmonischere Gesellschaft aufzubauen.

Die digitale Kluft ist ein bedeutendes Problem im palästinensisch-israelischen Konflikt und spiegelt breitere wirtschaftliche und soziale Ungleichheiten wider. Der Zugang zu Technologie und digitaler Infrastruktur ist oft ungleich verteilt, wobei Palästinenser erhebliche Hindernisse beim Zugang zum Internet, zu digitalen Geräten und zur technologischen Bildung haben. Diese Ungleichheit behindert ihre Fähigkeit, vollständig an der modernen Wirtschaft teilzunehmen, auf Informationen zuzugreifen und sich politisch und sozial zu engagieren. Der gerechte Zugang zu Technologie ist entscheidend, um diese Ungleichheiten anzugehen und alle Gemeinschaften zu stärken.

Einer der ersten Schritte zur Sicherstellung eines gerechten Zugangs zu Technologie ist der Ausbau einer robusten digitalen Infrastruktur, die alle Gebiete erreicht, einschließlich unterversorgter und marginalisierter Gemeinschaften. Dies erfordert Investitionen in Breitbandnetze, die Sicherstellung erschwinglicher Internetzugänge und die Bereitstellung digitaler Geräte für diejenigen, die sie sich nicht leisten können. Regierungen, internationale Organisationen und private Partner können zusammenarbeiten, um diese Initiativen zu finanzieren und umzusetzen, damit keine Gemeinschaft zurückgelassen wird. Durch die Bereitstellung eines gerechten Zugangs zur digitalen Infrastruktur ist es möglich, die wirtschaftlichen Ungleichheiten zu überbrücken, die zum Konflikt beitragen, und eine inklusive Entwicklung zu fördern.

Zusätzlich zur physischen Infrastruktur sind digitale Kompetenz und Bildung entscheidend, um Einzelpersonen und Gemeinschaften in die Lage zu versetzen, Technologie effektiv zu nutzen. Dazu gehört die Integration von digitalen Fähigkeiten in das Bildungssystem, die Organisation von gemeindebasierten Workshops und die Bereitstellung von Ressourcen für das Selbstlernen. Indem Menschen mit dem Wissen und den Fähigkeiten ausgestattet werden, sich in der digitalen Welt zurechtzufinden, können ihre wirtschaftlichen Chancen verbessert, der Zugang zu Informationen erleichtert und eine stärkere Bürgerbeteiligung ermöglicht werden. Bildungsprogramme sollten inklusiv gestaltet sein und die unterschiedlichen sprachlichen, kulturellen und sozioökonomischen Hintergründe berücksichtigen, um sicherzustellen, dass jeder von technologischen Fortschritten profitiert.

Gerechter Zugang zu Technologie bedeutet auch, auf die spezifischen Bedürfnisse marginalisierter Gruppen wie Frauen, Kinder und ältere Menschen einzugehen, die möglicherweise zusätzliche Barrieren beim Zugang zu und der Nutzung von Technologie haben. Zielgerichtete Programme, die Unterstützung und Schulungen für diese Gruppen anbieten, können dazu beitragen, sicherzustellen, dass sie von der digitalen Revolution nicht ausgeschlossen werden. Beispielsweise können Initiativen, die darauf abzielen, Frauen durch Technologie zu stärken, ihre wirtschaftliche Unabhängigkeit fördern, ihren Zugang zu Gesundheitsversorgung und Bildung verbessern und ihnen ermöglichen, sich stärker am sozialen und politischen Leben zu beteiligen. Durch die Berücksichtigung der einzigartigen Herausforderungen, denen verschiedene Gruppen gegenüberstehen, ist es möglich, eine inklusivere digitale Landschaft zu schaffen.

Die Nutzung von Technologie für den Frieden ist ein weiterer wichtiger Aspekt der Anwendung des modernen Marxismus zur Lösung des palästinensisch-israelischen Konflikts. Technologie kann ein mächtiges Werkzeug sein, um Dialog, Verständnis und Zusammenarbeit zwischen den Konfliktparteien zu fördern. Digitale Plattformen und soziale Medien können die Kommunikation und den Austausch zwischen Israelis und Palästinensern erleichtern, Barrieren abbauen und gegenseitiges Verständnis fördern. Online-Foren, soziale Mediengruppen und virtuelle Veranstaltungen können Räume bieten, in denen Menschen ihre Erfahrungen teilen, ihre Perspektiven diskutieren und gemeinsam an gemeinsamen Zielen arbeiten können.

Technologie kann auch Friedensinitiativen unterstützen, indem sie die Sammlung und Verbreitung von Informationen ermöglicht, die Transparenz und Rechenschaftspflicht fördern. Zum Beispiel können digitale Werkzeuge verwendet werden, um Menschenrechtsverletzungen zu dokumentieren, Waffenstillstandsabkommen zu überwachen und die Umsetzung von Friedensabkommen zu verfolgen. Durch die Bereitstellung zuverlässiger und zugänglicher Informationen kann Technologie dazu beitragen, Vertrauen zwischen den Konfliktparteien aufzubauen und sicherzustellen, dass Abkommen eingehalten werden. Darüber hinaus können Datenanalysen und künstliche Intelligenz eingesetzt werden, um Muster und Trends zu identifizieren, die Konfliktlösungsstrategien informieren und zukünftige Konflikte verhindern können.

Bildungstechnologie kann eine entscheidende Rolle bei der Förderung einer Friedenskultur spielen, indem sie Empathie, kritisches Denken und interkulturelles Verständnis fördert. Virtuelle und erweiterte Realitätserfahrungen können Nutzer in das Leben anderer Menschen eintauchen lassen, ihnen helfen, verschiedene Perspektiven zu verstehen und Empathie zu entwickeln. Online-Kurse und interaktive Lernplattformen können Bildung zu Themen wie Konfliktlösung, gewaltfreier Kommunikation und der Geschichte und Kultur sowohl der Israelis als auch der Palästinenser bieten. Durch die Integration von Friedenserziehung in digitale Lernumgebungen ist es möglich, eine neue Generation von Individuen zu fördern, die sich dem Zusammenleben und gegenseitigem Respekt verpflichtet fühlt.

Gemeinsame Technologieprojekte können auch als Mittel zum Brückenbau zwischen Gemeinschaften dienen. Gemeinsame palästinensisch-israelische Tech-

Startups, Forschungsinitiativen und Innovationszentren können Gelegenheiten zur Zusammenarbeit und zum gemeinsamen Erfolg bieten. Diese Projekte können Menschen unterschiedlicher Herkunft zusammenbringen, um an gemeinsamen Zielen zu arbeiten, Zusammenarbeit zu fördern und Vorurteile abzubauen. Indem die Vorteile der Zusammenarbeit und das gemeinsame Potenzial für Innovation und Fortschritt hervorgehoben werden, kann Technologie dazu beitragen, eine positivere und hoffnungsvollere Erzählung für die Zukunft zu schaffen.

Technologie kann Basis-Friedensinitiativen unterstützen, indem sie Werkzeuge und Plattformen für die Organisation und Mobilisierung von Gemeinschaften bereitstellt. Soziale Medien, Messaging-Apps und Online-Petitionsplattformen können Aktivisten dabei unterstützen, Aktionen zu koordinieren, Informationen zu teilen und Solidarität über Grenzen hinweg aufzubauen. Diese digitalen Werkzeuge können die Stimmen derjenigen verstärken, die für Frieden und Gerechtigkeit eintreten, und lokale Bemühungen mit breiteren globalen Bewegungen verbinden. Durch die Nutzung von Technologie zur Stärkung des Basisaktivismus ist es möglich, eine stärkere und inklusivere Friedensbewegung aufzubauen.

Internationale Unterstützung und Solidarität sind entscheidend für den Erfolg dieser Bemühungen. Die globale Gemeinschaft, einschließlich Regierungen, Nichtregierungsorganisationen und Technologieunternehmen, kann eine entscheidende Rolle bei der Unterstützung von Initiativen spielen, die einen gerechten Zugang zu Technologie fördern und Technologie für den Frieden nutzen. Dies kann die Bereitstellung von Finanzierung, technischer Expertise und politischer Unterstützung für digitale Infrastrukturprojekte,

Bildungsprogramme und Friedensinitiativen umfassen. Durch Zusammenarbeit kann die internationale Gemeinschaft dazu beitragen, ein förderliches Umfeld für technologische Fortschritte und Friedensförderung in der Region zu schaffen.

Durch die Überbrückung wirtschaftlicher Kluften und die Förderung der Entwicklung durch gerechten Zugang zu digitalen Werkzeugen ist es möglich, Individuen und Gemeinschaften zu stärken und integratives Wachstum zu fördern. Die Nutzung von Technologie, um Dialog, Verständnis und Zusammenarbeit zwischen den Konfliktparteien zu fördern, kann eine Friedenskultur schaffen und die Grundlagen für eine gerechte und dauerhafte Lösung des Konflikts legen. Durch diese Bemühungen ist es möglich, die Ursachen des Konflikts anzugehen und auf eine Zukunft hinzuarbeiten, die auf Gerechtigkeit, Gleichheit und gegenseitigem Respekt für alle basiert.

6. UMWELTBELANGE

NACHHALTIGE ENTWICKLUNG UND GRÜNE POLITIK

Umweltzerstörung verschärft oft Konflikte um knappe Ressourcen, und die Bewältigung dieser Probleme kann wirtschaftliche Chancen schaffen, insbesondere für marginalisierte Gemeinschaften, die vom Konflikt betroffen sind. Indem nachhaltige Entwicklung und grüne Politik priorisiert werden, ist es möglich, einige der Grundursachen des Konflikts zu mildern und eine Grundlage für eine gerechtere und ausgewogenere Gesellschaft zu schaffen.

Die Umweltzerstörung in Palästina und Israel – insbesondere in Palästina – ist ein bedeutendes Problem, da sie direkt die Verfügbarkeit von wesentlichen Ressourcen wie Wasser, Ackerland und sauberer Luft beeinträchtigt. Der Wettbewerb um diese knappen Ressourcen hat historisch Spannungen und Konflikte zwischen Palästinensern und Israelis geschürt. Ein moderner marxistischer Ansatz zur Lösung dieses Konflikts betont die Notwendigkeit, Umweltprobleme durch nachhaltige Entwicklungsmethoden anzugehen, die einen gerechten Zugang zu Ressourcen sicherstellen und die langfristige ökologische Gesundheit fördern.

Nachhaltige Entwicklungsmethoden sind unerlässlich, um Umweltzerstörung zu bekämpfen und soziale und wirtschaftliche Stabilität zu fördern. Dies umfasst die Einführung landwirtschaftlicher Praktiken, die Wasser und Boden schonen, die Umsetzung von Projekten zur Nutzung erneuerbarer Energien und die Förderung einer nachhaltigen Stadtplanung. Beispielsweise können nachhaltige landwirtschaftliche Techniken wie Tröpfchenbewässerung, ökologischer Landbau und Fruchtwechsel dazu beitragen, Wasser zu sparen, die Bodenfruchtbarkeit zu verbessern und die landwirtschaftliche Produktivität zu steigern. Diese Praktiken tragen nicht nur zur Bekämpfung der Umweltzerstörung bei, sondern schaffen auch wirtschaftliche Möglichkeiten für Landwirte und ländliche Gemeinschaften, verringern die Armut und fördern die wirtschaftliche Widerstandsfähigkeit.

Projekte zur Nutzung erneuerbarer Energien, wie Solar- und Windkraft, können ebenfalls eine entscheidende Rolle in der nachhaltigen Entwicklung spielen. Durch Investitionen in erneuerbare Energieinfrastrukturen ist es möglich, die Abhängigkeit von fossilen Brennstoffen zu verringern, die Treibhausgasemissionen zu senken und Arbeitsplätze im Bereich der grünen Energie zu schaffen. Beispielsweise können durch die Installation von Solarmodulen auf Wohnhäusern, Schulen und Gemeindezentren zuverlässige und erschwingliche Stromquellen für marginalisierte Gemeinschaften bereitgestellt werden, was deren Lebensqualität und wirtschaftliche Perspektiven verbessert. Erneuerbare Energieprojekte können die Zusammenarbeit zwischen Israelis und Palästinensern fördern, indem sie gemeinsame Vorteile bieten und gemeinsame Umweltprobleme angehen.

Nachhaltige Stadtplanung ist ein weiterer kritischer Aspekt der nachhaltigen Entwicklung. Dies umfasst die Gestaltung von Städten und Gemeinden auf eine Weise, die die Umweltbelastung reduziert, den sozialen Zusammenhalt fördert und die Lebensqualität der Bewohner verbessert. Grünflächen, öffentlicher Nahverkehr, energieeffiziente Gebäude und Abfallmanagementsysteme sind wesentliche Bestandteile einer nachhaltigen Stadtplanung. Diese Maßnahmen können dazu beitragen, die Umweltverschmutzung zu reduzieren, Ressourcen zu schonen und gesündere Lebensumgebungen zu schaffen. Darüber hinaus können inklusive Stadtplanungsprozesse, die lokale Gemeinschaften in die Entscheidungsfindung einbeziehen, sicherstellen, dass Entwicklungsprojekte den Bedürfnissen aller Bewohner gerecht werden und soziale Gerechtigkeit fördern.

Grüne Politik ist entscheidend, um Umweltbelastungen zu reduzieren und wirtschaftliche Chancen zu schaffen, insbesondere für marginalisierte Gemeinschaften, die vom Konflikt betroffen sind. Diese Politik sollte die Bedürfnisse derjenigen priorisieren, die am stärksten von Umweltzerstörung betroffen sind, und sicherstellen, dass sie Zugang zu Ressourcen und Möglichkeiten für nachhaltige Lebensgrundlagen haben. Beispielsweise können Politiken, die Kleinbauern, Fischern und Handwerkern Unterstützung bieten, nachhaltige wirtschaftliche Möglichkeiten in ländlichen Gebieten schaffen, Armut reduzieren und die Abhängigkeit von externer Hilfe verringern.

Wassermanagementpolitik ist im Kontext von Palästina und Israel, wo Wasserknappheit ein bedeutendes Problem darstellt, besonders wichtig. Gerechte Wasserteilungsabkommen, Investitionen in Wasserinfrastrukturen und die Förderung von Wassersparpraktiken können dazu beitragen, dass alle Gemeinschaften Zugang zu sauberen und zuverlässigen Wasserquellen haben.

Entsalzungsanlagen, Abwasseraufbereitungsanlagen und Regenwassernutzungssysteme können zusätzliche Wasserressourcen bereitstellen, den Wettbewerb um knappe Ressourcen verringern und die Zusammenarbeit fördern.

Umweltbildung und Bewusstseinsbildung sind ebenfalls wesentliche Bestandteile der grünen Politik. Indem die Öffentlichkeit über die Bedeutung des Umweltschutzes und nachhaltiger Praktiken aufgeklärt wird, kann eine Kultur der Umweltverantwortung und des Umweltschutzes gefördert werden. Schulen, gemeindebasierte Organisationen und Medien können eine wichtige Rolle bei der Förderung der Umweltbildung und der Ermutigung zu nachhaltigem Verhalten spielen. Umweltbewusstseinskampagnen können die Zusammenhänge zwischen Umweltgesundheit und sozialem Wohlstand hervorheben und die Bedeutung kollektiver Maßnahmen zur Bewältigung von Umweltproblemen betonen.

Internationale Unterstützung und Zusammenarbeit sind entscheidend für den Erfolg von nachhaltiger Entwicklung und grüner Politik in Palästina und Israel. Die globale Gemeinschaft, einschließlich Regierungen, internationaler Organisationen und Nichtregierungsorganisationen, kann finanzielle Unterstützung, technisches Know-how und politische Unterstützung für Umweltinitiativen bereitstellen. Internationale Partnerschaften können den Technologietransfer und den Wissensaustausch erleichtern und sicherstellen, dass nachhaltige Entwicklungsmethoden effektiv umgesetzt und an lokale Bedingungen angepasst werden.

Internationale Solidaritätsbewegungen können eine entscheidende Rolle bei der Förderung von Umweltgerechtigkeit und der Unterstützung lokaler Bemühungen zur Bekämpfung der Umweltzerstörung spielen. Diese Bewegungen können das Bewusstsein für die

Umweltauswirkungen des Konflikts schärfen, Ressourcen mobilisieren und Druck auf Regierungen und Unternehmen ausüben, nachhaltigere Praktiken anzunehmen. Durch den Aufbau globaler Solidarität ist es möglich, lokale Initiativen zu stärken und eine mächtigere und einheitlichere Kraft für Umwelt- und soziale Gerechtigkeit zu schaffen.

Die Integration von Umweltaspekten in Friedensbemühungen ist ebenfalls von entscheidender Bedeutung. Umweltfriedensförderung, die sich auf die Lösung von Umweltproblemen als Teil des Konfliktlösungsprozesses konzentriert, kann dazu beitragen, Bedingungen für dauerhaften Frieden und Stabilität zu schaffen. Gemeinsame Umweltprojekte, wie grenzüberschreitende Naturschutzgebiete, gemeinsame Wassermanagementinitiativen und kollaborative Projekte zur Nutzung erneuerbarer Energien, können Vertrauen und Zusammenarbeit zwischen den Konfliktparteien aufbauen. Indem gemeinsame Umweltprobleme angegangen werden, können diese Projekte ein Gefühl des gemeinsamen Zwecks schaffen und positive Beziehungen fördern.

Indem nachhaltige Landwirtschaft, erneuerbare Energien, nachhaltige Stadtplanung und gerechtes Wassermanagement priorisiert werden, ist es möglich, wirtschaftliche Chancen zu schaffen und Umweltbelastungen zu reduzieren, insbesondere für marginalisierte Gemeinschaften. Umweltbildung, internationale Unterstützung und Umweltfriedensförderung sind ebenfalls wesentliche Bestandteile dieses Ansatzes. Durch diese Bemühungen ist es möglich, die Ursachen des Konflikts anzugehen, soziale und wirtschaftliche Gerechtigkeit zu fördern und eine Grundlage für eine gerechte und nachhaltige Zukunft für sowohl Israelis als auch Palästinenser zu schaffen.

7. KULTURELLE HEGEMONIE UND IDEOLOGISCHER KAMPF

DOMINANTE NARRATIVE ENTGEGENTRETEN UND KULTURELLEN AUSTAUSCH FÖRDERN

Die Lösung des Konflikts für das palästinensische Volk und die Schaffung von Gerechtigkeit erfordert die Auseinandersetzung mit kultureller Hegemonie und das Eintreten in einen ideologischen Kampf. Dies bedeutet, die Propaganda und die dominanten Narrative, die Ausbeutung und Konflikte rechtfertigen, herauszufordern und alternative Narrative zu fördern, die Solidarität, Koexistenz und Zusammenarbeit betonen. Darüber hinaus ist die Förderung des kulturellen Austauschs und des Verständnisses zwischen Israelis und Palästinensern entscheidend, um Vorurteile abzubauen und gegenseitigen Respekt aufzubauen. Durch die Auseinandersetzung mit diesen kulturellen und ideologischen Dimensionen ist es möglich, eine gerechtere und friedlichere Gesellschaft zu schaffen.

Die kulturelle Hegemonie, wie sie von Antonio Gramsci theoretisiert wurde, bezieht sich auf die Dominanz einer bestimmten kulturellen und ideologischen Weltanschauung, die gesellschaftliche Normen und Werte prägt. Im Kontext des palästinensisch-israelischen Konflikts wurden dominante Narrative oft von den Machthabern geformt, um ihre Handlungen und Politiken zu rechtfertigen. Diese Narrative werden durch Medien, Bildung und politischen Diskurs verbreitet, verstärken Spaltungen und perpetuieren Konflikte. Diese dominanten Narrative herauszufordern, ist entscheidend, um eine gerechtere und friedlichere Gesellschaft zu schaffen.

Eine der wichtigsten Methoden, um dominanten Narrativen entgegenzutreten, besteht darin, Propaganda aufzudecken und zu kritisieren, die die andere Seite entmenschlicht und Gewalt und Ausbeutung rechtfertigt. Dies erfordert eine kritische Analyse von Medienberichten, politischer Rhetorik und Bildungskontexten, die Vorurteile verstärken und Hass fördern. Durch das Aufzeigen der Vorurteile und Ungenauigkeiten in diesen Narrativen ist es möglich, ihren Einfluss zu untergraben und ein differenzierteres Verständnis des Konflikts zu fördern.

Die Förderung alternativer Narrative, die Solidarität, Koexistenz und Zusammenarbeit betonen, ist entscheidend, um der kulturellen Hegemonie entgegenzuwirken. Diese Narrative sollten sich auf gemeinsame Erfahrungen, gemeinsame Interessen und das Potenzial für gegenseitigen Nutzen konzentrieren. Beispielsweise können Erzählungen über die Zusammenarbeit von Israelis und Palästinensern in Umweltprojekten, Geschäftsvorhaben oder Friedensinitiativen als starke Gegen-Narrative dienen, die die Möglichkeiten für Zusammenarbeit und Koexistenz hervorheben. Durch die Verstärkung dieser Geschichten ist es möglich, den Fokus von Spaltung und Konflikt auf Solidarität und Zusammenarbeit zu verlagern.

Bildung spielt eine wesentliche Rolle bei der Prägung von Narrativen und der Förderung des Verständnisses. Die Überarbeitung von Lehrplänen, um vielfältige Perspektiven zur Geschichte und den Ursachen des Konflikts einzubeziehen, kann den Schülern helfen, ein umfassenderes und empathischeres Verständnis der Problematik zu entwickeln. Dies kann die Aufnahme palästinensischer Erzählungen und Erfahrungen in israelische Lehrbücher und umgekehrt sowie die Förderung von kritischem Denken und Dialog im Klassenzimmer umfassen. Indem die jüngere Generation über die Komplexität des Konflikts und die Menschlichkeit der anderen Seite aufgeklärt wird, ist es möglich, eine Grundlage für langfristigen Frieden zu schaffen.

Medien und Kunst sind ebenfalls mächtige Werkzeuge, um dominante Narrative herauszufordern und alternative zu fördern. Dokumentarfilme, Literatur und Theater können Plattformen für Stimmen bieten, die oft marginalisiert oder zum Schweigen gebracht werden. Durch die Unterstützung und Verbreitung kreativer Werke, die die Lebenserfahrungen sowohl von Israelis als auch von Palästinensern thematisieren, ist es möglich, Empathie und Verständnis zu fördern. Kulturelle Produktionen, die Stereotype hinterfragen und die gemeinsame Menschlichkeit beider Seiten hervorheben, können eine entscheidende Rolle bei der Veränderung der öffentlichen Wahrnehmung und Einstellungen spielen.

Kulturaustauschprogramme sind ein weiteres wirksames Mittel, um Vorurteile abzubauen und gegenseitigen Respekt aufzubauen. Diese Programme können den Austausch von Schülern, gemeinsame Bildungsprojekte und Gemeinschaftsbesuche umfassen, die es den Menschen beider Seiten ermöglichen, miteinander zu interagieren und voneinander zu lernen. Indem sie die Kultur der anderen Seite aus erster Hand erleben und persönliche Verbindungen knüpfen, können die Teilnehmer ihre Vorurteile in Frage stellen und ein tieferes Verständnis für die andere Seite entwickeln. Diese Austauschprogramme können auch Netzwerke von Individuen schaffen, die sich dem Frieden und der Zusammenarbeit verpflichtet fühlen, und so eine Graswurzelbewegung für Veränderung fördern.

Dialoginitiativen, die Israelis und Palästinenser zusammenbringen, um ihre Erfahrungen und Perspektiven zu diskutieren, sind wesentlich, um Verständnis und Versöhnung zu fördern. Diese Initiativen können in Form von moderierten Dialoggruppen, Friedenscamps oder Online-Foren stattfinden. Indem sie sichere Räume für offene und ehrliche Kommunikation bieten, können diese Initiativen den Teilnehmern helfen, ihre Vorurteile zu überwinden, der anderen Seite zuzuhören und gemeinsame Ziele zu finden. Dialoginitiativen können auch als Plattformen dienen, um gemeinsame Projekte und Aktionen zu entwickeln, die Frieden und Gerechtigkeit fördern.

Neben Graswurzelbewegungen sind auch politische Veränderungen erforderlich, um den kulturellen Austausch zu unterstützen und alternative Narrative zu fördern. Regierungen und Institutionen können eine Rolle spielen, indem sie Initiativen finanzieren und unterstützen, die Verständnis und Zusammenarbeit fördern. Dies kann die Bereitstellung von Zuschüssen für gemeinsame Projekte, die Schaffung von Plattformen für kulturellen und bildungspolitischen Austausch und die Sicherstellung, dass Medien- und Bildungsinhalte Vielfalt und Inklusion fördern, umfassen. Indem ein förderliches Umfeld für diese Bemühungen geschaffen wird, ist es möglich, deren Wirkung zu verstärken und ein breiteres Publikum zu erreichen.

Internationale Solidarität und Unterstützung sind ebenfalls entscheidend, um dominante Narrative herauszufordern und alternative zu fördern. Die globale Gemeinschaft kann eine Rolle spielen, indem sie Initiativen unterstützt, die Verständnis und Zusammenarbeit fördern, Stimmen verstärkt, die sich für Frieden einsetzen, und diejenigen zur Rechenschaft zieht, die schädliche Propaganda verbreiten. Internationale Organisationen, Regierungen und die Zivilgesellschaft können Ressourcen, Expertise und Plattformen für Friedensbemühungen bereitstellen und so ein unterstützenderes Umfeld für diese Initiativen schaffen.

Der Aufbau von Allianzen mit anderen Bewegungen, die gegen Unterdrückung kämpfen und soziale Gerechtigkeit fördern, kann die Bemühungen zur Bekämpfung der kulturellen Hegemonie stärken. Indem der Kampf für die Rechte der Palästinenser mit breiteren Bewegungen für Rassengerechtigkeit, wirtschaftliche Gerechtigkeit und Umweltgerechtigkeit verbunden wird, ist es möglich, eine stärkere und einheitlichere Bewegung aufzubauen. Solidarität mit anderen unterdrückten Gruppen kann dazu beitragen, die Zusammenhänge zwischen verschiedenen Formen von Ungerechtigkeit aufzuzeigen und eine breitere Unterstützungsbasis für Veränderungen zu schaffen.

Indem Propaganda und dominante Narrative, die Ausbeutung und Konflikte rechtfertigen, herausgefordert und alternative Narrative gefördert werden, die Solidarität, Koexistenz und Zusammenarbeit betonen, ist es möglich, eine gerechtere und friedlichere Gesellschaft zu schaffen. Die Förderung des kulturellen Austauschs und des Verständnisses zwischen Israelis und Palästinensern ist entscheidend, um Vorurteile abzubauen und gegenseitigen Respekt aufzubauen. Durch Bildung, Medien, Kunst, Dialoginitiativen, politische Veränderungen, internationale Solidarität und Allianzen mit anderen Bewegungen ist es möglich, die kulturelle und ideologische Landschaft zu verändern und eine Grundlage für dauerhaften Frieden und Gerechtigkeit zu schaffen.

8. INTERNATIONALE ORGANISATIONEN UND INSTITUTIONEN

REFORM INTERNATIONALER INSTITUTIONEN UND UNTERSTÜTZUNG VON BASISBEWEGUNGEN

Die Reform internationaler Institutionen wie der Vereinten Nationen, um sie repräsentativer und unterstützender für unterdrückte Gruppen zu machen, ist ein wesentlicher Bestandteil dieses Ansatzes. Darüber hinaus ist die Förderung internationaler Unterstützung für Basisbewegungen, die darauf abzielen, die Ursachen des Konflikts durch soziale und wirtschaftliche Gerechtigkeit anzugehen, entscheidend, um dauerhaften Frieden und Gleichheit zu fördern.

Die derzeitige Struktur internationaler Institutionen spiegelt oft die Interessen und Machtverhältnisse der einflussreichsten Nationen wider, was die Stimmen und Bedürfnisse unterdrückter Gruppen marginalisieren kann. Die Vereinten Nationen, die nach dem Zweiten Weltkrieg gegründet wurden, sind ein deutliches Beispiel für dieses Ungleichgewicht. Ihr Sicherheitsrat, in dem fünf ständige Mitglieder ein Vetorecht besitzen, verzerrt häufig die Entscheidungsfindung zugunsten dieser mächtigen Staaten. Um den Konflikt für das palästinensische Volk zu lösen, ist es notwendig, Reformen zu fordern, die die Vereinten Nationen und andere internationale Gremien demokratischer und inklusiver machen.

Die Reform der Vereinten Nationen sollte mehrere wesentliche Änderungen umfassen. Erstens kann die Erweiterung der Mitgliedschaft im Sicherheitsrat um weitere Länder, insbesondere aus dem globalen Süden, dazu beitragen, eine breitere Repräsentation von Interessen und Perspektiven zu gewährleisten. Diese Erweiterung sollte durch die Einführung von Mechanismen zur Begrenzung des Vetorechts begleitet werden, das häufig genutzt wurde, um Resolutionen zu blockieren, die Menschenrechtsverletzungen und Konflikte ansprechen. Darüber hinaus kann die Stärkung der Rolle und des Einflusses der Generalversammlung, in der alle Mitgliedstaaten gleichberechtigt vertreten sind, dazu beitragen, die Entscheidungsprozesse der Vereinten Nationen zu demokratisieren.

Eine weitere wichtige Reform besteht darin, die Kapazität und das Mandat des Menschenrechtsrats der Vereinten Nationen und anderer Menschenrechtsgremien zu stärken. Diese Institutionen sollten in die Lage versetzt werden, Menschenrechtsverletzungen unparteiisch und effektiv zu untersuchen und anzugehen, ohne politische Einflussnahme. Dazu gehört, ihnen die Ressourcen und Befugnisse zu geben, gründliche Untersuchungen durchzuführen, bindende Empfehlungen abzugeben und Verletzer zur Rechenschaft zu ziehen. Indem diese Gremien effektiver und unabhängiger gemacht werden, kann die internationale Gemeinschaft die Rechte und Würde unterdrückter Gruppen, einschließlich der Palästinenser, besser unterstützen.

Neben institutionellen Reformen ist es unerlässlich, die internationale Unterstützung für Basisbewegungen zu fördern, die darauf abzielen, die Ursachen des Konflikts durch soziale und wirtschaftliche Gerechtigkeit anzugehen. Basisbewegungen spielen eine entscheidende Rolle bei der Verteidigung der Rechte marginalisierter Gemeinschaften, bei der Herausforderung unterdrückerischer Systeme und beim Aufbau alternativer Modelle sozialer und wirtschaftlicher Organisation. Die Unterstützung dieser Bewegungen kann dazu beitragen, lokale Gemeinschaften zu befähigen, ihre Zukunft selbst in die Hand zu nehmen und einen von unten nach oben gerichteten Ansatz für den Friedensprozess zu fördern.

Internationale Unterstützung für Basisbewegungen kann in verschiedenen Formen erfolgen. Finanzielle Hilfe ist entscheidend, um diesen Bewegungen zu ermöglichen, ihre Aktivitäten aufrechtzuerhalten, ihre organisatorischen Kapazitäten auszubauen und ihre Programme umzusetzen. Diese Unterstützung kann von Regierungen, internationalen Organisationen und philanthropischen Stiftungen kommen, die sich für soziale Gerechtigkeit und Menschenrechte einsetzen. Durch die Bereitstellung von Finanzmitteln für Basisinitiativen kann die internationale Gemeinschaft sicherstellen, dass lokale Akteure die Ressourcen haben, die sie benötigen, um für Veränderungen einzutreten und die unmittelbaren Bedürfnisse ihrer Gemeinschaften zu erfüllen.

Technische und logistische Unterstützung ist ebenfalls wichtig für Basisbewegungen. Dazu gehört die Bereitstellung von Schulungen in Bereichen wie Interessenvertretung, Gemeinschaftsorganisation, rechtliche Rechte und nachhaltige Entwicklung. Internationale NGOs und Experten können eine bedeutende Rolle spielen, indem sie diese Unterstützung bieten und Wissen und bewährte Praktiken teilen, um die Effektivität der Basisinitiativen zu stärken. Durch den Aufbau der Kapazitäten lokaler Organisationen kann die internationale Gemeinschaft dazu beitragen, eine widerstandsfähigere und stärkere Zivilgesellschaft zu schaffen.

Interessenvertretung und Solidarität sind weitere entscheidende Bestandteile der internationalen Unterstützung für Basisbewegungen. Dies beinhaltet die Sensibilisierung für die Kämpfe und Errungenschaften dieser Bewegungen, das Verstärken ihrer Stimmen auf globaler Ebene und die Förderung von politischen Maßnahmen, die mit ihren Zielen übereinstimmen. Internationale Solidaritätskampagnen können dazu beitragen, das globale Bewusstsein und die Unterstützung für die Rechte unterdrückter Gruppen zu stärken und Druck auf Regierungen und Institutionen auszuüben, ihre Politiken zu ändern. Durch die Verbindung lokaler Kämpfe mit breiteren globalen Bewegungen ist es möglich, eine stärkere und einheitlichere Kraft für soziale und wirtschaftliche Gerechtigkeit zu schaffen.

Die Unterstützung von Basisbewegungen erfordert auch das Engagement, lokale Führung und Wissen zu respektieren und zu fördern. Internationale Akteure sollten ihre Unterstützung mit Demut angehen und bereit sein, von den Menschen vor Ort zu lernen. Dies bedeutet, die Perspektiven und Prioritäten lokaler Gemeinschaften in den Vordergrund zu stellen und sicherzustellen, dass externe Unterstützung lokale Initiativen nicht überschattet oder untergräbt. Durch die Förderung echter Partnerschaften, die auf gegenseitigem Respekt und Zusammenarbeit basieren, kann die internationale Gemeinschaft Basisbewegungen auf eine Weise unterstützen, die befähigend und nachhaltig ist.

Ein moderner marxistischer Ansatz zur Lösung des Konflikts für das palästinensische Volk betont auch die Bedeutung der Bekämpfung der strukturellen wirtschaftlichen Ungleichheiten, die dem Konflikt zugrunde liegen. Dies beinhaltet die Förderung von Politiken und Initiativen, die soziale und wirtschaftliche Gerechtigkeit voranbringen, wie Landreformen, gerechte Ressourcenverteilung und die Entwicklung nachhaltiger lokaler Volkswirtschaften. Basisbewegungen stehen oft an der Spitze dieser Bemühungen und setzen sich für Veränderungen ein, die die Ursachen von Armut und Ungleichheit angehen.

Beispielsweise können Landreforminitiativen dazu beitragen, historische Ungerechtigkeiten zu bekämpfen und sicherzustellen, dass vertriebene Palästinenser Zugang zu Land und Ressourcen haben. Indem die internationale Gemeinschaft Bewegungen unterstützt, die sich für eine faire Landverteilung und den Schutz von Landrechten einsetzen, kann sie dazu beitragen, die Voraussetzungen für eine gerechtere Gesellschaft zu schaffen. Ebenso ist die Förderung eines gerechten Zugangs zu Wasser, Energie und anderen wesentlichen Ressourcen entscheidend, um die materiellen Bedürfnisse marginalisierter Gemeinschaften zu befriedigen und Spannungen um knappe Ressourcen zu verringern.

Initiativen zur wirtschaftlichen Entwicklung, die Nachhaltigkeit und soziale Gerechtigkeit priorisieren, sind ebenfalls von entscheidender Bedeutung. Dazu gehört die Unterstützung lokaler Genossenschaften, kleiner Unternehmen und gemeindebasierter Unternehmen, die Arbeitsplätze schaffen und wirtschaftliche Widerstandsfähigkeit fördern. Durch Investitionen in lokale Volkswirtschaften und die Förderung wirtschaftlicher Selbstversorgung ist es möglich, die Abhängigkeit von externen Akteuren zu verringern und eine stabilere und wohlhabendere Gesellschaft aufzubauen.

Die Reform internationaler Institutionen wie der Vereinten Nationen, um sie repräsentativer und unterstützender für unterdrückte Gruppen zu machen, ist entscheidend, um eine demokratischere und inklusivere globale Ordnung zu schaffen. Darüber hinaus ist die Förderung internationaler Unterstützung für Basisbewegungen, die darauf abzielen, die Ursachen des Konflikts durch soziale und wirtschaftliche Gerechtigkeit anzugehen, entscheidend, um lokale Gemeinschaften zu befähigen und dauerhaften Frieden und Gleichheit zu fördern. Durch diese Bemühungen ist es möglich, eine gerechtere und ausgewogenere Gesellschaft für alle Menschen in der Region zu schaffen.

9. HISTORISCHER KONTEXT UND LEKTIONEN

AUS DER GESCHICHTE LERNEN UND ANPASSUNG AN LOKALE KONTEXTE

Die Anwendung des modernen Marxismus zur Lösung des Konflikts für das palästinensische Volk und zur Schaffung von Gerechtigkeit erfordert, dass man aus historischen Beispielen lernt, in denen marxistische Prinzipien zur Lösung von Konflikten angewendet wurden, und diese Prinzipien an den einzigartigen historischen, wirtschaftlichen und sozialen Kontext des palästinensisch-israelischen Konflikts anpasst. Durch das Lernen aus der Geschichte und die Anpassung marxistischer Strategien an lokale Gegebenheiten ist es möglich, die Wurzeln des Konflikts anzugehen und eine gerechte und ausgewogene Lösung zu fördern.

Historische Fälle, in denen marxistische Prinzipien zur Lösung von Konflikten angewendet wurden, bieten wertvolle Einblicke in sowohl die Erfolge als auch die Herausforderungen bei der Umsetzung sozialistischer Ideale in verschiedenen Kontexten. Eines der prominentesten Beispiele ist die Russische Revolution von 1917, die darauf abzielte, den bestehenden bürgerlichen Staat zu stürzen und eine proletarische Diktatur zu errichten. Die Bolschewiki, angeführt von Wladimir Lenin, strebten danach, eine klassenlose Gesellschaft zu schaffen, indem sie Privateigentum abschafften und Land und

Ressourcen umverteilten. Während die Revolution erfolgreich das zaristische Regime stürzte und bedeutende soziale und wirtschaftliche Veränderungen einleitete, sah sie sich auch zahlreichen Herausforderungen gegenüber, darunter interner Dissens, externe Interventionen und die Schwierigkeiten bei der Verwaltung einer zentral geplanten Wirtschaft.

Die Lektionen aus der Russischen Revolution verdeutlichen die Bedeutung der Berücksichtigung sowohl der wirtschaftlichen als auch der politischen Dimensionen eines Konflikts. Die Betonung der Bolschewiki auf Landreform und Arbeiterkontrolle über die Produktion kann Anstrengungen zur Bekämpfung der wirtschaftlichen Ungleichheiten und Ressourcenkonflikte im Zentrum des palästinensisch-israelischen Konflikts inspirieren. Die Herausforderungen bei der Aufrechterhaltung einer demokratischen Regierungsführung und der Vermeidung von Autoritarismus heben jedoch auch die Notwendigkeit inklusiver und partizipativer politischer Strukturen hervor.

Ein weiteres relevantes historisches Beispiel ist die Chinesische Revolution von 1949, die von der Kommunistischen Partei Chinas unter der Führung von Mao Zedong angeführt wurde. Die Kommunistische Partei bemühte sich, marxistische Prinzipien an Chinas überwiegend agrarische Gesellschaft anzupassen, indem sie die Bauernschaft mobilisierte und Landreformen durchführte. Die Revolution stürzte erfolgreich die nationalistische Regierung und etablierte einen sozialistischen Staat, erlebte jedoch auch erhebliche Umwälzungen, wie den Großen Sprung nach vorn und die Kulturrevolution, die zu wirtschaftlichen Verwerfungen und sozialen Unruhen führten.

Die chinesische Erfahrung verdeutlicht die Bedeutung der Anpassung marxistischer Prinzipien an lokale Gegebenheiten. Im palästinensisch-israelischen Kontext bedeutet dies, die einzigartigen historischen und sozialen Faktoren zu erkennen, die den Konflikt prägen, wie das Erbe des Kolonialismus, die Auswirkungen der regionalen Geopolitik und die vielfältigen Identitäten und Bestrebungen sowohl der Palästinenser als auch der Israelis. Die Anwendung marxistischer Prinzipien in diesem Kontext erfordert ein nuanciertes Verständnis dieser Faktoren und einen flexiblen Ansatz, der die lokalen Bedürfnisse und Perspektiven in den Vordergrund stellt.

Die Kubanische Revolution von 1959, angeführt von Fidel Castro und Che Guevara, bietet ein weiteres Beispiel für die Anwendung marxistischer Prinzipien zur Lösung von Konflikten und zur Förderung sozialer Gerechtigkeit. Die Revolution stürzte erfolgreich die Batista-Diktatur und führte bedeutende soziale Reformen durch, darunter die Landumverteilung, die Verstaatlichung von Industrien und die Einrichtung einer universellen Gesundheitsversorgung und Bildung. Trotz wirtschaftlicher Herausforderungen und externer Drucke hat Kuba seine sozialistische Orientierung beibehalten und bemerkenswerte soziale Errungenschaften erzielt.

Das kubanische Beispiel unterstreicht die Bedeutung von Sozialprogrammen und öffentlichen Diensten bei der Förderung sozialer Gerechtigkeit und der Verringerung von Ungleichheiten. Im palästinensisch-israelischen Kontext bedeutet dies, Investitionen in Gesundheitsversorgung, Bildung und sozialen Schutz zu priorisieren, um die unmittelbaren Bedürfnisse marginalisierter Gemeinschaften zu adressieren und eine Grundlage für eine langfristige Entwicklung zu schaffen. Es hebt auch die Notwendigkeit von Widerstandskraft und Solidarität angesichts externer Herausforderungen hervor.

Aus diesen historischen Beispielen zu lernen bedeutet, sowohl ihre Errungenschaften als auch ihre Grenzen zu verstehen. Während marxistische Prinzipien einen Rahmen zur Bekämpfung wirtschaftlicher und sozialer Ungleichheiten bieten können, muss ihre Umsetzung an den spezifischen historischen und sozialen Kontext des palästinensisch-israelischen Konflikts angepasst werden. Dies erfordert ein tiefes Engagement für die Lebensrealitäten und Bestrebungen sowohl der Palästinenser als auch der Israelis sowie ein Bekenntnis zu demokratischer Regierungsführung und Menschenrechten.

Die Anpassung marxistischer Prinzipien an den einzigartigen Kontext des palästinensisch-israelischen Konflikts umfasst mehrere Schlüsselkomponenten. Erstens ist es unerlässlich, die historischen Ungerechtigkeiten und Missstände anzugehen, die dem Konflikt zugrunde liegen. Dazu gehört die Anerkennung der Vertreibung und Enteignung von Palästinensern, und eine gerechte Lösung erfordert das Eingeständnis dieser Historie und das Streben nach Wiedergutmachung und Versöhnung.

Landreform ist ein kritischer Aspekt bei der Bekämpfung historischer Ungerechtigkeiten und der Förderung sozialer Gerechtigkeit. Dies beinhaltet die Umsetzung von Maßnahmen, die Land an vertriebene Palästinenser zurückgeben und eine faire Entschädigung bieten, wo eine direkte Rückgabe nicht möglich ist. Landreform sollte von Prinzipien der Gerechtigkeit und Nachhaltigkeit geleitet werden, um sicherzustellen, dass Land zur Deckung der Bedürfnisse der Bevölkerung und nicht für spekulative oder ausbeuterische Zwecke genutzt wird. Dies kann die Gründung von Genossenschaften und gemeinschaftlich verwalteten Ressourcen umfassen, die kollektives Eigentum und demokratische Kontrolle fördern.

Wirtschaftliche Unabhängigkeit und Selbstversorgung sind ebenfalls entscheidend, um den Konflikt zu lösen und soziale Gerechtigkeit zu fördern. Dies beinhaltet die Entwicklung lokaler Industrien und der Landwirtschaft, um die Abhängigkeit von Importen zu verringern und nachhaltige Lebensgrundlagen für die Bevölkerung zu schaffen. Investitionen in Bildung, Technologie und Infrastruktur sind unerlässlich, um eine robuste und diversifizierte Wirtschaft aufzubauen, die externen Druck standhalten kann. Die Unterstützung von kleinen und mittleren Unternehmen, Genossenschaften und gemeindebasierten Initiativen kann wirtschaftliche Widerstandsfähigkeit fördern und Chancen für marginalisierte Gemeinschaften bieten.

Demokratische Regierungsführung ist ein weiterer Schlüsselbestandteil der Anwendung marxistischer Prinzipien im palästinensisch-israelischen Konflikt. Dies beinhaltet die Schaffung politischer Strukturen, die eine gleichberechtigte Teilnahme und Repräsentation aller Gemeinschaften ermöglichen, um sicherzustellen, dass ihre Stimmen gehört und ihre Bedürfnisse berücksichtigt werden. Die Einrichtung inklusiver und partizipativer Entscheidungsprozesse, wie Bürgerausschüsse und lokale Räte, kann dazu beitragen, Vertrauen und Zusammenarbeit zwischen den Konfliktparteien aufzubauen. Es erfordert auch die Sicherstellung, dass Regierungsstrukturen rechenschaftspflichtig und transparent sind, mit Mechanismen zur Verhinderung von Korruption und Machtmissbrauch.

Internationale Solidarität und Unterstützung sind für den Erfolg dieser Bemühungen unerlässlich. Die globale Gemeinschaft kann eine entscheidende Rolle bei der Unterstützung von Initiativen spielen, die soziale und wirtschaftliche Gerechtigkeit fördern, indem sie finanzielle Hilfe, technisches Know-how und politische Unterstützung bereitstellt. Internationale Organisationen, Regierungen und die Zivilgesellschaft können dazu beitragen, ein förderliches Umfeld für diese Initiativen zu schaffen, indem sie sich für Politiken einsetzen, die mit den Zielen von Gerechtigkeit und Gleichheit übereinstimmen. Der Aufbau von Allianzen mit anderen Bewegungen für soziale Gerechtigkeit und Menschenrechte kann auch lokale Bemühungen stärken und eine mächtigere und einheitlichere Kraft für Veränderungen schaffen.

Bildung und kultureller Austausch sind wichtige Werkzeuge zur Förderung von gegenseitigem Verständnis und Versöhnung. Dies beinhaltet die Überarbeitung von Lehrplänen, um vielfältige Perspektiven zur Geschichte und den Ursachen des Konflikts einzubeziehen, die Förderung von kritischem Denken und Dialog sowie die Unterstützung von Kulturaustauschprogrammen, die es Einzelpersonen beider Seiten ermöglichen, miteinander zu interagieren und voneinander zu lernen. Durch den Aufbau von Empathie und Verständnis können diese Bemühungen dazu beitragen, Vorurteile abzubauen und eine Grundlage für Koexistenz und Zusammenarbeit zu schaffen.

Die Lösung des Konflikts für das palästinensische Volk und die Schaffung von Gerechtigkeit erfordert, dass man aus historischen Beispielen lernt, in denen marxistische Prinzipien zur Lösung von Konflikten angewendet wurden, und diese Prinzipien an den einzigartigen Kontext des palästinensisch-israelischen Konflikts anpasst. Dies erfordert die Auseinandersetzung mit historischen Ungerechtigkeiten, die Förderung wirtschaftlicher Unabhängigkeit und Selbstversorgung, die Sicherstellung demokratischer Regierungsführung und die Förderung internationaler Solidarität und Unterstützung. Indem diese Komponenten in eine umfassende Strategie integriert werden, ist es möglich, die Ursachen des Konflikts anzugehen und auf eine gerechte und ausgewogene Lösung für alle Menschen in der Region hinzuarbeiten.

10. ZUKÜNFTIGE PERSPEKTIVEN

LANGFRISTIGE LÖSUNGEN UND GLOBALE SOLIDARITÄT

Gerechtigkeit zu schaffen erfordert das Engagement für langfristige Lösungen, die strukturelle Ungleichheiten angehen und soziale Gerechtigkeit fördern. Dieser Ansatz betont die Notwendigkeit, die Wurzeln des Konflikts zu bekämpfen, anstatt sich auf kurzfristige Lösungen zu verlassen, die die zugrunde liegenden Probleme nicht lösen. Darüber hinaus ist die Förderung globaler Solidarität und Zusammenarbeit entscheidend, um die Lösung des Konflikts durch gemeinsame Anstrengungen und Ressourcen zu unterstützen.

Der palästinensisch-israelische Konflikt ist tief verwurzelt in historischen Ungerechtigkeiten, wirtschaftlichen Ungleichheiten und politischen Machtungleichgewichten. Um eine gerechte und dauerhafte Lösung zu erreichen, ist es wichtig, den Fokus auf langfristige Lösungen zu legen, die diese strukturellen Probleme ansprechen. Dies erfordert die Umsetzung von Politiken und Initiativen, die wirtschaftliche Gleichheit, soziale Gerechtigkeit und politische Inklusion fördern.

Einer der Schlüsselbereiche einer langfristigen Lösung ist die Bekämpfung der wirtschaftlichen Ungleichheiten zwischen Israelis und Palästinensern. Die wirtschaftliche Blockade und Einschränkungen von Bewegung und Handel haben die palästinensische Wirtschaft schwer getroffen, was zu hohen Arbeitslosenquoten und weit verbreiteter Armut geführt hat. Um diese Probleme anzugehen, ist es wichtig, die wirtschaftliche Entwicklung und Selbstversorgung in den palästinensischen Gebieten zu fördern. Dies kann Investitionen in Infrastruktur, Bildung und Gesundheitswesen sowie die Unterstützung von kleinen und mittleren Unternehmen und Genossenschaften umfassen.

Die wirtschaftliche Entwicklung sollte von den Prinzipien der Nachhaltigkeit und Gerechtigkeit geleitet werden, um sicherzustellen, dass alle Gemeinschaften von Wachstum und Wohlstand profitieren. Dazu gehört die Förderung fairer Arbeitspraktiken, der Schutz von Arbeiterrechten und die Sicherstellung, dass wirtschaftliche Chancen für alle zugänglich sind, unabhängig von Geschlecht, ethnischer Zugehörigkeit oder sozialem Status. Durch den Aufbau einer widerstandsfähigen und inklusiven Wirtschaft ist es möglich, wirtschaftliche Ungleichheiten zu verringern und eine stabilere und wohlhabendere Gesellschaft zu schaffen.

Neben der wirtschaftlichen Entwicklung ist die Bekämpfung politischer Ungleichheiten entscheidend für die Erreichung von langfristigem Frieden und Gerechtigkeit. Dies erfordert die Schaffung demokratischer Regierungsstrukturen, die eine gleichberechtigte Teilnahme und Repräsentation aller Gemeinschaften ermöglichen. Politische Systeme sollten inklusiv und repräsentativ sein, mit Mechanismen zur Sicherstellung von Rechenschaftspflicht und Transparenz. Die Einrichtung lokaler Räte und Bürgerausschüsse kann dazu beitragen, Gemeinschaften zu stärken und sicherzustellen, dass ihre Stimmen in Entscheidungsprozessen gehört werden.

Durch die Förderung demokratischer Regierungsführung ist es möglich, Vertrauen und Zusammenarbeit zwischen Israelis und Palästinensern aufzubauen und eine Kultur des Friedens und des gegenseitigen Respekts zu fördern.

Landreform ist ein weiterer kritischer Bestandteil einer langfristigen Lösung. Die historische Enteignung palästinensischen Landes war eine Hauptquelle für Spannungen und Konflikte. Die Umsetzung von Landreformpolitiken, die Land an vertriebene Palästinenser zurückgeben und dort, wo eine direkte Rückgabe nicht möglich ist, eine faire Entschädigung bieten, kann dazu beitragen, diese historischen Ungerechtigkeiten zu bewältigen. Landreform sollte auf eine Weise durchgeführt werden, die eine nachhaltige Landnutzung fördert und lokalen Gemeinschaften zugutekommt, beispielsweise durch die Gründung von Genossenschaften und gemeinschaftlich verwalteten Ressourcen. Durch die Lösung von Landfragen ist es möglich, eine gerechtere und ausgewogenere Gesellschaft zu schaffen.

Bildung und kultureller Austausch sind ebenfalls von entscheidender Bedeutung, um langfristigen Frieden und Verständnis zu fördern. Die Überarbeitung von Lehrplänen, um vielfältige Perspektiven zur Geschichte und den Ursachen des Konflikts einzubeziehen, kann den Schülern helfen, ein umfassenderes und empathischeres Verständnis der Problematik zu entwickeln. Kulturaustauschprogramme, die es Israelis und Palästinensern ermöglichen, miteinander zu interagieren und voneinander zu lernen, können Stereotype abbauen und gegenseitigen Respekt aufbauen. Durch die Förderung einer Kultur des Dialogs und der Zusammenarbeit ist es möglich, die Bedingungen für dauerhaften Frieden zu schaffen.

Globale Solidarität und Zusammenarbeit sind entscheidend, um die Lösung des Konflikts zu unterstützen. Die internationale Gemeinschaft spielt eine entscheidende Rolle, indem sie finanzielle Unterstützung, technisches Know-how und politische Unterstützung für Initiativen bereitstellt, die soziale und wirtschaftliche Gerechtigkeit fördern. Internationale Organisationen, Regierungen und die Zivilgesellschaft können ein förderliches Umfeld für Friedensbemühungen schaffen, indem sie sich für Politiken einsetzen, die mit den Zielen von Gerechtigkeit und Gleichheit übereinstimmen. Durch den Aufbau globaler Solidarität ist es möglich, lokale Bemühungen zu stärken und eine mächtigere und einheitlichere Kraft für Veränderungen zu schaffen.

Solidaritätsbewegungen auf der ganzen Welt können ebenfalls eine entscheidende Rolle bei der Unterstützung des palästinensischen Kampfes für Gerechtigkeit spielen. Diese Bewegungen können das Bewusstsein für den Konflikt schärfen, Ressourcen mobilisieren und Druck auf Regierungen und Unternehmen ausüben, ihre Politiken zu ändern. Durch die Verbindung des palästinensischen Kampfes mit breiteren globalen Bewegungen für soziale Gerechtigkeit und Menschenrechte ist es möglich, eine stärkere und effektivere Kampagne für Veränderungen zu führen.

Die Förderung globaler Zusammenarbeit umfasst den Austausch von Ressourcen und Wissen zur Unterstützung nachhaltiger Entwicklungs- und Friedensbemühungen. Dies kann die Bereitstellung von Finanzierung für Infrastrukturprojekte, den Austausch bewährter Verfahren in der Regierungsführung und wirtschaftlichen Entwicklung sowie die Bereitstellung technischer Unterstützung für den Kapazitätsaufbau umfassen. Durch die Nutzung globaler

Ressourcen und Expertise ist es möglich, die Schaffung einer gerechteren und ausgewogeneren Gesellschaft in Palästina und Israel zu unterstützen.

Internationale Interessenvertretung und Diplomatie sind ebenfalls unerlässlich, um die breiteren geopolitischen Dimensionen des Konflikts anzugehen. Dies umfasst die Förderung des Endes der militärischen Besatzung, die Anerkennung des palästinensischen Staates und die Unterstützung von Bemühungen zur Erreichung eines gerechten und dauerhaften Friedensabkommens. Diplomatische Bemühungen sollten von den Prinzipien des Völkerrechts und der Menschenrechte geleitet werden, um sicherzustellen, dass die Rechte und Bestrebungen sowohl der Palästinenser als auch der Israelis respektiert werden.

Die Lösung des Konflikts für das palästinensische Volk und die Schaffung von Gerechtigkeit erfordert das Engagement für langfristige Lösungen, die strukturelle Ungleichheiten angehen und soziale Gerechtigkeit fördern. Dies umfasst die Umsetzung von Politiken, die wirtschaftliche Entwicklung, demokratische Regierungsführung, Landreform und Bildung fördern, sowie die Förderung globaler Solidarität und Zusammenarbeit. Durch die Bekämpfung der Wurzeln des Konflikts und die Nutzung globaler Ressourcen und Expertise ist es möglich, eine gerechtere und ausgewogenere Gesellschaft zu schaffen und einen dauerhaften Frieden für alle Menschen in der Region zu erreichen.

FALLSTUDIE: MODERNE GELDTHEORIE

1. DAS VERSTÄNDNIS DER WIRTSCHAFTLICHEN GRUNDLAGEN

Das Verständnis der Beziehung zwischen modernem Marxismus und moderner Geldtheorie erfordert eine Untersuchung der grundlegenden Prinzipien beider Ansätze und ihrer Überschneidungen und Divergenzen in Bezug auf Wirtschaftspolitik und soziale Transformation. Beide Theorien kritisieren bestehende Wirtschaftssysteme und schlagen radikale Veränderungen vor, um Ungleichheiten zu bekämpfen, jedoch aus unterschiedlichen Perspektiven und mit unterschiedlichen Methoden.

Der Marxismus konzentriert sich auf die Kritik des Kapitalismus und hebt die inhärenten Konflikte zwischen Arbeit und Kapital hervor. Im Kern identifiziert der Marxismus die Ausbeutung der Arbeiterklasse durch die Kapitalistenklasse als die primäre Quelle wirtschaftlicher Ungleichheit und sozialer Ungerechtigkeit. Das theoretische Fundament des Marxismus bildet der historische Materialismus, der davon ausgeht, dass materielle Bedingungen und wirtschaftliche Aktivitäten die Gesellschaft, Kultur und Politik grundlegend prägen. Marxisten argumentieren, dass das kapitalistische System aufgrund seiner inneren Widersprüche, wie der Tendenz des Profitsatzes zum Fallen und Überproduktionskrisen, von Natur aus instabil ist. Diese Widersprüche führen nach ihrer Auffassung unvermeidlich zu sozialen Umbrüchen und der Notwendigkeit eines revolutionären Wandels, um eine klassenlose, staatenlose Gesellschaft zu schaffen, in der die Produktionsmittel gemeinschaftlich genutzt werden.

Im Gegensatz dazu ist die moderne Geldtheorie ein zeitgenössischer wirtschaftlicher Rahmen, der sich auf die monetäre Souveränität von Regierungen konzentriert, die ihre eigenen Währungen ausgeben. Die moderne Geldtheorie argumentiert, dass solche Regierungen nicht in gleicher Weise finanziell eingeschränkt sind wie Unternehmen oder Haushalte, da sie immer mehr Geld schaffen können, um ihre Ausgaben zu finanzieren. Dieser Ansatz stellt die konventionelle wirtschaftliche Weisheit in Frage, die auf ausgeglichenen Haushalten und fiskalischer Sparsamkeit besteht. Die moderne Geldtheorie plädiert für den aktiven Einsatz der Fiskalpolitik, um makroökonomische Ziele wie Vollbeschäftigung und Preisstabilität zu erreichen. Indem sie behauptet, dass Regierungen nie „kein Geld mehr haben" können, schlägt die moderne Geldtheorie vor, dass öffentliche Ausgaben von der Verfügbarkeit realer Ressourcen (wie Arbeit und Materialien) statt von finanziellen Beschränkungen geleitet werden sollten.

Sowohl der moderne Marxismus als auch die moderne Geldtheorie kritisieren neoliberale Wirtschaftspolitiken und schlagen alternative Rahmen vor, um wirtschaftliche und soziale Gerechtigkeit zu erreichen. Ihre Ansätze und grundlegenden Philosophien unterscheiden sich jedoch erheblich.

Aus marxistischer Perspektive liegt das Hauptproblem des Kapitalismus in der Ausbeutung, die dem Lohnarbeitssystem innewohnt, bei dem Arbeiter nicht den vollen Wert ihrer Arbeit erhalten. Marxisten plädieren für die Abschaffung des Privateigentums an Produktionsmitteln und die Einführung eines sozialistischen Systems, in dem die Produktion darauf ausgerichtet ist, menschliche Bedürfnisse zu erfüllen, anstatt Gewinne zu erzielen. Dieser revolutionäre Wandel erfordert eine umfassende Umgestaltung bestehender sozialer und wirtschaftlicher Strukturen, einschließlich des Staates, den Marxisten als Instrument der Klassenherrschaft betrachten.

Die moderne Geldtheorie hingegen zielt nicht darauf ab, den Kapitalismus abzuschaffen, sondern ihn durch die Nutzung der fiskalischen Kapazitäten des Staates zu reformieren, um wirtschaftliche Ineffizienzen und soziale Ungleichheiten zu bekämpfen. Befürworter der modernen Geldtheorie argumentieren, dass durch die Nutzung der monetären Souveränität der Regierungen Vollbeschäftigung durch Arbeitsplatzgarantieprogramme, die Bereitstellung wesentlicher öffentlicher Dienstleistungen und wirtschaftliche Stabilität gewährleistet werden können, ohne die Beschränkungen traditioneller Haushaltsvorgaben. Dieser Ansatz konzentriert sich darauf, die negativen Auswirkungen des Kapitalismus, wie Arbeitslosigkeit und unzureichende Investitionen in öffentliche Güter, zu mildern, anstatt das kapitalistische System selbst zu beseitigen.

Die Beziehung zwischen modernem Marxismus und moderner Geldtheorie kann in gewisser Hinsicht als komplementär angesehen werden, trotz ihrer unterschiedlichen Endziele. Beide Rahmenwerke kritisieren die bestehende Wirtschaftsordnung und schlagen eine aktive staatliche Intervention zur Bewältigung sozialer und wirtschaftlicher Probleme vor. Beispielsweise könnte ein marxistischer Ansatz zur Wirtschaftspolitik die Forderung der modernen Geldtheorie nach expansiver Fiskalpolitik unterstützen, um unmittelbares Leid zu lindern und die Voraussetzungen für tiefgreifendere strukturelle Veränderungen zu schaffen.

Die von der modernen Geldtheorie vorgeschlagenen Vollbeschäftigungspolitiken könnten die Arbeiter stärken, die Verhandlungsmacht des Kapitals verringern und potenziell ein günstigeres Umfeld für sozialistische Organisationen und Bewusstseinsbildung schaffen.

Dennoch bleiben erhebliche Unterschiede in ihren Zielen und theoretischen Grundlagen bestehen. Marxisten könnten die moderne Geldtheorie dafür kritisieren, dass sie die Wurzeln der Ausbeutung und Klassenungleichheit nicht angeht, und sie als eine Form des Keynesianismus betrachten, die letztlich darauf abzielt, den Kapitalismus zu stabilisieren, anstatt ihn zu transformieren. Umgekehrt könnten Befürworter der modernen Geldtheorie argumentieren, dass ihr Ansatz eine pragmatische Lösung für unmittelbare wirtschaftliche Probleme innerhalb des bestehenden Rahmens bietet und langfristig den Weg für radikalere Veränderungen ebnet.

In der Praxis könnte die Integration von Erkenntnissen aus modernem Marxismus und moderner Geldtheorie die Umsetzung von Politiken umfassen, die die fiskalischen Kapazitäten des Staates nutzen, um Vollbeschäftigung zu erreichen und in öffentliche Güter zu investieren, während gleichzeitig auf tiefgreifendere strukturelle Veränderungen hingearbeitet wird, die den kapitalistischen Produktionsmodus in Frage stellen. Beispielsweise könnte eine Regierung, die von beiden Theorien beeinflusst wird, ein Arbeitsplatzgarantieprogramm einführen, das durch die Ausgabe souveräner Währungen finanziert wird und sinnvolle Arbeit zur Förderung der Gemeinschaftsinfrastruktur, zur Verbesserung öffentlicher Dienstleistungen und zur Förderung ökologischer Nachhaltigkeit bietet. Dieses Programm könnte auch Elemente enthalten, die die Selbstverwaltung der Arbeiter und den kooperativen Besitz fördern und damit den marxistischen Prinzipien der Demokratisierung der Wirtschaft entsprechen.

Der Fokus der modernen Geldtheorie auf Fiskalpolitik stimmt mit der marxistischen Kritik an Sparmaßnahmen überein, die oft unverhältnismäßig die Arbeiterklasse und marginalisierte Gemeinschaften betreffen. Durch die Zurückweisung der Vorstellung, dass Regierungen ihre Ausgaben kürzen müssen, um Haushalte auszugleichen, liefert die moderne Geldtheorie eine theoretische Grundlage, um Sparmaßnahmen entgegenzuwirken und für umfassende öffentliche Investitionen in soziale und wirtschaftliche Programme einzutreten, die der Mehrheit zugutekommen.

Obwohl der moderne Marxismus und die moderne Geldtheorie unterschiedliche Endziele und theoretische Grundlagen haben, kann ihre Beziehung als potenziell komplementär im Streben nach wirtschaftlicher und sozialer Gerechtigkeit verstanden werden. Der moderne Marxismus bietet einen kritischen Rahmen, um die strukturellen Ungleichheiten des Kapitalismus zu verstehen und herauszufordern, während die moderne Geldtheorie praktische Werkzeuge bereitstellt, um die Fiskalpolitik zu nutzen, um Vollbeschäftigung, wirtschaftliche Stabilität und soziale Wohlfahrt innerhalb des bestehenden Systems zu erreichen. Indem die Stärken beider Ansätze kombiniert werden, ist es möglich, eine umfassende Strategie zu entwickeln, die die unmittelbaren wirtschaftlichen Bedürfnisse adressiert und gleichzeitig auf eine gerechtere und gleichberechtigtere Gesellschaft hinarbeitet.

2. WIRTSCHAFTSPOLITIK UND FISKALISCHE SOUVERÄNITÄT

Die Beziehung zwischen modernem Marxismus und moderner Geldtheorie im Kontext der Wirtschaftspolitik und fiskalischen Souveränität erfordert eine Untersuchung, wie jede Perspektive die Rolle des Staates, den Zweck wirtschaftlicher Politik und die Mechanismen zur Erreichung sozialer und wirtschaftlicher Ziele betrachtet. Beide Ansätze bieten Kritiken der aktuellen Wirtschaftsordnung und schlagen Alternativen vor, um Ungleichheiten zu bekämpfen und das soziale Wohl zu fördern, jedoch aus unterschiedlichen philosophischen und praktischen Blickwinkeln.

Aus marxistischer Perspektive wird der Staat als ein Instrument zur Aufrechterhaltung der Macht der herrschenden Klasse im Kapitalismus angesehen. Nach der marxistischen Theorie dient der Staat dazu, die Interessen der Kapitalistenklasse zu sichern und die Kontrolle über die Arbeiterklasse zu bewahren. Dies geschieht durch wirtschaftliche Politiken, die die Kapitalakkumulation fördern, das Privateigentum schützen und Widerstand unterdrücken. Marxisten argumentieren, dass die Wirtschaftspolitik im Kapitalismus darauf ausgelegt ist, die Widersprüche des Systems zu verwalten – wie Überproduktion und Unterkonsumtion –, während gleichzeitig die Vorherrschaft der Bourgeoisie sichergestellt wird. Der Staat und seine wirtschaftlichen Politiken werden daher als Instrumente der Klassenherrschaft angesehen, die letztlich dazu dienen, kapitalistische soziale Verhältnisse zu stabilisieren und zu festigen.

Die moderne Geldtheorie hingegen präsentiert eine andere Sicht auf die Rolle des Staates in der Wirtschaft. Sie plädiert für expansive Fiskalpolitiken, um wirtschaftliche Ziele wie Vollbeschäftigung, soziale Wohlfahrt und wirtschaftliche Stabilität zu erreichen. Sie stellt den traditionellen Fokus auf ausgeglichene Haushalte und Sparpolitik infrage und argumentiert, dass dies unnötige Einschränkungen für souveräne Währungsstaaten sind. Laut moderner Geldtheorie kann eine Regierung, die ihre eigene Währung ausgibt, nicht „kein Geld mehr haben", da sie immer mehr Währung schaffen kann, um ihre Ausgaben zu finanzieren. Dieser Ansatz betont, dass die realen Einschränkungen staatlicher Ausgaben nicht finanzieller Natur sind, sondern in den verfügbaren Ressourcen wie Arbeitskraft, Technologie und Materialien liegen.

Befürworter der modernen Geldtheorie argumentieren, dass die Fiskalpolitik proaktiv genutzt werden sollte, um sicherzustellen, dass die Wirtschaft mit voller Kapazität arbeitet. Dies umfasst die Umsetzung von Arbeitsplatzgarantieprogrammen zur Erreichung von Vollbeschäftigung, Investitionen in öffentliche Infrastruktur, Gesundheitsversorgung und Bildung sowie die Bereitstellung sozialer Wohlfahrtsprogramme für Bedürftige. Durch den Einsatz der Fiskalpolitik auf diese Weise zielt die moderne Geldtheorie darauf ab, eine stabile und wohlhabende Wirtschaft zu schaffen, die der Mehrheit der Bevölkerung zugutekommt.

Die Beziehung zwischen modernem Marxismus und moderner Geldtheorie kann durch ihre unterschiedlichen Sichtweisen auf fiskalische Souveränität und Wirtschaftspolitik verstanden werden. Während Marxisten den Staat als eng mit den Interessen der herrschenden Klasse verbunden sehen, betrachtet die moderne Geldtheorie den Staat als potenziell in der Lage, im öffentlichen Interesse zu handeln, durch die Kontrolle über monetäre und fiskalische Politiken. Diese unterschiedlichen Perspektiven führen zu verschiedenen Ansätzen zur Bekämpfung wirtschaftlicher Ungleichheiten und zur Förderung sozialer Wohlfahrt.

Aus marxistischer Sicht könnte die Nutzung der Fiskalpolitik zur Erreichung von Vollbeschäftigung und sozialer Wohlfahrt, wie von der modernen Geldtheorie vorgeschlagen, als Versuch angesehen werden, den Kapitalismus zu stabilisieren und zu legitimieren, ohne seine grundlegenden Widersprüche anzugehen. Marxisten argumentieren, dass wahre Emanzipation eine revolutionäre Transformation der Gesellschaft erfordert, die das Privateigentum an Produktionsmitteln abschafft und eine klassenlose, staatenlose Gesellschaft schafft. In diesem Kontext reichen wirtschaftspolitische Maßnahmen, die lediglich die negativen Auswirkungen des Kapitalismus mildern, nicht aus, da sie die zugrunde liegenden Strukturen der Ausbeutung und Klassenherrschaft nicht infrage stellen.

Die moderne Geldtheorie bietet jedoch einen pragmatischen Rahmen zur Bewältigung unmittelbarer wirtschaftlicher Herausforderungen im bestehenden System. Durch die Befürwortung expansiver Fiskalpolitiken bietet sie eine Möglichkeit, Armut zu lindern, Arbeitslosigkeit zu reduzieren und das soziale Wohlergehen zu verbessern, ohne auf einen revolutionären Wandel zu warten. Dieser pragmatische Ansatz kann die Voraussetzungen für größere wirtschaftliche Stabilität und sozialen Zusammenhalt schaffen, was wiederum ein günstigeres Umfeld für sozialistische Organisationen und Bewusstseinsbildung bieten könnte.

Die Integration von Erkenntnissen aus modernem Marxismus und moderner Geldtheorie könnte darin bestehen, Politiken zu verfolgen, die die fiskalischen Kapazitäten des Staates nutzen, um unmittelbare soziale und wirtschaftliche Bedürfnisse zu adressieren, während gleichzeitig auf tiefere strukturelle Veränderungen hingearbeitet wird. Beispielsweise könnte eine Regierung, die von beiden Theorien beeinflusst wird, ein Arbeitsplatzgarantieprogramm einführen, das durch die Ausgabe souveräner Währungen finanziert wird. Dieses Programm könnte sinnvolle Beschäftigungsmöglichkeiten in Bereichen wie Gemeinschaftsinfrastruktur, erneuerbare Energien und öffentliche Dienstleistungen schaffen und sowohl das Ziel der Vollbeschäftigung der modernen Geldtheorie als auch die marxistischen Prinzipien sozialer Wohlfahrt und öffentlichen Eigentums erfüllen.

Die Ablehnung der Sparpolitik durch die moderne Geldtheorie und ihr Fokus auf fiskalische Expansion stimmen mit der marxistischen Kritik an neoliberalen Wirtschaftspolitiken überein, die ausgeglichene Haushalte und Schuldenreduktion über soziale Investitionen priorisieren. Beide Ansätze plädieren dafür, staatliche Ressourcen zur Unterstützung öffentlicher Güter und Dienstleistungen einzusetzen und damit das dominante neoliberale Paradigma infrage zu stellen, das zu zunehmender Ungleichheit und sozialer Desintegration beigetragen hat.

Während moderner Marxismus und moderne Geldtheorie unterschiedliche Endziele und theoretische Grundlagen haben, können sie in gewisser Hinsicht als komplementär betrachtet werden. Beide Ansätze kritisieren die bestehende Wirtschaftsordnung und schlagen eine aktive staatliche

Intervention zur Bewältigung sozialer und wirtschaftlicher Probleme vor. Durch die Kombination der Stärken beider Ansätze ist es möglich, eine umfassende Strategie zu entwickeln, die unmittelbare wirtschaftliche Bedürfnisse adressiert und gleichzeitig auf eine gerechtere und gleichberechtigtere Gesellschaft hinarbeitet.

Die Beziehung zwischen modernem Marxismus und moderner Geldtheorie im Kontext der Wirtschaftspolitik und fiskalischen Souveränität verdeutlicht die unterschiedlichen Sichtweisen dieser Ansätze auf die Rolle des Staates und den Zweck wirtschaftlicher Politiken. Der moderne Marxismus konzentriert sich auf die Kritik des Kapitalismus und die Notwendigkeit revolutionärer Veränderungen, während die moderne Geldtheorie für expansive Fiskalpolitiken plädiert, um soziale und wirtschaftliche Ziele innerhalb des bestehenden Systems zu erreichen. Durch die Integration von Erkenntnissen aus beiden Perspektiven ist es möglich, einen umfassenderen Ansatz zur Bekämpfung wirtschaftlicher Ungleichheiten und zur Förderung sozialer Gerechtigkeit zu entwickeln, der die fiskalischen Kapazitäten des Staates nutzt, um öffentliche Güter und Dienstleistungen zu unterstützen und gleichzeitig auf tiefgreifende strukturelle Veränderungen hinarbeitet.

3. DIE ROLLE DES STAATES IN DER WIRTSCHAFT

Die Beziehung zwischen modernem Marxismus und moderner Geldtheorie im Verständnis der Rolle des Staates in der Wirtschaft bietet ein reiches Feld, um zu untersuchen, wie wirtschaftliche Steuerung und soziale Gerechtigkeit unter unterschiedlichen ideologischen Rahmen verfolgt werden können. Beide Perspektiven kritisieren das bestehende kapitalistische System, bieten jedoch unterschiedliche Ansätze zur Rolle und Funktion des Staates bei der Verwirklichung wirtschaftlicher und sozialer Ziele.

Der Marxismus kritisiert den kapitalistischen Staat dafür, Ungleichheiten aufrechtzuerhalten und Arbeit auszubeuten. Aus marxistischer Sicht dient der Staat im Kapitalismus in erster Linie dazu, die Interessen der herrschenden Klasse – der Bourgeoisie – zu schützen. Dies geschieht durch Gesetze, Vorschriften und Institutionen, die die kapitalistische Produktionsweise und die bestehende Klassenstruktur bewahren. Der Staat wird in dieser Sichtweise als Instrument der Klassenherrschaft betrachtet, das sicherstellt, dass die Bedingungen für die Kapitalakkumulation und die Ausbeutung der Arbeit erhalten bleiben.

Marxisten argumentieren, dass zur Erreichung wahrer sozialer Gerechtigkeit und Gleichheit die kapitalistischen Strukturen abgeschafft werden müssen. Dies erfordert eine revolutionäre Transformation, bei der die Arbeiterklasse oder das Proletariat die Bourgeoisie stürzt und einen sozialistischen Staat errichtet. Ein solcher Staat würde die Interessen der Arbeiterklasse vertreten, sich auf das kollektive Eigentum an den Produktionsmitteln und die Abschaffung des Privateigentums an diesen Mitteln konzentrieren. Das ultimative Ziel ist die Schaffung einer klassenlosen, staatenlosen Gesellschaft, in der wirtschaftliche und soziale Beziehungen auf gemeinschaftlichem Eigentum und demokratischer Kontrolle der Ressourcen basieren.

Die moderne Geldtheorie hingegen, obwohl sie ebenfalls viele Aspekte der aktuellen Wirtschaftsordnung kritisiert, verfolgt einen anderen Ansatz zur Rolle des Staates. Sie betont die aktive Rolle des Staates bei der Steuerung der Wirtschaft durch Fiskalpolitik. Sie argumentiert, dass souveräne Regierungen, die ihre eigenen Währungen ausgeben, in der Lage sind, die Wirtschaft zu steuern, indem sie ihre fiskalischen Befugnisse nutzen, ohne durch traditionelle Beschränkungen wie Haushaltsdefizite und Schulden begrenzt zu sein. Nach der modernen Geldtheorie kann und sollte der Staat intervenieren, um makroökonomische Probleme wie Arbeitslosigkeit, Inflation und wirtschaftliche Instabilität zu lösen.

Die moderne Geldtheorie schlägt vor, dass der Staat seine fiskalischen Kapazitäten nutzen sollte, um Vollbeschäftigung zu gewährleisten, öffentliche Güter bereitzustellen und wirtschaftliche Stabilität aufrechtzuerhalten. Dies beinhaltet staatliche Ausgaben zur direkten Schaffung von Arbeitsplätzen, zur Finanzierung sozialer Programme und zur Investition in öffentliche Infrastruktur. Auf diese Weise kann der Staat die negativen Auswirkungen wirtschaftlicher Zyklen abmildern und sicherstellen, dass die Wirtschaft ihr volles Potenzial erreicht. Im Gegensatz zum Marxismus, der eine vollständige Überholung des kapitalistischen Systems vorsieht, zielt die moderne Geldtheorie darauf ab, das bestehende System zu reformieren und zu steuern, um gerechtere und stabilere wirtschaftliche Ergebnisse zu erzielen.

Aus marxistischer Sicht könnten die von der modernen Geldtheorie vorgeschlagenen Interventionen als Stabilisierung des Kapitalismus anstelle seiner Transformation angesehen werden. Marxisten könnten argumentieren, dass die Fiskalpolitiken der modernen Geldtheorie zwar einige der Symptome des Kapitalismus, wie Arbeitslosigkeit und Unterinvestitionen in öffentliche Güter, lindern können, sie jedoch nicht die Ursache der Ausbeutung im Lohnarbeitssystem angehen. Daher könnten Marxisten den Ansatz der modernen Geldtheorie als unzureichend für die Erreichung wahrer sozialer Gerechtigkeit und Gleichheit betrachten, da er die grundlegenden Machtstrukturen und Eigentumsverhältnisse des Kapitalismus nicht infrage stellt.

Die praktischen Werkzeuge der modernen Geldtheorie können jedoch innerhalb eines marxistischen Rahmens genutzt werden, um unmittelbare wirtschaftliche Verbesserungen zu erzielen und Bedingungen zu schaffen, die revolutionären Veränderungen förderlicher sind. Ein sozialistischer Staat könnte beispielsweise die Prinzipien der modernen Geldtheorie nutzen, um Arbeitsplatzgarantieprogramme, universelle Gesundheitsversorgung und Bildung zu finanzieren, ohne sich um Haushaltsdefizite zu sorgen. Solche Programme könnten die Arbeiterklasse stärken, wirtschaftliche Ungleichheiten verringern und eine stärkere Basis für die Forderung nach radikaleren systemischen Veränderungen schaffen.

Die Betonung der fiskalischen Souveränität in der modernen Geldtheorie stimmt mit der marxistischen Kritik an Sparpolitik und neoliberalen Wirtschaftspolitiken überein. Beide Ansätze lehnen die Vorstellung ab, dass der Staat ausgeglichene Haushalte und Schuldenreduktion über soziale Investitionen priorisieren muss. Diese gemeinsame Grundlage bietet eine Basis für die Zusammenarbeit bei der Ablehnung von Sparmaßnahmen und der Förderung expansiver öffentlicher Ausgaben zur Unterstützung des sozialen und wirtschaftlichen Wohlergehens.

In der Praxis könnte die Integration von Erkenntnissen aus modernem Marxismus und moderner Geldtheorie die Umsetzung von Politiken umfassen, die die fiskalischen Befugnisse des Staates nutzen, um unmittelbare soziale und wirtschaftliche Bedürfnisse zu adressieren, während gleichzeitig auf das breitere Ziel der Abschaffung kapitalistischer Strukturen hingearbeitet wird. Beispielsweise könnte eine Regierung, die von beiden Theorien beeinflusst ist, ein Arbeitsplatzgarantieprogramm umsetzen, das Beschäftigung in gesellschaftlich nützlichen Projekten wie der Entwicklung erneuerbarer Energien, Gemeinschaftsgesundheitsinitiativen und der Infrastruktur des öffentlichen Verkehrs bietet. Ein solches Programm könnte Arbeitslosigkeit und Armut reduzieren, die wirtschaftliche Stabilität erhöhen und öffentliche Unterstützung für umfangreichere strukturelle Reformen schaffen.

Der Fokus der modernen Geldtheorie auf das Potenzial von Regierungen, die souveräne Währungen ausgeben, öffentliche Güter ohne finanzielle Einschränkungen zu finanzieren, kann dazu beitragen, den neoliberalen Mythos zu widerlegen, dass öffentliche Ausgaben durch Haushaltsvorgaben begrenzt sein müssen. Dies könnte ein günstigeres Umfeld für sozialistische

Politiken schaffen, die menschliche Bedürfnisse über Marktzwänge stellen.

Die Beziehung zwischen modernem Marxismus und moderner Geldtheorie im Verständnis der Rolle des Staates in der Wirtschaft hebt unterschiedliche, aber potenziell komplementäre Ansätze zur Verwirklichung sozialer Gerechtigkeit und wirtschaftlicher Stabilität hervor. Während der Marxismus für die Abschaffung kapitalistischer Strukturen und die Errichtung eines sozialistischen Staates plädiert, betont die moderne Geldtheorie die aktive Rolle des Staates bei der Steuerung der Wirtschaft durch Fiskalpolitik innerhalb des bestehenden Systems. Durch die Integration von Erkenntnissen aus beiden Perspektiven ist es möglich, eine umfassende Strategie zu entwickeln, die unmittelbare wirtschaftliche Bedürfnisse adressiert und gleichzeitig den Grundstein für tiefgreifendere strukturelle Veränderungen legt, mit dem Ziel, letztlich eine gerechtere und gleichberechtigtere Gesellschaft zu schaffen.

4. GLOBALE UNGLEICHHEIT UND IMPERIALISMUS

Der moderne Marxismus untersucht, wie der globale Kapitalismus durch Mechanismen des Imperialismus und die Ausbeutung von Entwicklungsländern Ungleichheiten perpetuiert. Nach der marxistischen Theorie ist der Imperialismus die höchste Stufe des Kapitalismus, bei der fortgeschrittene kapitalistische Nationen weniger entwickelte Länder dominieren und ausbeuten, um ihr eigenes Wirtschaftswachstum und ihre Kapitalakkumulation zu sichern. Diese Ausbeutung erfolgt durch verschiedene Mittel, darunter direkte koloniale Herrschaft, wirtschaftliche Abhängigkeit und ungleiche Handelsbeziehungen. Der Marxismus kritisiert das globale kapitalistische System dafür, Reichtum und Macht in den Händen weniger fortgeschrittener kapitalistischer Nationen zu konzentrieren und Entwicklungsländer arm und abhängig zu lassen.

Aus marxistischer Sicht ist das globale kapitalistische System von Natur aus ungleich und ausbeuterisch. Reichtum und Ressourcen fließen von der Peripherie (Entwicklungsländer) zum Zentrum (fortgeschrittene kapitalistische Nationen), wodurch ein Kreislauf der Unterentwicklung und Abhängigkeit aufrechterhalten wird. Dies zeigt sich in der Ausbeutung von Rohstoffen und billigen Arbeitskräften in Entwicklungsländern, die zur Produktion von Gütern und Dienstleistungen verwendet werden, die in fortgeschrittenen

Volkswirtschaften mit Gewinn verkauft werden. Die aus dieser Ausbeutung generierten Profite konzentrieren sich in den Händen multinationaler Konzerne und der kapitalistischen Klasse in entwickelten Ländern, was die globale Ungleichheit weiter verschärft.

Die moderne Geldtheorie, die sich hauptsächlich auf nationale Wirtschaftspolitiken konzentriert, bietet ebenfalls Werkzeuge zum Verständnis und zur Bewältigung globaler Ungleichgewichte. Sie argumentiert, dass souveräne Staaten mit eigenen Währungen die fiskalische Kapazität besitzen, wirtschaftliche Probleme anzugehen und die Entwicklung zu unterstützen. Aus dieser Perspektive können entwickelte Länder ihre fiskalischen Kapazitäten nutzen, um globale Entwicklung zu fördern und Ungleichheiten zu verringern. So könnten entwickelte Länder beispielsweise Entwicklungshilfe finanzieren, in Infrastrukturprojekte in Entwicklungsländern investieren und globale öffentliche Güter unterstützen, ohne durch traditionelle Haushaltszwänge eingeschränkt zu sein.

Die moderne Geldtheorie plädiert für den Einsatz expansiver Fiskalpolitik, um wirtschaftliche Ungleichgewichte sowohl auf nationaler als auch auf globaler Ebene anzugehen. Durch die Nutzung ihrer monetären Souveränität können entwickelte Länder Ressourcen für nachhaltige Entwicklung in weniger entwickelten Ländern bereitstellen. Dies könnte Investitionen in Bildung, Gesundheitsversorgung, Infrastruktur und Umweltschutz umfassen, die entscheidend sind, um Armut zu reduzieren und langfristiges Wirtschaftswachstum zu fördern. Der Schwerpunkt der modernen Geldtheorie auf die Möglichkeit staatlicher Ausgaben zur Bewältigung sozialer und wirtschaftlicher Probleme bietet einen praktischen Rahmen für entwickelte Länder, um zu globalen Entwicklungsbemühungen beizutragen.

Die Beziehung zwischen modernem Marxismus und moderner Geldtheorie bei der Bewältigung globaler Ungleichheit und des Imperialismus beinhaltet eine kritische Untersuchung der bestehenden globalen Wirtschaftsordnung und des Potenzials für transformative Politiken. Während der Marxismus sich auf die strukturellen Ungleichheiten und Machtverhältnisse des globalen Kapitalismus konzentriert, bietet die moderne Geldtheorie praktische Werkzeuge, damit entwickelte Länder diese Ungleichheiten durch proaktive Fiskalpolitik abmildern können.

Aus marxistischer Sicht erfordert die Bewältigung globaler Ungleichheit eine grundlegende Umstrukturierung des globalen Wirtschaftssystems. Dies beinhaltet die Infragestellung der Macht multinationaler Konzerne, die Regulierung des internationalen Handels, um faire Bedingungen für Entwicklungsländer sicherzustellen, und die Förderung wirtschaftlicher Selbstversorgung im Globalen Süden. Marxisten argumentieren, dass nur durch die Abschaffung der imperialistischen Strukturen des globalen Kapitalismus echte globale Gleichheit erreicht werden kann. Dies könnte die Verstaatlichung wichtiger Industrien, die Umsetzung von Landreformen und die Förderung von Arbeiterkooperativen in Entwicklungsländern umfassen, um sicherzustellen, dass die Vorteile wirtschaftlicher Aktivitäten gerechter verteilt werden.

Im Gegensatz dazu bietet die moderne Geldtheorie einen unmittelbareren und pragmatischeren Ansatz zur Bekämpfung globaler Ungleichheiten innerhalb des bestehenden Systems. Durch den Einsatz von Fiskalpolitik zur Unterstützung globaler Entwicklung bietet die moderne Geldtheorie entwickelten Ländern eine Möglichkeit, ihre wirtschaftliche Macht zu nutzen, um Ungleichheiten zu verringern und nachhaltige

Entwicklung zu fördern. Dieser Ansatz erfordert keinen revolutionären Umbau des globalen Wirtschaftssystems, sondern nutzt die bestehenden Kapazitäten souveräner Regierungen, um gerechtere Ergebnisse zu erzielen.

Ein praktisches Anwendungsbeispiel der modernen Geldtheorie zur Bekämpfung globaler Ungleichheit ist der Schuldenerlass für Entwicklungsländer. Viele Entwicklungsländer sind durch externe Schulden belastet, die ihre Fähigkeit einschränken, in wesentliche öffentliche Dienstleistungen und Infrastruktur zu investieren. Die moderne Geldtheorie schlägt vor, dass entwickelte Länder ihre fiskalischen Kapazitäten nutzen könnten, um Schuldenerlass zu gewähren, was es Entwicklungsländern ermöglichen würde, mehr Ressourcen für soziale und wirtschaftliche Entwicklung bereitzustellen. Dies könnte helfen, den Kreislauf der Schuldenabhängigkeit zu durchbrechen und nachhaltigeres Wirtschaftswachstum zu fördern.

Darüber hinaus befürwortet die moderne Geldtheorie den Einsatz von Fiskalpolitik zur Unterstützung globaler öffentlicher Güter wie Klimaschutz, Gesundheitsinitiativen und internationale Friedensbemühungen. Durch Investitionen in diese Bereiche können entwickelte Länder globale Herausforderungen angehen, die Entwicklungsländer unverhältnismäßig stark betreffen, und zu einer stabileren und gerechteren Welt beitragen.

Während moderner Marxismus und moderne Geldtheorie unterschiedliche Ansätze zur Bekämpfung globaler Ungleichheit und des Imperialismus bieten, schließen sie sich nicht gegenseitig aus. Die Integration von Erkenntnissen aus beiden Perspektiven kann eine umfassendere Strategie zur Förderung globaler Gerechtigkeit und Entwicklung bieten. Entwickeltc Länder könnten beispielsweise ihre fiskalischen Kapazitäten, wie von der modernen Geldtheorie vorgeschlagen, nutzen, um transformative Politiken in Entwicklungsländern zu unterstützen, die mit den marxistischen Prinzipien wirtschaftlicher Selbstversorgung und sozialer Gerechtigkeit übereinstimmen. Dies könnte Investitionen in Landreformen, kooperative Unternehmen und öffentliche Infrastrukturprojekte umfassen, die lokale Gemeinschaften stärken und nachhaltige Entwicklung fördern.

Der moderne Marxismus bietet einen kritischen Rahmen, um die inhärenten Ungleichheiten und Machtverhältnisse des globalen Kapitalismus zu verstehen, während die moderne Geldtheorie praktische politische Lösungen vorschlägt, um die fiskalische Souveränität zur Unterstützung globaler Entwicklung zu nutzen. Durch die Kombination dieser Ansätze ist es möglich, eine umfassende Strategie zu entwickeln, die die Ursachen globaler Ungleichheit angeht und eine gerechtere und gleichberechtigtere Weltordnung fördert.

5. BEWÄLTIGUNG WIRTSCHAFTLICHER KRISEN

Aus marxistischer Perspektive werden wirtschaftliche Krisen als inhärent im Kapitalismus angesehen, da sie aus den Widersprüchen zwischen den Produktivkräften und den Produktionsverhältnissen resultieren. Diese Widersprüche äußern sich auf verschiedene Weise, wie der Tendenz des Profitsatzes zum Sinken, der Überproduktion im Verhältnis zur Kaufkraft der Arbeiterklasse und der Konzentration von Kapital in immer weniger Händen. Marxisten argumentieren, dass diese Krisen keine Anomalien, sondern wesentliche Merkmale des kapitalistischen Systems sind, die dessen inhärente Instabilität und Ausbeutung offenbaren. Wirtschaftskrisen stören das normale Funktionieren des Kapitalismus und führen zu weit verbreiteter Arbeitslosigkeit, Unternehmenszusammenbrüchen und sozialer Unruhe. Marxisten sehen in diesen Krisen Gelegenheiten für revolutionäre Veränderungen, da sie die Grenzen und Ungerechtigkeiten des kapitalistischen Systems aufzeigen und Bedingungen schaffen, in denen die Arbeiterklasse mobilisiert werden kann, um den Status quo herauszufordern.

Die moderne Geldtheorie bietet hingegen einen Rahmen zur Verhinderung und Bewältigung wirtschaftlicher Krisen durch proaktive Fiskalpolitik. Sie postuliert, dass souveräne Regierungen, die ihre eigenen Währungen ausgeben, über dic finanzielle Kapazität verfügen, Rezessionen zu vermeiden und wirtschaftliche Volatilität zu verringern, indem sie ausreichende öffentliche Ausgaben und Investitionen sicherstellen. Nach der modernen Geldtheorie ist die primäre Einschränkung staatlicher Ausgaben nicht die Verfügbarkeit von Geld, sondern die Verfügbarkeit realer Ressourcen wie Arbeitskraft, Technologie und Materialien. Durch den Einsatz der Fiskalpolitik, um sicherzustellen, dass diese Ressourcen vollständig genutzt werden, können Regierungen die Wirtschaft stabilisieren und nachhaltiges Wachstum fördern.

Die moderne Geldtheorie argumentiert, dass Regierungen wirtschaftliche Krisen durch antizyklische Fiskalpolitik vermeiden können. In Zeiten wirtschaftlicher Abschwünge sollte die Regierung die öffentlichen Ausgaben erhöhen, um den Rückgang der privaten Nachfrage auszugleichen. Dies könnte die Finanzierung von Infrastrukturprojekten, Sozialprogrammen und Arbeitsplatzgarantien umfassen. Indem Geld in die Wirtschaft eingespeist wird, kann die Regierung die Nachfrage ankurbeln, Arbeitsplätze schaffen und eine Rezession verhindern. Umgekehrt kann die Regierung in Zeiten wirtschaftlicher Expansion die Ausgaben senken oder die Steuern erhöhen, um eine Überhitzung der Wirtschaft zu vermeiden und die Inflation zu kontrollieren.

Die Beziehung zwischen modernem Marxismus und moderner Geldtheorie bei der Bewältigung wirtschaftlicher Krisen beinhaltet eine kritische Auseinandersetzung mit ihren jeweiligen Ansätzen und dem Potenzial für eine Synthese. Während der Marxismus Krisen als Gelegenheiten für systemischen Wandel betrachtet, konzentriert sich die moderne Geldtheorie auf die Verhinderung und Bewältigung von Krisen innerhalb des bestehenden wirtschaftlichen Rahmens.

Die von der modernen Geldtheorie vorgeschlagenen Interventionen könnten als Stabilisierung des Kapitalismus angesehen werden, anstatt dessen grundlegende Widersprüche anzugehen. Durch den Einsatz der Fiskalpolitik zur Milderung der Auswirkungen wirtschaftlicher Krisen könnte die moderne Geldtheorie Bedingungen verhindern, die Marxisten für notwendig halten, um revolutionäre Veränderungen herbeizuführen. Marxisten können jedoch auch den Wert der Werkzeuge der modernen Geldtheorie erkennen, um unmittelbares Leid zu lindern und ein stabileres wirtschaftliches Umfeld zu schaffen, das förderlich für Organisation und Mobilisierung für breitere systemische Veränderungen ist.

Ein marxistischer Ansatz könnte beispielsweise die fiskalpolitischen Instrumente der modernen Geldtheorie nutzen, um Programme umzusetzen, die die Arbeiterklasse stärken und wirtschaftliche Ungleichheit verringern. Ein durch die Ausgabe souveräner Währungen finanziertes Arbeitsplatzgarantieprogramm könnte Beschäftigungsmöglichkeiten in gesellschaftlich nützlichen Projekten bieten, wie dem Bau bezahlbaren Wohnraums, der Verbesserung des öffentlichen Nahverkehrs und der Entwicklung von Infrastrukturen für erneuerbare Energien. Durch die Verringerung der Arbeitslosigkeit und die Bereitstellung stabiler Einkommen könnten solche Programme die wirtschaftliche Position der Arbeiterklasse stärken und ihre Fähigkeit erhöhen, für radikalere Veränderungen einzutreten.

Der Schwerpunkt der modernen Geldtheorie auf fiskalischer Souveränität stimmt mit der marxistischen Kritik an Sparmaßnahmen und neoliberalen Wirtschaftspolitiken überein. Beide Rahmen lehnen die Vorstellung ab, dass Regierungen ausgeglichene Haushalte und Schuldenreduktion über soziale Investitionen priorisieren müssen. Diese gemeinsame Basis bietet eine Grundlage für die Zusammenarbeit bei der Ablehnung von Sparmaßnahmen und der Förderung expansiver öffentlicher Ausgaben zur Unterstützung des sozialen und wirtschaftlichen Wohlergehens.

Die Integration von Erkenntnissen aus modernem Marxismus und moderner Geldtheorie könnte die Umsetzung von Politiken umfassen, die unmittelbare wirtschaftliche Bedürfnisse adressieren und gleichzeitig auf langfristige strukturelle Veränderungen hinarbeiten. Beispielsweise könnte eine Regierung, die von beiden Theorien beeinflusst ist, die Prinzipien der modernen Geldtheorie nutzen, um ein starkes soziales Sicherheitsnetz zu finanzieren, einschließlich universeller Gesundheitsversorgung, kostenfreier Bildung und umfassender Sozialprogramme. Diese Politiken könnten wirtschaftliche Unsicherheiten verringern und die Lebensqualität der Arbeiterklasse verbessern, wodurch ein günstigeres Umfeld für die Förderung systemischer Veränderungen geschaffen wird.

Der Fokus der modernen Geldtheorie auf das Potenzial von Regierungen, die souveräne Währungen ausgeben, öffentliche Güter ohne finanzielle Einschränkungen zu finanzieren, kann dazu beitragen, den neoliberalen Mythos zu widerlegen, dass öffentliche Ausgaben durch Haushaltsvorgaben begrenzt sein müssen. Dies könnte ein günstigeres Umfeld für sozialistische Politiken schaffen, die menschliche Bedürfnisse über Marktzwänge stellen.

Während der Marxismus Krisen als inhärent im Kapitalismus und als Gelegenheiten für revolutionäre Veränderungen betrachtet, bietet die moderne Geldtheorie einen praktischen Rahmen zur Verhinderung und Bewältigung von Krisen durch proaktive Fiskalpolitik. Durch die Integration von Erkenntnissen aus beiden Perspektiven ist es möglich, eine umfassende Strategie zu entwickeln, die unmittelbare wirtschaftliche Bedürfnisse adressiert und gleichzeitig den Grundstein für tiefgreifendere strukturelle Veränderungen legt, um letztlich eine gerechtere und gleichberechtigtere Gesellschaft zu schaffen.

6. AUSWIRKUNGEN AUF DIE INTERNATIONALE POLITIK

Die Beziehung zwischen modernem Marxismus und moderner Geldtheorie hat tiefgreifende Auswirkungen auf die internationale Politik, da sie unterschiedliche, aber sich ergänzende Ansätze zur Bewältigung globaler Ungleichheiten, wirtschaftlicher Instabilität und der breiteren Herausforderungen des Kapitalismus bietet. Beide Rahmenwerke liefern kritische Einsichten darüber, wie internationale Solidarität und Zusammenarbeit genutzt werden können, um eine gerechtere und gleichberechtigtere Welt zu fördern.

Der moderne Marxismus plädiert für internationale Solidarität unter Arbeitern und unterdrückten Völkern, um den globalen Kapitalismus herauszufordern. Im Kern betont der Marxismus die Bedeutung des Klassenkampfes und die Notwendigkeit einer vereinten globalen Arbeiterklasse, um die Strukturen des Imperialismus zu beseitigen und den globalen Sozialismus zu fördern. Die marxistische Theorie geht davon aus, dass der Kapitalismus zwangsläufig zur Konzentration von Reichtum und Macht in den Händen weniger führt, während er die Ausbeutung und Unterdrückung der Arbeiterklasse und marginalisierter Gemeinschaften weltweit perpetuiert. Diese Ausbeutung beschränkt sich nicht auf nationale Grenzen, sondern erstreckt sich global durch die Mechanismen des

Imperialismus, bei denen fortgeschrittene kapitalistische Nationen wirtschaftliche und politische Dominanz über Entwicklungsländer ausüben.

Der Marxismus unterstützt Bewegungen und Politiken, die darauf abzielen, diese imperialistischen Strukturen zu demontieren und eine globale sozialistische Ordnung zu fördern. Dies beinhaltet den Aufbau internationaler Solidaritätsnetzwerke, die Arbeiter und Aktivisten über Grenzen hinweg verbinden, die Förderung der Rechte und Interessen der globalen Arbeiterklasse und den Widerstand gegen imperialistische Politiken, die globale Ungleichheiten verstärken. Marxisten argumentieren, dass wahre Emanzipation nur durch eine revolutionäre Transformation des globalen Wirtschaftssystems erreicht werden kann, bei der die Produktionsmittel kollektiv besessen und demokratisch kontrolliert werden, was schließlich zu einer klassenlosen und staatenlosen Gesellschaft führt.

Die moderne Geldtheorie, obwohl sie sich in erster Linie auf nationale Wirtschaftspolitiken konzentriert, bietet ebenfalls Prinzipien, die die internationalen Wirtschaftsbeziehungen informieren können. Sie postuliert, dass souveräne Regierungen mit eigenen Währungen die fiskalische Kapazität besitzen, wirtschaftliche Probleme durch proaktive Ausgaben und Investitionen zu lösen. Dieser Ansatz stellt die traditionellen Zwänge ausgeglichener Haushalte und Sparmaßnahmen infrage und legt nahe, dass diese für währungsausgebende Regierungen unnötig sind. Der Schwerpunkt der modernen Geldtheorie auf fiskalischer Souveränität und der Möglichkeit expansiver öffentlicher Ausgaben bietet einen Rahmen für das Verständnis, wie wohlhabende Nationen ihre wirtschaftliche Macht nutzen können, um globale Herausforderungen anzugehen.

Die moderne Geldtheorie schlägt vor, dass kooperative Fiskalpolitiken und finanzielle Unterstützung wohlhabender Nationen eine entscheidende Rolle bei der Bewältigung globaler Probleme wie Armut, Klimawandel und wirtschaftlicher Instabilität spielen können. Durch die Nutzung ihrer fiskalischen Kapazitäten können entwickelte Länder die notwendigen Ressourcen bereitstellen, um eine nachhaltige Entwicklung in weniger entwickelten Ländern zu unterstützen. Dazu könnten die Finanzierung von Infrastrukturprojekten, Bildung, Gesundheitsversorgung und Umweltschutz gehören, die entscheidend für die Armutsbekämpfung und die Förderung eines langfristigen Wirtschaftswachstums sind. Der Ansatz der modernen Geldtheorie zu internationalen Wirtschaftsbeziehungen betont die Bedeutung von Zusammenarbeit und gegenseitiger Unterstützung, um eine stabilere und gerechtere globale Wirtschaft zu schaffen.

Die Beziehung zwischen modernem Marxismus und moderner Geldtheorie im Kontext der internationalen Politik umfasst eine kritische Untersuchung, wie ihre jeweiligen Prinzipien angewendet werden können, um globale Ungleichheiten zu bekämpfen und die internationale Zusammenarbeit zu fördern. Während der Marxismus die Notwendigkeit revolutionärer Veränderungen und die Abschaffung imperialistischer Strukturen betont, bietet die moderne Geldtheorie praktische Werkzeuge, um die fiskalische Kapazität wohlhabender Nationen zu nutzen, um globale Entwicklung zu unterstützen und Ungleichheiten zu verringern.

Aus marxistischer Perspektive ist internationale Solidarität essenziell, um die Machtverhältnisse des globalen Kapitalismus herauszufordern. Dies beinhaltet die Unterstützung von

Arbeiterbewegungen, Kampagnen für soziale Gerechtigkeit und antiimperialistische Kämpfe weltweit. Marxisten argumentieren, dass durch den Aufbau von Allianzen über Grenzen hinweg Arbeiter und Aktivisten eine vereinte Front gegen das kapitalistische System schaffen und systemische Veränderungen vorantreiben können. Diese Solidarität kann verschiedene Formen annehmen, darunter internationale Proteste, Boykotte und die Gründung transnationaler Organisationen, die sich für Arbeiterrechte und soziale Gerechtigkeit einsetzen.

Die Prinzipien der modernen Geldtheorie können diesen marxistischen Ansatz ergänzen, indem sie den wirtschaftlichen Rahmen für wohlhabende Nationen bieten, um diese internationalen Solidaritätsbemühungen zu unterstützen. Die moderne Geldtheorie legt nahe, dass entwickelte Länder ihre fiskalischen Kapazitäten nutzen können, um internationale Hilfsprogramme, Schuldenerlass-Initiativen und Investitionen in globale öffentliche Güter zu finanzieren. Durch die Bewältigung der unmittelbaren wirtschaftlichen Bedürfnisse von Entwicklungsländern können diese Politiken dazu beitragen, die Bedingungen für nachhaltige Entwicklung zu schaffen und den wirtschaftlichen Druck zu verringern, der globale Ungleichheiten antreibt.

Ein praktisches Beispiel für die Anwendung der modernen Geldtheorie in der internationalen Politik ist die Bereitstellung finanzieller Unterstützung für die Minderung und Anpassung an den Klimawandel in Entwicklungsländern. Wohlhabende Nationen könnten ihre fiskalische Souveränität nutzen, um erhebliche Ressourcen für Projekte im Bereich erneuerbare Energien, Wiederaufforstung und klimaresiliente Infrastrukturen in gefährdeten Regionen bereitzustellen. Dies würde nicht nur die globale Herausforderung des

Klimawandels angehen, sondern auch die wirtschaftliche Entwicklung und soziale Stabilität in den betroffenen Ländern fördern.

Die Betonung der Fiskalpolitik durch die moderne Geldtheorie kann internationale Bemühungen zur Stabilisierung der globalen Wirtschaft informieren. In Zeiten wirtschaftlicher Abschwünge könnten koordinierte fiskalische Stimulusmaßnahmen großer Volkswirtschaften dazu beitragen, eine globale Rezession zu verhindern und die Erholung zu fördern. Durch Zusammenarbeit könnten Länder Politiken umsetzen, die Beschäftigung unterstützen, die Nachfrage ankurbeln und die wirtschaftliche Volatilität verringern. Dieser kooperative Ansatz stimmt mit den Prinzipien der modernen Geldtheorie überein und bietet einen Rahmen, um die vernetzte Natur der globalen Wirtschaft anzugehen.

Die Integration von Erkenntnissen aus modernem Marxismus und moderner Geldtheorie kann zu einer umfassenden Strategie zur Förderung globaler Gerechtigkeit und Entwicklung führen. Eine von marxistischen Ideen inspirierte internationale Bewegung könnte beispielsweise für Politiken eintreten, die mit dem Schwerpunkt der modernen Geldtheorie auf fiskalischer Kapazität zur Unterstützung globaler Entwicklung übereinstimmen. Dies könnte die Kampagne für wohlhabende Nationen umfassen, ihre Beiträge zur internationalen Hilfe zu erhöhen, in globale öffentliche Güter zu investieren und Entwicklungsländern Schuldenerleichterungen zu gewähren. Durch die Kombination der strukturellen Kritik des Marxismus mit den praktischen Werkzeugen der modernen Geldtheorie ist es möglich, Politiken zu entwickeln, die sowohl die Ursachen als auch die unmittelbaren Symptome globaler Ungleichheiten angehen.

Der moderne Marxismus plädiert für internationale Solidarität und revolutionäre Veränderungen, um imperialistische Strukturen zu demontieren und den globalen Sozialismus zu fördern. Im Gegensatz dazu bietet die moderne Geldtheorie praktische Werkzeuge, um die fiskalischen Kapazitäten wohlhabender Nationen zu nutzen, um die globale Entwicklung zu unterstützen und Ungleichheiten zu verringern. Durch die Integration von Erkenntnissen aus beiden Perspektiven ist es möglich, eine umfassende Strategie zu entwickeln, die die strukturellen Ungleichheiten des globalen Kapitalismus angeht und eine gerechtere und gleichberechtigtere Weltordnung fördert.

7. HANDLUNGSEMPFEHLUNGEN

Von marxistischen Ideen inspirierte Politiken betonen die Notwendigkeit systemischer Veränderungen, um die grundlegenden Ursachen von wirtschaftlicher Ungleichheit und Ausbeutung, die dem kapitalistischen System innewohnen, zu bekämpfen. Diese Politiken konzentrieren sich auf den Abbau kapitalistischer Machtstrukturen und die Förderung des sozialen Eigentums. Wichtige Empfehlungen umfassen die Umverteilung von Wohlstand, die Verstaatlichung wichtiger Industrien und die Schaffung von Arbeiterkooperativen.

Die Umverteilung von Wohlstand ist ein grundlegender Aspekt marxistisch inspirierter Politiken. Dazu gehört die Einführung progressiver Steuersysteme, bei denen Wohlhabende höhere Steuersätze zahlen, um Sozialprogramme und öffentliche Dienstleistungen zu finanzieren. Vermögenssteuern, Erbschaftssteuern und Kapitalertragssteuern können dazu beitragen, Einkommens- und Vermögensunterschiede zu verringern, indem Ressourcen von den Wohlhabenden auf die breite Bevölkerung umverteilt werden. Diese Mittel können zur Finanzierung von Bildung, Gesundheitsversorgung, Wohnraum und anderen wesentlichen Dienstleistungen verwendet werden, um sicherzustellen, dass alle Zugang zu grundlegenden Bedürfnissen und Chancen haben.

Die Verstaatlichung wichtiger Industrien ist ein weiterer zentraler Bestandteil marxistisch inspirierter Politiken. Durch die Überführung wesentlicher Industrien wie Energie, Verkehr, Gesundheitsversorgung und Banken in öffentliches Eigentum kann der Staat sicherstellen, dass diese Sektoren im öffentlichen Interesse und nicht für private Gewinne arbeiten. Die Verstaatlichung kann zur Stabilisierung der Wirtschaft, zur Reduzierung von Ausbeutung und zur Bereitstellung wesentlicher Dienstleistungen für alle Bürger beitragen. Öffentliches Eigentum ermöglicht auch eine langfristige Planung und Investitionen in nachhaltige Infrastrukturen und Technologien, wodurch Umweltprobleme angegangen und die wirtschaftliche Resilienz gefördert werden.

Die Schaffung von Arbeiterkooperativen ist eine Handlungsempfehlung, die mit marxistischen Prinzipien des sozialen Eigentums und der demokratischen Kontrolle übereinstimmt. Arbeiterkooperativen sind Unternehmen, die im Besitz und unter der Kontrolle ihrer Mitarbeiter stehen, wodurch die Arbeiter an Entscheidungsprozessen und Gewinnen beteiligt sind. Dieses Modell fördert wirtschaftliche Demokratie, reduziert Ausbeutung und stärkt die Arbeiter. Die Unterstützung des Wachstums von Arbeiterkooperativen durch Zuschüsse, Subventionen und technische Hilfe kann dazu beitragen, eine gerechtere und partizipative Wirtschaft zu schaffen.

Von der modernen Geldtheorie inspirierte Politiken konzentrieren sich hingegen auf den Einsatz expansiver Fiskalpolitiken, um wirtschaftliche Stabilität und soziale Wohlfahrt innerhalb des bestehenden kapitalistischen Rahmens zu gewährleisten. Diese Politiken zielen darauf ab, das System gerechter zu gestalten, indem sie unmittelbare wirtschaftliche Herausforderungen angehen und ein

Sicherheitsnetz für die Bevölkerung bereitstellen. Wichtige Empfehlungen umfassen Arbeitsplatzgarantieprogramme, universelle Gesundheitsversorgung, Bildung und Investitionen in Infrastruktur.

Arbeitsplatzgarantieprogramme sind zentral für von der modernen Geldtheorie inspirierte Politiken. Durch das Angebot eines garantierten Arbeitsplatzes für alle, die arbeiten wollen und können, kann der Staat Vollbeschäftigung erreichen und ein stabiles Einkommen für alle Bürger gewährleisten. Diese Arbeitsplätze können sich auf gesellschaftlich nützliche Projekte wie den Ausbau von Infrastrukturen, den Umweltschutz und Gemeinschaftsdienste konzentrieren. Ein Arbeitsplatzgarantieprogramm reduziert nicht nur die Arbeitslosigkeit, sondern stabilisiert auch die Wirtschaft, indem es die Gesamtnachfrage aufrechterhält und einen Puffer gegen wirtschaftliche Abschwünge bietet.

Universelle Gesundheitsversorgung ist eine weitere wesentliche von der modernen Geldtheorie inspirierte Politik. Indem sichergestellt wird, dass jeder Zugang zu umfassenden Gesundheitsdiensten hat, kann der Staat die Gesundheitsergebnisse verbessern, Ungleichheiten verringern und die wirtschaftliche Produktivität steigern. Die universelle Gesundheitsversorgung kann durch die Ausgabe souveräner Währungen finanziert werden, sodass die Regierung qualitativ hochwertige Pflege bereitstellen kann, ohne durch traditionelle Haushaltszwänge eingeschränkt zu sein.

Investitionen in Bildung sind eine zentrale Empfehlung der modernen Geldtheorie. Durch die Bereitstellung von kostenloser oder erschwinglicher Bildung auf allen Ebenen kann der Staat sicherstellen, dass alle die Möglichkeit haben, ihre Fähigkeiten und ihr Wissen zu entwickeln, was zum

Wirtschaftswachstum und zur sozialen Mobilität beiträgt. Investitionen in Bildung fördern auch Innovationen und begegnen dem Fachkräftemangel auf dem Arbeitsmarkt, wodurch die Wettbewerbsfähigkeit der Wirtschaft insgesamt gestärkt wird.

Infrastrukturinvestitionen sind eine weitere wichtige von der modernen Geldtheorie inspirierte Politik. Durch Investitionen in öffentliche Infrastruktur wie Verkehr, Energie und Kommunikationsnetze kann der Staat Arbeitsplätze schaffen, das Wirtschaftswachstum stimulieren und die Lebensqualität aller Bürger verbessern. Infrastrukturinvestitionen können auch langfristige Herausforderungen wie den Klimawandel und die Urbanisierung angehen und eine nachhaltige Entwicklung fördern.

Die Integration von Erkenntnissen aus modernem Marxismus und moderner Geldtheorie kann zu einer umfassenden Strategie führen, die unmittelbare wirtschaftliche Bedürfnisse adressiert und gleichzeitig auf systemische Veränderungen hinarbeitet. Beispielsweise könnte eine von beiden Rahmenwerken beeinflusste Regierung ein Arbeitsplatzgarantieprogramm umsetzen, das Beschäftigungsmöglichkeiten in Arbeiterkooperativen bietet und die Ziele der Vollbeschäftigung und der wirtschaftlichen Demokratie kombiniert. Ebenso könnte die Verstaatlichung wichtiger Industrien mit expansiven Fiskalpolitiken gekoppelt werden, um sicherzustellen, dass diese Sektoren angemessen finanziert werden und im öffentlichen Interesse arbeiten.

In der Praxis könnte dieser integrierte Ansatz folgende Schritte umfassen:

1. Einführung progressiver Steuersysteme zur Finanzierung von Sozialprogrammen und

zur Verringerung von Einkommens- und Vermögensunterschieden.

2. Verstaatlichung wichtiger Industrien, um öffentliches Eigentum und Kontrolle über wesentliche Sektoren zu gewährleisten und eine langfristige Planung und Investition in öffentliche Güter zu erleichtern.

3. Einrichtung und Unterstützung von Arbeiterkooperativen, um wirtschaftliche Demokratie zu fördern und die Arbeiter zu stärken.

4. Umsetzung eines Arbeitsplatzgarantieprogramms, um Vollbeschäftigung zu erreichen und stabile Einkommen zu gewährleisten, mit Schwerpunkt auf gesellschaftlich nützlichen Projekten und kooperativen Unternehmen.

5. Sicherstellung des universellen Zugangs zu Gesundheitsversorgung und Bildung durch die Finanzierung dieser Dienste über die Ausgabe souveräner Währungen, um die Gesundheitsergebnisse zu verbessern und die wirtschaftliche Produktivität zu steigern.

6. Investitionen in öffentliche Infrastruktur, um Arbeitsplätze zu schaffen, das Wirtschaftswachstum anzukurbeln und langfristige Herausforderungen wie den Klimawandel und die Urbanisierung zu bewältigen.

Durch die Kombination von marxistisch inspirierten Politiken mit dem Schwerpunkt der modernen Geldtheorie auf fiskalischer Souveränität ist es möglich, eine umfassende Strategie zu entwickeln, die sowohl die Ursachen wirtschaftlicher Ungleichheit als auch die unmittelbaren Bedürfnisse der Bevölkerung angeht. Dieser Ansatz kann eine gerechtere und gleichberechtigtere Gesellschaft fördern, indem die Stärken beider Rahmenwerke genutzt werden, um langfristige soziale und wirtschaftliche Transformationen zu erreichen.

8. HERAUSFORDERUNGEN UND KRITIKEN

Die Kritik des Marxismus an der modernen Geldtheorie basiert auf seiner grundlegenden Analyse des Kapitalismus. Marxisten argumentieren, dass der Kapitalismus von Natur aus ausbeuterisch ist und durch Widersprüche zwischen den Produktivkräften und den Produktionsverhältnissen gekennzeichnet ist. Diese Widersprüche äußern sich in Wirtschaftskrisen, die Marxisten als Gelegenheiten für revolutionären Wandel betrachten. Indem die moderne Geldtheorie diese Krisen durch Fiskalpolitik angeht, zielt sie darauf ab, das kapitalistische System zu stabilisieren und widerstandsfähiger gegen wirtschaftliche Schocks zu machen. Aus marxistischer Sicht perpetuiert diese Stabilisierung jedoch die im Kapitalismus inhärente Ausbeutung und verzögert oder verhindert sogar die notwendige revolutionäre Transformation, um echte Emanzipation zu erreichen.

Marxisten betonen, dass der Fokus der modernen Geldtheorie auf Fiskalpolitik und monetärer Souveränität die grundlegenden Ursachen von Ungleichheit und Ausbeutung nicht anspricht. Obwohl die Politiken der modernen Geldtheorie kurzfristig Arbeitslosigkeit reduzieren und die soziale Wohlfahrt verbessern können, bleiben die zugrunde liegenden kapitalistischen Strukturen unangetastet. Reichtum und Macht bleiben in den Händen weniger konzentriert, und die grundlegende Dynamik der Kapitalakkumulation und

Arbeitsausbeutung setzt sich fort. Marxisten argumentieren, dass nur eine revolutionäre Transformation – die Abschaffung des Privateigentums an Produktionsmitteln und die Schaffung einer klassenlosen, staatenlosen Gesellschaft – zu wahrer sozialer und wirtschaftlicher Gerechtigkeit führen kann.

Marxisten kritisieren die moderne Geldtheorie dafür, dass sie ein stabileres und effizienteres kapitalistisches System schaffen könnte. Durch die Verhinderung von Krisen mittels proaktiver Fiskalpolitik könnte die moderne Geldtheorie den Antrieb für radikale Veränderungen verringern. Wirtschaftliche Stabilität kann zu politischer Selbstzufriedenheit führen, was es erschwert, die Arbeiterklasse und andere unterdrückte Gruppen für revolutionäre Aktionen zu mobilisieren. Aus dieser Perspektive könnten die Politiken der modernen Geldtheorie unbeabsichtigt den Kapitalismus stärken, indem sie seine schwerwiegendsten Widersprüche abmildern und den Status quo bewahren.

Umgekehrt kritisiert die moderne Geldtheorie den Marxismus für seinen Fokus auf revolutionären Wandel und den wahrgenommenen Mangel an praktischen Lösungen für unmittelbare wirtschaftliche Probleme. Befürworter der modernen Geldtheorie argumentieren, dass das Warten auf eine revolutionäre Transformation die dringenden Bedürfnisse von Menschen ignoriert, die unter dem gegenwärtigen System leiden. Durch die Nutzung der fiskalischen Kapazität des Staates, um Arbeitslosigkeit, Armut und soziale Ungleichheit zu bekämpfen, bietet die moderne Geldtheorie greifbare Verbesserungen innerhalb des bestehenden Rahmens. Diese Politiken, so die Befürworter der modernen Geldtheorie, könnten sofortige Erleichterung bringen und die Lebensqualität für Millionen von Menschen verbessern, ohne auf die Bedingungen für eine Revolution warten zu müssen.

Die moderne Geldtheorie betont, dass Regierungen mit monetärer Souveränität die Werkzeuge haben, um Vollbeschäftigung zu erreichen, Inflation zu kontrollieren und wesentliche öffentliche Dienstleistungen bereitzustellen. Durch die Umsetzung von Arbeitsplatzgarantieprogrammen, universeller Gesundheitsversorgung und Infrastrukturinvestitionen zielt die moderne Geldtheorie darauf ab, die Wirtschaft zu stabilisieren und die soziale Wohlfahrt zu fördern. Diese Politiken erfordern keine vollständige Überarbeitung des Wirtschaftssystems, sondern nutzen bestehende Mechanismen, um bedeutende soziale und wirtschaftliche Vorteile zu erzielen. Befürworter der modernen Geldtheorie argumentieren, dass diese schrittweisen Verbesserungen entscheidend sind, um aktuelle Ungerechtigkeiten zu bekämpfen, und eine gerechtere und stabilere Gesellschaft schaffen können.

Die moderne Geldtheorie kritisiert den Marxismus auch dafür, dass er die praktischen Realitäten der Umsetzung von Politiken nicht ausreichend berücksichtigt. Revolutionäre Veränderungen mögen idealistisch sein, sind jedoch angesichts der verankerten Machtstrukturen und der Komplexität moderner Volkswirtschaften möglicherweise kurzfristig nicht erreichbar. Durch den Fokus auf erreichbare Reformen bietet die moderne Geldtheorie einen Weg zu schrittweiser Verbesserung und ebnet den Weg für tiefgreifendere systemische Veränderungen in der Zukunft. Diese inkrementellen Schritte können die Grundlage für eine gerechtere und gleichberechtigtere Gesellschaft schaffen und die Bedingungen für radikalere Transformationen im Laufe der Zeit schaffen.

Die Beziehung zwischen modernem Marxismus und moderner Geldtheorie erfordert auch die Berücksichtigung, wie ihre jeweiligen Kritiken einen integrierten Ansatz zur Wirtschaftspolitik informieren können. Während Marxisten die Notwendigkeit systemischer Veränderungen betonen, können sie auch den Wert der Werkzeuge der modernen Geldtheorie erkennen, um unmittelbares Leid zu lindern und ein stabileres wirtschaftliches Umfeld zu schaffen. Ebenso können Befürworter der modernen Geldtheorie die Bedeutung der von Marxisten hervorgehobenen strukturellen Ungleichheiten anerkennen und Strategien einbeziehen, die die Konzentration von Reichtum und Macht herausfordern.

Die Integration von Erkenntnissen aus modernem Marxismus und moderner Geldtheorie könnte die Verfolgung von Politiken umfassen, die unmittelbare wirtschaftliche Bedürfnisse angehen und gleichzeitig auf tiefere strukturelle Veränderungen hinarbeiten. Eine von beiden Rahmenwerken beeinflusste Regierung könnte beispielsweise das Arbeitsplatzgarantieprogramm der modernen Geldtheorie umsetzen und gleichzeitig Politiken fördern, die Arbeiterkooperativen und öffentliches Eigentum an wichtigen Industrien unterstützen. Dieser Ansatz könnte unmittelbare wirtschaftliche Stabilität und soziale Wohlfahrt bieten und gleichzeitig den Grundstein für radikalere Transformationen legen.

Darüber hinaus stimmt der Schwerpunkt der modernen Geldtheorie auf fiskalischer Souveränität und der Möglichkeit expansiver öffentlicher Ausgaben mit der marxistischen Kritik an Sparmaßnahmen und neoliberalen Wirtschaftspolitiken überein. Beide Rahmenwerke lehnen die Vorstellung ab, dass Regierungen ausgeglichene Haushalte und Schuldenreduktion über soziale Investitionen priorisieren müssen. Diese gemeinsame Grundlage bietet eine Basis für die Zusammenarbeit bei der Ablehnung von

Sparmaßnahmen und der Förderung expansiver öffentlicher Ausgaben zur Unterstützung des sozialen und wirtschaftlichen Wohlergehens.

Der Marxismus kritisiert die moderne Geldtheorie dafür, dass sie den Kapitalismus möglicherweise aufrechterhält, indem sie das System stabilisiert und seine Anfälligkeit für Krisen verringert. Die moderne Geldtheorie wiederum kritisiert den Marxismus dafür, dass er keine praktischen Lösungen für unmittelbare wirtschaftliche Herausforderungen bietet und sich zu sehr auf revolutionäre Veränderungen konzentriert. Durch die Integration von Erkenntnissen aus beiden Perspektiven ist es möglich, eine umfassende Strategie zu entwickeln, die sowohl unmittelbare wirtschaftliche Bedürfnisse anspricht als auch auf systemischen Wandel hinarbeitet. Dieser Ansatz kann die fiskalischen Werkzeuge der modernen Geldtheorie nutzen, um wirtschaftliche Stabilität und soziale Wohlfahrt zu gewährleisten, und gleichzeitig die vom Marxismus hervorgehobenen strukturellen Ungleichheiten anerkennen und angehen. So können die Voraussetzungen für eine gerechtere und gleichberechtigtere Gesellschaft geschaffen werden.

9. SYNERGIEN UND KOMPLEMENTARITÄTEN

Gemeinsame Ziele zwischen modernem Marxismus und moderner Geldtheorie finden sich in ihrer Befürwortung von Politiken, die Ungleichheiten verringern und soziale Gerechtigkeit fördern. Beide Rahmenwerke unterstützen beispielsweise die Idee einer progressiven Besteuerung, bei der Wohlhabende mit höheren Steuersätzen belegt werden, um Sozialprogramme und öffentliche Dienstleistungen zu finanzieren. Dieser Ansatz zielt darauf ab, Wohlstand gerechter zu verteilen und sicherzustellen, dass jeder Zugang zu grundlegenden Ressourcen wie Gesundheitsversorgung, Bildung und Wohnraum hat. Durch die Förderung der progressiven Besteuerung stellen sowohl der Marxismus als auch die moderne Geldtheorie die Konzentration von Reichtum und Macht in den Händen weniger infrage und fördern eine gerechtere Verteilung der Ressourcen.

Darüber hinaus betonen sowohl der Marxismus als auch die moderne Geldtheorie die Bedeutung von Vollbeschäftigung, um das Wohlergehen der Arbeiterklasse zu verbessern. Marxisten argumentieren, dass Beschäftigung wesentlich für das materielle und psychologische Wohlergehen der Arbeiter ist und dass Arbeitslosigkeit ein Werkzeug der Kapitalisten ist, um Kontrolle auszuüben und Löhne zu drücken. Die moderne Geldtheorie schlägt hingegen Arbeitsplatzgarantieprogramme vor, die durch die

Ausgabe souveräner Währungen finanziert werden, um Vollbeschäftigung zu erreichen. Indem diese Programme jedem, der arbeiten will und kann, eine Beschäftigung bieten, gewährleisten sie stabile Einkommen, reduzieren Armut und schaffen sinnvolle Arbeitsmöglichkeiten in gesellschaftlich nützlichen Projekten. Beide Perspektiven erkennen an, dass Vollbeschäftigung für wirtschaftliche Stabilität und sozialen Zusammenhalt entscheidend ist.

Die Komplementaritäten zwischen modernem Marxismus und moderner Geldtheorie werden deutlich, wenn man bedenkt, wie die moderne Geldtheorie Werkzeuge für sofortige wirtschaftliche Reformen bereitstellen kann, die Armut und Arbeitslosigkeit lindern und ein stabileres Umfeld schaffen, das die langfristigen revolutionären Ziele des Marxismus erleichtern könnte. Der Schwerpunkt der modernen Geldtheorie auf fiskalischer Souveränität und der Möglichkeit expansiver öffentlicher Ausgaben bietet einen praktischen Rahmen, um dringende wirtschaftliche Probleme innerhalb des bestehenden Systems anzugehen. Durch die Nutzung der fiskalischen Kapazitäten des Staates können Regierungen Politiken umsetzen, die denjenigen, die unter dem Kapitalismus leiden, sofortige Erleichterung bieten, während sie gleichzeitig Bedingungen schaffen, die systemischen Wandel begünstigen.

Ein Beispiel hierfür sind die Arbeitsplatzgarantieprogramme der modernen Geldtheorie, die als Grundlage für den Aufbau wirtschaftlicher Demokratie dienen können, einem zentralen Ziel des modernen Marxismus. Indem stabile Beschäftigung und angemessene Löhne gewährleistet werden, können diese Programme Arbeiter stärken und ihre Abhängigkeit von ausbeuterischen Arbeitspraktiken verringern. Diese wirtschaftliche Stabilität kann die Fähigkeit der Arbeiterklasse stärken, sich zu organisieren und für radikalere Veränderungen einzutreten, wie die Gründung von Arbeiterkooperativen und die Verstaatlichung wichtiger Industrien. Auf diese Weise können die Politiken der modernen Geldtheorie ein günstigeres Umfeld für die revolutionären Ziele des Marxismus schaffen, indem sie unmittelbare wirtschaftliche Bedürfnisse adressieren und die materiellen Hürden für kollektives Handeln abbauen.

Der Ansatz der modernen Geldtheorie zu universeller Gesundheitsversorgung und Bildung stimmt mit den marxistischen Prinzipien überein, sicherzustellen, dass jeder Zugang zu wesentlichen Dienstleistungen unabhängig von seinem wirtschaftlichen Status hat. Durch die Finanzierung dieser Dienste über die Ausgabe souveräner Währungen können Regierungen allen Bürgern hochwertige Gesundheitsversorgung und Bildung bieten, das allgemeine Wohlergehen verbessern und soziale Ungleichheiten verringern. Diese Politiken sprechen nicht nur unmittelbare Bedürfnisse an, sondern fördern auch langfristige soziale Investitionen, die entscheidend für den Aufbau einer gerechteren Gesellschaft sind.

Infrastrukturinvestitionen, ein weiterer Schlüsselbereich der modernen Geldtheorie, können ebenfalls die Ziele des Marxismus ergänzen, indem öffentliche Güter geschaffen werden, die der Gesellschaft als Ganzes zugutekommen. Investitionen in öffentlichen Nahverkehr, erneuerbare Energien und bezahlbaren Wohnraum können Arbeitsplätze schaffen, das Wirtschaftswachstum ankurbeln und die Lebensqualität aller Bürger verbessern. Diese öffentlichen Güter, finanziert durch expansive Fiskalpolitiken, können die Abhängigkeit von privatem Kapital verringern und ein stärker sozial orientiertes Modell wirtschaftlicher Entwicklung fördern. Dies stimmt mit den marxistischen Prinzipien des öffentlichen Eigentums und der Priorisierung sozialer Bedürfnisse über private Gewinne überein.

Die Integration von moderner Geldtheorie und marxistischen Strategien zeigt sich auch im Potenzial für internationale Solidarität und Zusammenarbeit. Die Prinzipien der modernen Geldtheorie zu fiskalischer Souveränität und proaktiven öffentlichen Ausgaben können Politiken informieren, die globale Entwicklung unterstützen und wirtschaftliche Disparitäten zwischen Nationen verringern. Wohlhabende Nationen könnten ihre fiskalischen Kapazitäten nutzen, um finanzielle Unterstützung, Schuldenerlass und Investitionen in globale öffentliche Güter wie Klimaschutz und öffentliche Gesundheit zu leisten. Diese Politiken können unmittelbare globale Herausforderungen bewältigen und gleichzeitig das breitere marxistische Ziel unterstützen, imperialistische Strukturen abzubauen und den globalen Sozialismus zu fördern.

Die Beziehung zwischen modernem Marxismus und moderner Geldtheorie bietet ein reichhaltiges Spektrum an Synergien und Komplementaritäten, die genutzt werden können, um gemeinsame Ziele wie die Verringerung wirtschaftlicher Ungleichheiten und die Verbesserung des Wohlergehens der Arbeiterklasse zu erreichen. Durch die Integration der praktischen Werkzeuge der modernen Geldtheorie für unmittelbare wirtschaftliche Reformen mit den revolutionären Bestrebungen des Marxismus ist es möglich, eine umfassende Strategie zu entwickeln, die dringende wirtschaftliche Herausforderungen angeht und gleichzeitig den Grundstein für tiefgreifendere systemische Veränderungen legt. Dieser integrierte Ansatz kann die Stärken beider Rahmenwerke nutzen, um soziale Gerechtigkeit, wirtschaftliche Stabilität und eine gerechtere und gleichberechtigtere Gesellschaft zu fördern.

10. ZUKUNFTSPERSPEKTIVEN

Die Integration marxistischer Kritiken mit den politischen Empfehlungen der modernen Geldtheorie kann eine robuste Strategie schaffen, um sowohl die Symptome als auch die Ursachen wirtschaftlicher Ungleichheit zu bekämpfen. Beispielsweise können Arbeitsplatzgarantieprogramme der modernen Geldtheorie als Sprungbrett für radikalere marxistische Ziele gesehen werden. Durch die Bereitstellung stabiler Beschäftigung und angemessener Löhne können diese Programme wirtschaftliche Unsicherheit verringern und die Arbeiterklasse stärken, wodurch ein günstigeres Umfeld für systemische Veränderungen wie die Gründung von Arbeiterkooperativen und die Verstaatlichung wichtiger Industrien geschaffen wird. Auf diese Weise können die Politiken der modernen Geldtheorie unmittelbare Bedürfnisse adressieren und gleichzeitig die langfristigen revolutionären Ziele des Marxismus erleichtern.

Der Schwerpunkt der modernen Geldtheorie auf fiskalischer Souveränität kann dazu beitragen, den neoliberalen Mythos zu widerlegen, dass öffentliche Ausgaben durch Haushaltszwänge begrenzt sein müssen. Indem sie zeigt, dass Regierungen mit monetärer Souveränität soziale Programme und öffentliche Investitionen ohne finanzielle Einschränkungen finanzieren können, liefert die moderne Geldtheorie ein starkes Argument gegen Sparmaßnahmen und neoliberale Wirtschaftspolitiken. Dies stimmt mit den marxistischen Kritiken an Sparpolitik überein und bietet einen praktischen Rahmen für die Umsetzung expansiver öffentlicher Ausgaben zur Unterstützung des sozialen und wirtschaftlichen Wohlergehens.

Die Integration von Ideen aus Marxismus und moderner Geldtheorie kann globale Bewegungen informieren, die sich für eine gerechtere und nachhaltigere Weltordnung einsetzen. Beispielsweise können globale Kampagnen für progressive Besteuerung, Umverteilung von Wohlstand und öffentliches Eigentum an wesentlichen Industrien durch die fiskalpolitischen Werkzeuge der modernen Geldtheorie unterstützt werden. Durch die Nutzung der fiskalischen Kapazitäten wohlhabender Nationen können diese Kampagnen Politiken fördern, die globale Ungleichheiten verringern und soziale Gerechtigkeit fördern. Dieser integrierte Ansatz kann auch globale Herausforderungen wie den Klimawandel, die öffentliche Gesundheit und nachhaltige Entwicklung angehen, was mit den breiteren Zielen des Marxismus und der modernen Geldtheorie übereinstimmt.

Durch die Betonung der Notwendigkeit internationaler Zusammenarbeit können beide Rahmenwerke zu einer globalen Strategie beitragen, die die Ursachen von Ungleichheit bekämpft und Solidarität zwischen Nationen und Völkern fördert. Der moderne Marxismus hebt die Bedeutung internationaler Solidarität und Zusammenarbeit zwischen Arbeitern und unterdrückten Gruppen hervor, um den globalen Kapitalismus und Imperialismus herauszufordern. Dies umfasst den Aufbau von Allianzen über Grenzen hinweg, die Unterstützung von Arbeiterbewegungen und das Eintreten für Politiken, die globale soziale Gerechtigkeit fördern. Die Prinzipien der modernen

Geldtheorie zu fiskalischer Souveränität und proaktiven öffentlichen Ausgaben können diese Bemühungen ergänzen, indem sie die wirtschaftlichen Werkzeuge bereitstellen, die für die Unterstützung internationaler Entwicklung und Zusammenarbeit erforderlich sind.

Beispielsweise können entwickelte Nationen ihre fiskalischen Kapazitäten nutzen, um finanzielle Unterstützung, Schuldenerlass und Investitionen in globale öffentliche Güter wie Klimaschutz und öffentliche Gesundheit zu leisten. Diese Politiken können dazu beitragen, unmittelbare globale Herausforderungen zu bewältigen und eine nachhaltige Entwicklung in weniger entwickelten Ländern zu fördern. Durch die Verringerung wirtschaftlicher Disparitäten zwischen den Nationen können solche Politiken auch globale Solidarität und Zusammenarbeit fördern und mit den Zielen des Marxismus übereinstimmen, eine gerechtere und gleichberechtigtere Weltordnung zu schaffen.

Die Integration von Ideen aus Marxismus und moderner Geldtheorie kann die Entwicklung globaler Institutionen und Rahmenwerke informieren, die soziale Gerechtigkeit und wirtschaftliche Stabilität unterstützen. Internationale Organisationen wie die Vereinten Nationen und der Internationale Währungsfonds könnten beispielsweise Politiken übernehmen, die soziale und wirtschaftliche Rechte, nachhaltige Entwicklung und eine gerechte Verteilung der Ressourcen priorisieren. Durch die Nutzung der kombinierten Erkenntnisse aus Marxismus und moderner Geldtheorie könnten diese Institutionen effektivere Strategien entwickeln, um globale Ungleichheiten zu bekämpfen und soziale Gerechtigkeit zu fördern.

10. ZUKUNFTSPERSPEKTIVEN

Durch die Integration marxistischer Kritiken mit den politischen Empfehlungen der modernen Geldtheorie können Strategien entwickelt werden, die sowohl die Ursachen als auch die unmittelbaren Symptome wirtschaftlicher Ungleichheit angehen. Diese Integration kann globale Bewegungen informieren, die sich für eine gerechtere und nachhaltigere Weltordnung einsetzen, und dabei die Bedeutung internationaler Zusammenarbeit und Solidarität zwischen Nationen und Völkern hervorheben. Indem die kritischen Einsichten des Marxismus mit den praktischen Werkzeugen der modernen Geldtheorie kombiniert werden, kann ein effektiverer und ganzheitlicherer Ansatz zur globalen sozialen und wirtschaftlichen Gerechtigkeit erreicht werden, der eine gerechtere und gleichberechtigtere Zukunft für alle fördert.

FALLSTUDIE: CHINA

1. HISTORISCHER KONTEXT UND ANPASSUNG DES MARXISMUS

FRÜHE ÜBERNAHME UND REVOLUTIONÄRE PERIODE

Die chinesische Revolution von 1949, angeführt von der Kommunistischen Partei Chinas (KPCh) und Mao Zedong, führte zur Gründung der Volksrepublik China mit dem Ziel, einen sozialistischen Staat auf der Grundlage marxistisch-leninistischer Prinzipien aufzubauen. Diese Periode markierte einen dramatischen Wandel in Chinas politischer, sozialer und wirtschaftlicher Landschaft, da die Kommunistische Partei Maßnahmen ergriff, um den Feudalismus zu beseitigen und die Ungleichheit zu reduzieren.

Der historische Kontext der Anwendung des Marxismus in China beginnt mit der chinesischen Revolution. Nach einem langen Kampf gegen die herrschende Kuomintang und die japanische Besatzung errang die Kommunistische Partei 1949 den Sieg. Die Gründung der Volksrepublik China markierte den Beginn einer Ära, in der die marxistische Ideologie die Staatspolitik nachhaltig beeinflussen sollte. Der Sieg der Kommunistischen Partei wurde als Triumph des Proletariats über die Bourgeoisie gesehen und entsprach der marxistischen Theorie, die den Umsturz kapitalistischer Strukturen und die Errichtung eines proletarischen Staates betont.

Einer der ersten großen politischen Maßnahmen der Kommunistischen Partei war die Landreform. Vor 1949 war China überwiegend eine Agrargesellschaft mit großen Ungleichheiten im Landbesitz. Eine kleine Anzahl von Großgrundbesitzern kontrollierte große Ländereien, während die Mehrheit der Bauern in Armut und Schulden lebte. Die Kommunistische Partei strebte an, diese Ungleichheit durch eine Reihe von Landreformen zu beseitigen, die darauf abzielten, Land von den Großgrundbesitzern an die Bauern umzuverteilen. Diese Politik sollte das Feudalsystem abschaffen, die Bauernschaft stärken und die Grundlage für eine sozialistische Wirtschaft legen. Die Landreformen waren weitgehend erfolgreich darin, die Macht der Großgrundbesitzer zu brechen und Millionen von Bauern Land zur Verfügung zu stellen, wodurch die ländliche Ungleichheit erheblich reduziert und die landwirtschaftliche Produktivität gesteigert wurde.

Im Anschluss an die Landreform leitete die Kommunistische Partei die Kollektivierung der Landwirtschaft ein. Diese Politik zielte darauf ab, individuelle Bauernhöfe in große, kollektiv betriebene Betriebe zusammenzuführen. Die Idee hinter der Kollektivierung war, die Effizienz der Landwirtschaft durch Mechanisierung und geteilte Ressourcen zu steigern, wirtschaftliche Ungleichheiten zu verringern und ein Gemeinschaftsgefühl sowie kollektives Verantwortungsbewusstsein in der ländlichen Bevölkerung zu fördern. Die Kollektivierung orientierte sich an ähnlichen Politiken in der Sowjetunion und spiegelte die marxistisch-leninistische Ausrichtung der KPCh wider. Allerdings stieß der Prozess der Kollektivierung in China auf erhebliche Herausforderungen, darunter Widerstand der Bauern, logistische Schwierigkeiten und Störungen der landwirtschaftlichen Produktion.

Trotz dieser Herausforderungen erzielte die Kollektivierung in den Anfangsjahren einige Erfolge bei der Verbesserung der landwirtschaftlichen Produktion und der Konsolidierung der Kontrolle der Kommunistischen Partei über die ländliche Wirtschaft. Doch die ehrgeizigen Ziele und das schnelle Tempo der Kollektivierung führten auch zu erheblichen Problemen, die im „Großen Sprung nach vorn" (1958–1962) gipfelten. Der Große Sprung nach vorn war ein Versuch, China durch großangelegte Industrialisierung und Kollektivierung rasch in eine sozialistische Gesellschaft zu verwandeln. Die Kampagne zielte darauf ab, die gesamte Bevölkerung zu mobilisieren, um in Landwirtschaft und Industrie beispiellose Produktionsniveaus zu erreichen. Leider waren die Politiken des Großen Sprungs schlecht geplant und ausgeführt, was zu weit verbreiteter Hungersnot, wirtschaftlicher Störung und dem Tod von Millionen Menschen führte.

Das Scheitern des Großen Sprungs zwang die Kommunistische Partei, ihre Herangehensweise an marxistische Prinzipien und Wirtschaftspolitik zu überdenken. Diese Periode hob die Herausforderungen hervor, marxistische Theorien an die einzigartigen sozialen und wirtschaftlichen Bedingungen Chinas anzupassen. Die Kommunistische Partei erkannte die Notwendigkeit eines pragmatischeren Ansatzes für den Sozialismus, der den Realitäten der chinesischen Gesellschaft Rechnung trägt und gleichzeitig die Kernziele der Verringerung von Ungleichheit und Förderung des kollektiven Eigentums beibehält.

In den folgenden Jahrzehnten passte die Kommunistische Partei ihre Anwendung des Marxismus weiter an. Unter der Führung von Deng Xiaoping führte China ab Ende der 1970er Jahre bedeutende Wirtschaftsreformen durch. Diese Reformen markierten eine Abkehr von der strikten Einhaltung der marxistisch-leninistischen Orthodoxie und nahmen Elemente der Marktwirtschaft auf. Zu Dengs Politiken gehörten die Einführung von Sonderwirtschaftszonen, die Dezentralisierung wirtschaftlicher Entscheidungsprozesse und die Förderung von Privatunternehmen und ausländischen Investitionen. Diese Veränderungen wurden als „Sozialismus mit chinesischen Charakteristika" bezeichnet, eine pragmatische Anpassung des Marxismus an die Entwicklungsbedürfnisse Chinas.

Die von Deng Xiaoping eingeleiteten Wirtschaftsreformen führten zu einem beispiellosen Wirtschaftswachstum und zur Entwicklung Chinas. Das Land verwandelte sich von einer überwiegend agrarischen Wirtschaft in eine globale Produktionsmacht und holte Hunderte Millionen Menschen aus der Armut. Dieses schnelle Wirtschaftswachstum brachte jedoch auch neue Herausforderungen mit sich, darunter steigende Einkommensungleichheit, Umweltzerstörung und soziale Spannungen. Diese Probleme spiegeln die Komplexität und Widersprüche bei der Anwendung marxistischer Prinzipien in einem sich rasch wandelnden globalen Kontext wider.

Der Erfolg von Chinas Anpassung des Marxismus ist Gegenstand erheblicher Debatten. Einerseits haben die Politiken der Kommunistischen Partei bemerkenswertes Wirtschaftswachstum und Entwicklung erreicht und die Lebensstandards der chinesischen Bevölkerung erheblich verbessert. Die Landreformen und frühen Kollektivierungsbemühungen halfen, feudale Strukturen abzubauen und die ländliche Ungleichheit zu verringern, während spätere Wirtschaftsreformen China zu einer führenden globalen Wirtschaftsmacht gemacht haben.

Andererseits argumentieren Kritiker, dass die Anpassung des Marxismus durch die Kommunistische Partei von den ursprünglichen revolutionären Idealen abgewichen ist. Die Einführung marktwirtschaftlicher Mechanismen und das Wachstum privater Unternehmen haben zu erheblichen Einkommens- und Vermögensunterschieden geführt, die dem marxistischen Ziel einer klassenlosen Gesellschaft entgegenstehen. Darüber hinaus werfen die autoritäre Regierungsführung der Kommunistischen Partei und die Unterdrückung politischer Opposition Fragen zur Vereinbarkeit des chinesischen politischen Systems mit marxistischen Prinzipien von proletarischer Demokratie und sozialer Gerechtigkeit auf.

Die Beziehung zwischen Marxismus und seiner Anwendung in China ist durch eine Reihe von Anpassungen und pragmatischen Modifikationen geprägt, um den einzigartigen historischen und sozialen Bedingungen des Landes gerecht zu werden. Während die Kommunistische Partei durch ihre Politik bedeutende wirtschaftliche Entwicklungen erreicht und die ländliche Ungleichheit reduziert hat, verdeutlichen die Einbeziehung marktwirtschaftlicher Elemente und das Aufkommen neuer sozialer Ungleichheiten die Komplexität der praktischen Umsetzung marxistischer Prinzipien. Ob diese Anpassung als erfolgreich angesehen wird, hängt von der jeweiligen Perspektive ab: Sie kann entweder als pragmatischer und effektiver Ansatz zur wirtschaftlichen Entwicklung innerhalb eines marxistischen Rahmens betrachtet werden oder als Abkehr von den revolutionären Idealen des Marxismus zugunsten eines wirtschaftlichen Pragmatismus.

MAOISTISCHE PERIODE

Die Beziehung zwischen Marxismus und China wurde durch eine Reihe historischer Ereignisse und Anpassungen geprägt, die tiefgreifende Auswirkungen auf die Entwicklung des Landes hatten. Zwei bedeutende Phasen in diesem Zusammenhang sind der „Große Sprung nach vorn" (1958–1962) und die Kulturrevolution (1966–1976). Beide Kampagnen waren ehrgeizige Versuche, marxistische Prinzipien in China umzusetzen, und hatten weitreichende Folgen, die zu erheblichen wirtschaftlichen Störungen, gesellschaftlichem Umbruch und langfristigen Auswirkungen auf die chinesische Gesellschaft führten.

Der „Große Sprung nach vorn" war eine von Mao Zedong geleitete Initiative mit dem Ziel, China schnell von einer Agrarwirtschaft in eine sozialistische Gesellschaft durch rasche Industrialisierung und Kollektivierung zu verwandeln. Diese Kampagne zielte darauf ab, die wirtschaftliche Entwicklung Chinas durch die Mobilisierung der gesamten Bevölkerung für groß angelegte Infrastrukturprojekte und Kollektivfarmen zu beschleunigen. Mao stellte sich vor, dass dieser Ansatz China schnell auf das Niveau fortgeschrittener Industrienationen heben könnte, indem traditionelle Entwicklungsstadien übersprungen würden.

Die Realität des „Großen Sprungs nach vorn" unterschied sich jedoch drastisch von Maos Vision. Die Kampagne führte zu weit verbreiteten wirtschaftlichen Störungen und einer der verheerendsten Hungersnöte der Menschheitsgeschichte. Die Politiken des „Großen Sprungs" beinhalteten die Errichtung von Volkskommunen, in denen privates Wirtschaften abgeschafft und kollektive Landwirtschaft erzwungen wurde. Die Regierung setzte unrealistische Produktionsziele, und lokale Beamte, die bemüht waren, diese Quoten zu erfüllen, übertrieben häufig ihre Erfolge. Dies führte dazu, dass Getreide basierend auf überhöhten Berichten gewaltsam eingezogen wurde, wodurch den Bauern nicht genug Nahrung blieb.

Der Drang zur raschen Industrialisierung führte zur Umsetzung schlecht geplanter Projekte wie den berüchtigten Hinterhof-Hochöfen, bei denen Bauern ermutigt wurden, Stahl in kleinen Öfen in ihren Höfen zu produzieren. Diese Öfen produzierten minderwertigen Stahl, der wenig zum industriellen Wachstum beitrug, aber enorme Mengen an Arbeitskraft und Ressourcen verbrauchte, die an anderer Stelle besser hätten genutzt werden können.

Der „Große Sprung nach vorn" hatte katastrophale Folgen. Die Verlagerung von Arbeitskräften aus der Landwirtschaft, kombiniert mit schlechter landwirtschaftlicher Planung und extremen Wetterbedingungen, führte zu einem massiven Rückgang der Nahrungsmittelproduktion. Die daraus resultierende Hungersnot forderte schätzungsweise Millionen von Menschenleben. Diese Periode zeigte die Gefahren extremer Zentralplanung und die Diskrepanz zwischen den Politiken der Zentralregierung und der Realität vor Ort auf.

Nach den katastrophalen Folgen des „Großen Sprungs nach vorn" schwand Maos Einfluss vorübergehend, doch er leitete später eine weitere große Kampagne ein, die Kulturrevolution von 1966 bis 1976. Die Kulturrevolution war eine politische Bewegung, die darauf abzielte, den Kommunismus zu festigen, indem Überreste kapitalistischer und traditioneller Elemente aus der chinesischen Gesellschaft entfernt wurden. Mao wollte seine Kontrolle über die Kommunistische Partei wiederherstellen und die Entstehung einer neuen Elite verhindern, die seiner Ansicht nach den sozialistischen Staat untergraben würde.

Die Kulturrevolution begann mit einer Reihe von Säuberungen innerhalb der Kommunistischen Partei, die sich gegen vermeintliche Konterrevolutionäre oder bürgerliche Elemente richteten. Diese Bewegung weitete sich schnell auf die Gesellschaft aus, insbesondere auf die Jugend, die in Rotgardisten-Einheiten mobilisiert wurde, um Maos revolutionäre Agenda durchzusetzen. Diese Rotgardisten griffen Intellektuelle an, zerstörten Kulturgüter und verfolgten Millionen von Menschen, die als Feinde der Revolution angesehen wurden. Schulen und Universitäten wurden geschlossen, und das Bildungssystem wurde schwer gestört, da intellektuelle Bestrebungen als konterrevolutionär verurteilt wurden.

Die Kulturrevolution führte zu erheblichen sozialen und wirtschaftlichen Turbulenzen. Die weitverbreitete Verfolgung und das Chaos lähmten die Wirtschaft, da viele Fabriken und Arbeitsplätze durch Fraktionskämpfe und politische Kampagnen lahmgelegt wurden. Auch die landwirtschaftliche Produktion litt, was die Probleme der Nahrungsmittelversorgung verschärfte, die seit dem „Großen Sprung nach vorn" bestanden hatten. Die intellektuellen und kulturellen Schäden waren tiefgreifend, da traditionelle Bräuche, kulturelle Institutionen und historische Artefakte systematisch zerstört wurden.

Die menschlichen Kosten der Kulturrevolution waren immens. Millionen von Menschen wurden öffentlicher Demütigung, willkürlicher Inhaftierung, Folter und sogar Hinrichtung ausgesetzt. Familien wurden auseinandergerissen, und eine ganze Generation wuchs in einem Umfeld politischer Indoktrination und Gewalt auf. Die Kulturrevolution hinterließ tiefe psychologische Narben in der chinesischen

Gesellschaft und hemmte die Entwicklung des Landes erheblich.

Trotz dieser turbulenten Perioden hat China seit Ende der 1970er Jahre bedeutende Transformationen durchlaufen, als Deng Xiaoping eine Reihe von Wirtschaftsreformen einführte, die eine Abkehr von der strengen marxistischen Orthodoxie markierten. Dengs Politiken, bekannt als „Sozialismus mit chinesischen Charakteristika", zielten darauf ab, Marktmechanismen in den Rahmen eines sozialistischen Staates zu integrieren. Diese pragmatische Anpassung des Marxismus konzentrierte sich auf wirtschaftliche Modernisierung und die Öffnung für globalen Handel und Investitionen.

Unter Dengs Führung führte China Reformen ein, die die Dekollektivierung der Landwirtschaft, die Errichtung von Sonderwirtschaftszonen zur Anziehung ausländischer Investitionen und die Förderung von Privatunternehmen umfassten. Diese Veränderungen führten zu einem raschen Wirtschaftswachstum und einer Entwicklung, die China zu einer der größten Volkswirtschaften der Welt machte. Der Übergang von einer rein geplanten Wirtschaft zu einer gemischten Wirtschaft mit erheblichen Marktelementen wird als entscheidend dafür angesehen, Hunderte Millionen Menschen aus der Armut zu befreien und den Lebensstandard erheblich zu verbessern.

Der Erfolg dieser Wirtschaftsreformen hat zu Debatten darüber geführt, ob das chinesische Modell eine neue Iteration des Marxismus darstellt oder eine Abkehr von seinen Kernprinzipien bedeutet. Befürworter argumentieren, dass der „Sozialismus mit chinesischen Charakteristika" die marxistischen Prinzipien erfolgreich an Chinas einzigartige historische und soziale Gegebenheiten angepasst hat und bemerkenswertes Wirtschaftswachstum bei gleichzeitiger politischer Stabilität unter der Führung der Kommunistischen Partei erreicht hat. Kritiker hingegen sind der Ansicht, dass die Einbeziehung kapitalistischer Elemente und das Fortbestehen erheblicher sozialer Ungleichheiten eine grundlegende Abweichung von den marxistischen Idealen darstellen.

Der „Große Sprung nach vorn" und die Kulturrevolution waren frühe Versuche, marxistische Prinzipien umzusetzen, die jedoch zu schwerwiegenden wirtschaftlichen Störungen, Hungersnöten und gesellschaftlichem Chaos führten. Die pragmatischen Reformen, die Deng Xiaoping im späten 20. Jahrhundert einführte, führten hingegen zu einer erheblichen wirtschaftlichen Entwicklung und einer Verbesserung der Lebensstandards, wenngleich dies mit der Integration von Marktwirtschaftsmechanismen und kapitalistischen Elementen einherging. Ob dies eine erfolgreiche Anpassung des Marxismus oder eine Abkehr von seinen zentralen Prinzipien darstellt, bleibt Gegenstand anhaltender Debatten.

POST-MAO-REFORMEN

Die Anwendung des Marxismus in China ist eine komplexe und dynamische Erzählung, insbesondere im Hinblick auf die von Deng Xiaoping ab 1978 eingeleiteten Wirtschaftsreformen. Diese Reformen, zusammengefasst unter dem Begriff „Sozialismus mit chinesischen Charakteristika", markierten eine bedeutende Abkehr von der strikt geplanten Wirtschaft und der ideologischen Reinheit der Mao-Ära. Stattdessen repräsentierten sie eine pragmatische Anpassung marxistischer Prinzipien an die einzigartigen historischen, kulturellen und wirtschaftlichen Bedingungen Chinas. Dieser Ansatz wird weithin als erfolgreich angesehen, da er China in eine der größten und dynamischsten Volkswirtschaften der Welt verwandelte, auch wenn die wahre Natur des chinesischen Sozialismus weiterhin Gegenstand von Debatten ist.

Nach den wirtschaftlichen und sozialen Turbulenzen, die durch den „Großen Sprung nach vorn" und die Kulturrevolution verursacht wurden, erkannte die chinesische Führung die Notwendigkeit grundlegender Veränderungen, um weiteren Stillstand und Niedergang zu vermeiden. Deng Xiaoping trat als Schlüsselfigur hervor, die Reformen und Öffnung forderte. Seine Politiken zielten darauf ab, die chinesische Wirtschaft durch die Einführung von Marktwirtschaftsmechanismen, die Dezentralisierung wirtschaftlicher Kontrolle und die Öffnung des Landes für ausländische Investitionen zu modernisieren, während die staatliche Kontrolle über zentrale Sektoren erhalten blieb.

Ein zentraler Aspekt von Dengs Reformen war die Einführung von Marktwirtschaftsmechanismen innerhalb eines sozialistischen Staates. Die chinesische Regierung erlaubte die Wiedereinführung privater Unternehmen und die Einrichtung von Sonderwirtschaftszonen, in denen ausländische Investitionen gefördert und bevorzugt behandelt wurden. Diese Zonen, beginnend mit Orten wie Shenzhen, dienten als Testfelder für marktorientierte Wirtschaftspolitiken. Sie zogen ausländisches Kapital, Technologie und Managementexpertise an, was eine entscheidende Rolle bei der Stärkung der industriellen Fähigkeiten Chinas und seiner Integration in die globale Wirtschaft spielte.

Ein weiterer kritischer Bestandteil von Dengs Reformen war die Dezentralisierung der wirtschaftlichen Kontrolle. Die chinesische Regierung begann, Entscheidungsbefugnisse von der Zentralregierung auf lokale Regierungen und Unternehmen zu übertragen. Dieser Wandel ermöglichte größere Flexibilität und Anpassungsfähigkeit an lokale Bedingungen und Marktsignale, wodurch ein Umfeld entstand, in dem Innovation und Effizienz gedeihen konnten. Lokale Beamte und Manager erhielten die Autonomie, wirtschaftliche Chancen zu nutzen, was zu höherer Produktivität und wirtschaftlichem Wachstum führte.

Die Öffnung für ausländische Investitionen war ein strategischer Schritt, der China das notwendige Kapital, die Technologie und den Zugang zu internationalen Märkten verschaffte. Der Zustrom ausländischer Direktinvestitionen förderte nicht nur die wirtschaftliche Entwicklung, sondern erleichterte auch den Transfer fortschrittlicher Technologien und Managementpraktiken. Diese Integration in die globale Wirtschaft half, China von einer überwiegend agrarischen Gesellschaft in eine bedeutende Industrienation zu verwandeln.

Trotz dieser marktorientierten Reformen behielt die chinesische Regierung eine strikte Kontrolle über zentrale Sektoren wie Energie, Telekommunikation und Finanzen bei. Staatseigene Unternehmen spielten weiterhin eine dominierende Rolle in diesen strategischen Industrien, wodurch sichergestellt wurde, dass der Staat erheblichen Einfluss auf entscheidende Aspekte der Wirtschaft behielt. Dieser duale Ansatz ermöglichte es China, die Effizienz und Dynamik von Marktwirtschaftsmechanismen zu nutzen, während das sozialistische Prinzip der staatlichen Kontrolle über die Schlüsselbereiche der Wirtschaft erhalten blieb.

Der Begriff „Sozialismus mit chinesischen Charakteristika" spiegelt diese einzigartige Mischung aus Sozialismus und Marktwirtschaft wider. Er verdeutlicht den pragmatischen

Ansatz der chinesischen Führung, marxistische Prinzipien an die spezifischen historischen, kulturellen und wirtschaftlichen Gegebenheiten Chinas anzupassen. Dieses Konzept erkennt die Notwendigkeit von Flexibilität und Innovation bei der Anwendung marxistischer Theorie an und stellt fest, dass eine starre Einhaltung ideologischer Reinheit die wirtschaftliche Entwicklung und den sozialen Fortschritt behindern könnte.

Unter dem „Sozialismus mit chinesischen Charakteristika" hat China bemerkenswerte wirtschaftliche Erfolge erzielt. Das Land verzeichnete ein beispielloses Wirtschaftswachstum, mit einer durchschnittlichen jährlichen BIP-Steigerung von etwa 10 Prozent über mehrere Jahrzehnte hinweg. Diese rasche Entwicklung hat Hunderte Millionen Menschen aus der Armut befreit, die Lebensstandards erheblich verbessert und China zur zweitgrößten Volkswirtschaft der Welt gemacht. Der Übergang von einer zentral geplanten Wirtschaft zu einer gemischten Wirtschaft mit bedeutenden Marktelementen hat es China ermöglicht, zu einer globalen Produktionsmacht und einem wichtigen Akteur im internationalen Handel zu werden.

Der Erfolg dieser Reformen ging jedoch nicht ohne Herausforderungen und Kritik einher. Das schnelle Wirtschaftswachstum führte zu erheblichen sozialen Ungleichheiten, mit einer wachsenden Kluft zwischen Arm und Reich. Die Küstenregionen und städtischen Zentren profitierten überproportional vom wirtschaftlichen Aufschwung, während viele ländliche Gebiete und Provinzen im Landesinneren zurückblieben. Diese Ungleichheiten haben soziale Spannungen erzeugt und die Notwendigkeit integrativerer Entwicklungspolitiken verdeutlicht.

Die Integration von Marktwirtschaftsmechanismen und das Aufkommen privater Unternehmen haben einige Kritiker zu der Ansicht geführt, dass China von seinen sozialistischen Prinzipien abgewichen ist. Das Entstehen einer neuen kapitalistischen Klasse und die bedeutende Rolle der Marktkräfte in der Wirtschaft werfen Fragen zur wahren Natur des chinesischen Sozialismus auf. Obwohl der Staat die Kontrolle über zentrale Sektoren beibehält, stellt der zunehmende Einfluss privaten Kapitals und die wachsende Wohlstandskluft die Vision einer klassenlosen Gesellschaft, wie sie in der traditionellen marxistischen Theorie vorgesehen ist, in Frage.

Trotz dieser Kritik betont die chinesische Regierung, dass der „Sozialismus mit chinesischen Charakteristika" den Kernzielen des Marxismus treu bleibt: die Verbesserung der materiellen Lebensbedingungen der Bevölkerung, die Modernisierung der Wirtschaft und die Sicherung sozialer Stabilität. Die Regierung hebt hervor, dass das ultimative Ziel dieser Reformen der Aufbau einer wohlhabenden und harmonischen sozialistischen Gesellschaft ist, in der die Vorteile der wirtschaftlichen Entwicklung breit geteilt werden.

Die von Deng Xiaoping initiierten Reformen führten zur Einführung von Marktwirtschaftsmechanismen, zur Dezentralisierung der wirtschaftlichen Kontrolle und zur Öffnung Chinas für ausländische Investitionen – alles innerhalb des Rahmens staatlicher Kontrolle über zentrale Sektoren. Der Begriff „Sozialismus mit chinesischen Charakteristika" spiegelt eine pragmatische Anpassung marxistischer Prinzipien an die einzigartigen Bedingungen Chinas wider und führte zu erheblichen wirtschaftlichen Wachstum und Entwicklung. Obwohl diese Reformen weithin als erfolgreich gelten, haben sie auch Debatten über die wahre Natur des chinesischen

> *Sozialismus und die Herausforderungen ausgelöst, die Marktmechanismen mit sozialistischen Zielen in Einklang zu bringen.*

2. IDEOLOGISCHE ANPASSUNG

SOZIALISMUS MIT CHINESISCHEN CHARAKTERISTIKA UND NEUER MARXISMUS

Mit dem Fortschreiten von Chinas Entwicklung argumentieren einige Wissenschaftler, dass das Modell des Landes eine neue Form des Marxismus darstellt, die traditionelle sozialistische Prinzipien mit marktorientierten Reformen kombiniert, um aktuellen Herausforderungen zu begegnen.

Während Maos Ära auf radikalem Egalitarismus, Kollektivierung und Massenmobilisierungskampagnen wie dem „Großen Sprung nach vorn" und der Kulturrevolution beruhte, führte Deng Xiaoping Elemente der Marktwirtschaft ein, um Wachstum und Modernisierung zu fördern. Diese ideologische Anpassung zielte darauf ab, die Kernziele des Marxismus—wie die Verringerung von Ungleichheit und die Förderung des sozialen Wohlergehens—beizubehalten, während pragmatische wirtschaftliche Politiken angenommen wurden, um diese Ziele zu erreichen.

Die Reformen Deng Xiaopings wurden von der Erkenntnis getrieben, dass die strikte Anwendung marxistisch-leninistischer Prinzipien zu erheblichen wirtschaftlichen Ineffizienzen und sozialen Härten geführt hatte. Die Misserfolge des „Großen Sprungs nach vorn" und der

Kulturrevolution verdeutlichten die Notwendigkeit eines flexibleren und pragmatischeren Ansatzes zur wirtschaftlichen Entwicklung. Dengs Politiken umfassten die Einrichtung von Sonderwirtschaftszonen, die Dezentralisierung wirtschaftlicher Entscheidungsprozesse, die Förderung privater Unternehmen und die Anziehung ausländischer Investitionen. Diese Reformen wurden als „Öffnung" der Wirtschaft dargestellt, während die sozialistische Natur des Staates erhalten bleiben sollte.

Der ideologische Wandel hin zu „Sozialismus mit chinesischen Charakteristika" kann als Versuch gesehen werden, das Bedürfnis nach wirtschaftlichem Wachstum und Modernisierung mit den Prinzipien des Sozialismus zu versöhnen. Dieser Ansatz erkennt die Bedeutung von Marktmechanismen für die wirtschaftliche Entwicklung an, während er gleichzeitig die Rolle des Staates bei der Lenkung und Regulierung der Wirtschaft betont, um soziale Gerechtigkeit und Stabilität zu gewährleisten. Das chinesische Modell weicht vom orthodoxen Marxismus ab, indem es Elemente des Kapitalismus wie Privateigentum und Marktwettbewerb in einen sozialistischen Rahmen integriert.

Diese pragmatische Anpassung hat zu bedeutenden wirtschaftlichen Erfolgen geführt. Seit der Umsetzung von Dengs Reformen hat China ein beispielloses Wirtschaftswachstum erlebt und sich von einer überwiegend agrarischen Gesellschaft zur zweitgrößten Volkswirtschaft der Welt entwickelt. Hunderte Millionen Menschen wurden aus der Armut befreit, und das Land hat erhebliche Fortschritte in Infrastruktur, Technologie und Bildung gemacht. Der Aufstieg Chinas zu einer globalen Wirtschaftsmacht wird oft als Beweis für den Erfolg des „Sozialismus mit chinesischen Charakteristika" angesehen.

Die Einbeziehung marktorientierter Reformen hat jedoch auch neue Herausforderungen und Widersprüche mit sich gebracht. Während das Wirtschaftswachstum beeindruckend war, ging es mit steigender Einkommensungleichheit, Umweltzerstörung und sozialen Spannungen einher. Die rasche Entwicklung einer kapitalistischen Klasse, oder „neuen Bourgeoisie", innerhalb eines nominell sozialistischen Staates stellt ein Paradoxon dar, das Fragen über die langfristige Nachhaltigkeit und ideologische Kohärenz des chinesischen Modells aufwirft.

Kritiker argumentieren, dass die Integration kapitalistischer Elemente die grundlegenden Prinzipien des Marxismus untergräbt, der die Abschaffung des Privateigentums an den Produktionsmitteln und die Errichtung einer klassenlosen Gesellschaft fordert. Aus dieser Perspektive widerspricht der Aufstieg privater Unternehmen und die zunehmende Konzentration von Reichtum und Macht in den Händen weniger dem marxistischen Ziel sozialer Gerechtigkeit und kollektiven Eigentums. Das Fortbestehen erheblicher sozialer Ungleichheiten deutet darauf hin, dass die Vorteile des Wirtschaftswachstums nicht gleichmäßig verteilt wurden, was Zweifel daran aufwirft, inwieweit China noch als wahrhaft sozialistischer Staat angesehen werden kann.

Befürworter des chinesischen Modells hingegen argumentieren, dass der „Sozialismus mit chinesischen Charakteristika" eine neue Form des Marxismus darstellt, die besser auf die aktuellen Herausforderungen abgestimmt ist. Sie betonen, dass die pragmatische Integration von Marktmechanismen eine effizientere Ressourcenverteilung, höhere Produktivität und schnelleren technologischen Fortschritt ermöglicht, die alle notwendig sind, um langfristige sozialistische Ziele zu erreichen. Durch die Beibehaltung der staatlichen Kontrolle über zentrale Sektoren und die Umsetzung umverteilender Politiken zielt die chinesische Regierung darauf ab, die Vorteile des marktorientierten Wachstums mit der Notwendigkeit sozialer Gerechtigkeit und Stabilität in Einklang zu bringen.

Diese Perspektive deutet darauf hin, dass das chinesische Modell keine Abkehr vom Marxismus ist, sondern vielmehr eine Weiterentwicklung. In diesem Sinne wird der Marxismus als lebendige Ideologie betrachtet, die sich an veränderte historische und materielle Bedingungen anpassen muss. Die Flexibilität des „Sozialismus mit chinesischen Charakteristika" ermöglicht die pragmatische Einführung von Politiken, die die wirtschaftliche Entwicklung fördern und den Lebensstandard verbessern, während das sozialistische Engagement zur Verringerung von Ungleichheit und zur breiten Teilung der Wachstumsgewinne erhalten bleibt.

Die Debatte darüber, ob das chinesische Modell eine neue Form des Marxismus darstellt, unterstreicht die Komplexität der praktischen Anwendung marxistischer Prinzipien. Einerseits kann die Fähigkeit der chinesischen Regierung, rasches Wirtschaftswachstum zu erzielen und Millionen aus der Armut zu befreien, als Bestätigung für die Anpassungsfähigkeit und Relevanz marxistischer Prinzipien in der modernen Ära angesehen werden. Andererseits werfen die erheblichen sozialen und wirtschaftlichen Ungleichheiten Fragen darüber auf, inwieweit das chinesische Modell den Kernidealen des Marxismus treu bleibt.

Während der „Sozialismus mit chinesischen Charakteristika" bedeutende wirtschaftliche Erfolge erzielt hat, bringt er auch Herausforderungen und Widersprüche mit sich, die weiterhin Debatten über seine Vereinbarkeit mit marxistischen Prinzipien auslösen. Ob als Abkehr von oder Weiterentwicklung des Marxismus betrachtet, bietet das chinesische Modell eine einzigartige und einflussreiche Perspektive auf die Anwendung sozialistischer Prinzipien in der modernen Welt.

3. IST CHINA NOCH EIN KOMMUNISTISCHES LAND?

WIRTSCHAFTLICHE PRAKTIKEN UND IDEOLOGISCHE FLEXIBILITÄT

Die Rolle von Marktmechanismen in Chinas Wirtschaft hat in den letzten vier Jahrzehnten erheblich zugenommen. Heute spielen private Unternehmen eine zentrale Rolle bei der Förderung von Wirtschaftswachstum, Innovation und Beschäftigung. Die Kommunistische Partei hat die Entwicklung eines lebhaften privaten Sektors nicht nur erlaubt, sondern aktiv gefördert, während sie die staatliche Kontrolle über Schlüsselindustrien wie Energie, Telekommunikation und Finanzen beibehält. Dieser duale Ansatz hat ein rasantes Wirtschaftswachstum ermöglicht, China zur zweitgrößten Volkswirtschaft der Welt gemacht und Hunderte Millionen Menschen aus der Armut befreit.

Die Integration von Marktmechanismen in ein nominell sozialistisches System unterstreicht die ideologische Flexibilität der Kommunistischen Partei. Das Konzept des „Sozialismus mit chinesischen Charakteristika" spiegelt den pragmatischen Ansatz der Partei wider, die wirtschaftliche Entwicklung und Stabilität über die strikte Einhaltung marxistischer Orthodoxie stellt. Diese ideologische Flexibilität erlaubt es der Kommunistischen Partei, Politiken umzusetzen, die traditionellen marxistischen Prinzipien widersprechen mögen—wie die Förderung privaten Unternehmertums und ausländischer Investitionen—während sie diese Maßnahmen als notwendige Schritte zur Erreichung der übergeordneten Ziele des Sozialismus darstellt.

Die Anpassung des Marxismus durch die Kommunistische Partei zeigt sich in ihren theoretischen Entwicklungen und politischen Innovationen. Das Konzept der „sozialistischen Marktwirtschaft" etwa ist ein Versuch, die Vorteile des Marktwettbewerbs mit den Zielen des Sozialismus in Einklang zu bringen. Dieses Modell strebt an, die Effizienz und Dynamik von Marktmechanismen zu nutzen, um wirtschaftliches Wachstum und Innovation anzukurbeln, während der Staat die Kontrolle über strategische Sektoren und die allgemeine Wirtschaftsausrichtung behält. Die Kommunistische Partei argumentiert, dass dieser Ansatz es China ermöglicht, eine rasche wirtschaftliche Entwicklung und Modernisierung zu erreichen, ohne seine sozialistischen Prinzipien zu opfern.

Der Erfolg der Anwendung des Marxismus in China ist Gegenstand intensiver Debatten. Einerseits sind die wirtschaftlichen Errungenschaften der letzten Jahrzehnte unbestreitbar. Chinas rasante Industrialisierung, Urbanisierung und technologische Fortschritte haben die Lebensstandards der Bevölkerung dramatisch verbessert. Das Land ist ein globaler Führer in verschiedenen Branchen, von der Produktion bis zur Technologie, und spielt eine zunehmend bedeutende Rolle in internationalen Angelegenheiten. Die Verringerung der Armut und der Ausbau der Mittelschicht werden oft als Beweise für den Erfolg von Chinas einzigartiger Mischung aus Sozialismus und Marktwirtschaft angeführt.

Andererseits wirft die bedeutende Rolle von Marktmechanismen und privatem Unternehmertum Fragen darüber auf, inwieweit China den traditionellen marxistischen Prinzipien treu bleibt. Kritiker argumentieren, dass der Anstieg der Einkommensungleichheit, die Konzentration von Reichtum in den Händen einer neuen kapitalistischen Klasse und das Fortbestehen sozialer Ungleichheiten eine Abkehr von den Kernidealen des Marxismus darstellen, die Gleichheit und kollektives Eigentum betonen. Die Existenz von Milliardären und großen Privatunternehmen in einem nominell sozialistischen Staat legt nahe, dass die Politiken der Kommunistischen Partei ein hybrides System geschaffen haben, das Elemente sowohl des Kapitalismus als auch des Sozialismus umfasst.

Die autoritäre Regierungsführung der Kommunistischen Partei und die Unterdrückung politischer Opposition stellen weitere Herausforderungen für die Idee einer wirklich sozialistischen Gesellschaft dar. Die marxistische Theorie plädiert für die schrittweise Errichtung einer klassenlosen, staatenlosen Gesellschaft, die durch demokratische Kontrolle der Produktionsmittel gekennzeichnet ist. Die strikte Kontrolle der politischen Macht durch die Kommunistische Partei und ihre Intoleranz gegenüber Opposition untergraben jedoch die Aussichten auf einen demokratischen Sozialismus. Der Mangel an politischen Freiheiten und die anhaltende Dominanz der Kommunistischen Partei werfen Bedenken hinsichtlich der Vereinbarkeit von Chinas politischem System mit den marxistischen Prinzipien der proletarischen Demokratie und sozialen Gerechtigkeit auf.

Die Beziehung zwischen Marxismus und seiner Anwendung in China ist durch einen pragmatischen und flexiblen

> *Ansatz gekennzeichnet, der darauf abzielt, die Ziele des Sozialismus mit den praktischen Anforderungen der wirtschaftlichen Entwicklung in Einklang zu bringen. Die Anpassung des Marxismus durch die Kommunistische Partei, zusammengefasst im Konzept des „Sozialismus mit chinesischen Charakteristika", stellt eine bedeutende Abkehr von traditionellen kommunistischen Wirtschaftspraktiken dar, indem Marktmechanismen und privates Unternehmertum integriert werden, um Wachstum und Modernisierung voranzutreiben. Obwohl dieser Ansatz bemerkenswerte wirtschaftliche Erfolge erzielt hat, bringt er auch Widersprüche und Herausforderungen mit sich, die die Bewertung seiner Übereinstimmung mit marxistischen Prinzipien erschweren. Ob als erfolgreiche Anpassung des Marxismus an moderne Bedingungen oder als Abkehr von seinen revolutionären Idealen betrachtet, bietet Chinas Modell eine einzigartige und einflussreiche Perspektive auf die Anwendung sozialistischer Prinzipien in der modernen Welt.*

WIRTSCHAFTLICHE KENNZAHLEN: BIP-WACHSTUM UND INDUSTRIALISIERUNG

Eines der auffälligsten wirtschaftlichen Indikatoren, die den Erfolg der Anwendung des Marxismus in China belegen, ist das BIP-Wachstum. Seit den späten 1970er Jahren, als China unter der Führung von Deng Xiaoping marktorientierte Reformen einführte, hat das Land durchgehend hohe Wachstumsraten verzeichnet. Diese Reformen bedeuteten eine Abkehr von der strikten zentralen Planwirtschaft der Mao-Ära und führten Elemente der Marktwirtschaft in den sozialistischen Rahmen ein, was zur Entwicklung des „Sozialismus mit chinesischen Charakteristika" führte.

Chinas BIP-Wachstum ist über mehrere Jahrzehnte hinweg bemerkenswert geblieben. Diese anhaltend hohen Wachstumsraten haben China von einer relativ armen, agrarischen Gesellschaft zur zweitgrößten Volkswirtschaft der Welt gemacht. Die rasche Expansion der chinesischen Wirtschaft hat Hunderte Millionen Menschen aus der Armut befreit, die Lebensstandards verbessert und Chinas Einfluss auf der globalen Bühne verstärkt. Diese wirtschaftliche Transformation wird oft als Schlüsselindikator für den Erfolg von Chinas Anpassung des Marxismus angeführt und zeigt, wie die Integration von Marktmechanismen in einen sozialistischen Rahmen erhebliches wirtschaftliches Wachstum fördern kann.

Ein weiterer entscheidender wirtschaftlicher Indikator ist die Industrialisierung. Chinas rasante Entwicklung und technologische Fortschritte in den letzten Jahrzehnten stehen im Mittelpunkt seines wirtschaftlichen Erfolgs. Die Industrialisierung in China zeichnet sich durch massive Investitionen in Infrastruktur, den Aufbau eines robusten Fertigungssektors und bedeutende Fortschritte in Technologie und Innovation aus. Die chinesische Regierung hat in diesem Prozess eine zentrale Rolle gespielt, indem sie Ressourcen gelenkt und Strategien entwickelt hat, um industrielles Wachstum und technologische Entwicklung zu fördern.

Chinas Industriesektor ist inzwischen der größte der Welt und produziert eine breite Palette von Gütern, von grundlegenden Konsumgütern bis hin zu hochentwickelten technologischen Geräten. Das Land hat sich zu einem globalen Produktionszentrum entwickelt und exportiert große Mengen von Waren in Märkte auf der ganzen Welt. Diese industrielle Stärke ist ein Haupttreiber des chinesischen Wirtschaftswachstums und hat erheblich zum steigenden BIP des Landes beigetragen.

Technologischer Fortschritt ist ebenfalls ein Kennzeichen von Chinas Industrialisierung. Die chinesische Regierung hat massiv in Forschung und Entwicklung investiert, was zu Durchbrüchen in Bereichen wie Telekommunikation, erneuerbare Energien und künstliche Intelligenz geführt hat. China beherbergt heute einige der weltweit größten und innovativsten Technologieunternehmen, und seine technologischen Fortschritte haben das Land als führend in der globalen digitalen Wirtschaft positioniert.

Der Erfolg von Chinas Industrialisierung und technologischem Fortschritt spiegelt sich auch in seiner Urbanisierung wider. Massive Infrastrukturprojekte, wie der Bau von Hochgeschwindigkeitsbahnnetzen, Autobahnen und modernen Städten, haben die Migration von Millionen Menschen aus ländlichen Gebieten in städtische Zentren unterstützt. Diese Urbanisierung hat nicht nur das Wirtschaftswachstum angekurbelt, sondern auch die Lebensqualität vieler chinesischer Bürger verbessert, indem sie besseren Zugang zu Bildung, Gesundheitsversorgung und Beschäftigungsmöglichkeiten geschaffen hat.

Obwohl das BIP-Wachstum und die Industrialisierung beeindruckende Indikatoren für den Erfolg der Anwendung des Marxismus in China sind, ist es wichtig, den breiteren Kontext und die damit verbundenen Herausforderungen zu berücksichtigen. Die Integration von Marktmechanismen hat zu erheblichen wirtschaftlichen Disparitäten und Umweltbelastungen geführt. Die Einkommensungleichheit ist stark gestiegen, und die Kluft zwischen Reichen und Armen wächst. Das schnelle Tempo der Industrialisierung hat auch schwerwiegende Umweltprobleme wie Luft- und Wasserverschmutzung, Abholzung und den Klimawandel mit sich gebracht.

Kritiker argumentieren, dass diese Probleme die Widersprüche im Modell des „Sozialismus mit chinesischen Charakteristika" widerspiegeln. Das Streben nach schnellem Wirtschaftswachstum ging manchmal auf Kosten des sozialen und ökologischen Wohlergehens, was Fragen zur Nachhaltigkeit und Gerechtigkeit von Chinas Entwicklungsweg aufwirft. Aus marxistischer Perspektive könnten die zunehmende Konzentration von Reichtum und die Umweltkosten der Industrialisierung als Abweichungen von den Kernprinzipien des Marxismus angesehen werden, die soziale Gerechtigkeit und nachhaltige Entwicklung betonen.

Trotz dieser Herausforderungen argumentieren viele Befürworter von Chinas Ansatz, dass der wirtschaftliche Erfolg des Landes die Lebensfähigkeit einer pragmatischen Anpassung marxistischer Prinzipien belegt. Sie führen an, dass die erheblichen Verbesserungen der Lebensstandards, die Verringerung der Armut und die Fortschritte in Technologie und Infrastruktur klare Indikatoren für den Erfolg sind. Zudem betonen sie, dass die chinesische Regierung weiterhin großen Wert auf soziale Wohlfahrt legt und zunehmend Maßnahmen und Reformen einführt, um Ungleichheit und Umweltprobleme anzugehen.

Diese Kennzahlen zeigen die bedeutenden wirtschaftlichen Errungenschaften Chinas durch die Anpassung marxistischer Prinzipien und unterstreichen die Transformation des Landes zu einer globalen Wirtschaftsmacht. Die damit verbundenen Herausforderungen, darunter wachsende Ungleichheit und Umweltzerstörung, verdeutlichen jedoch die Komplexität und Widersprüche dieses Ansatzes. Ob als erfolgreiche Anpassung des Marxismus oder als pragmatische Abweichung von seinen traditionellen Prinzipien betrachtet, bietet Chinas Modell

> *wertvolle Einblicke in das Potenzial, sozialistische Ideale mit marktorientierten Reformen zu verbinden, um wirtschaftliche Entwicklung zu erreichen.*

SOZIALE KENNZAHLEN: ARMUTSBEKÄMPFUNG UND MENSCHLICHE ENTWICKLUNG

Eine der bedeutendsten sozialen Kennzahlen, die den Erfolg der Anwendung marxistischer Prinzipien in China belegen, ist die Armutsbekämpfung. Seit Ende der 1970er Jahre, als China unter der Führung von Deng Xiaoping mit wirtschaftlichen Reformen begann, hat das Land bemerkenswerte Fortschritte bei der Reduzierung der Armut erzielt. Diese Reformen markierten einen Wandel von strenger zentraler Planung hin zu einem stärker marktorientierten Ansatz, der die Dezentralisierung wirtschaftlicher Entscheidungen, die Einführung von Marktmechanismen sowie die Förderung privater Unternehmen und ausländischer Investitionen umfasste.

Die Ergebnisse dieser Reformen sind dramatisch. Laut der Weltbank wurden seit den späten 1970er Jahren über 850 Millionen Menschen in China aus extremer Armut befreit. Dies stellt eine der bedeutendsten und schnellsten Armutsreduktionen in der Menschheitsgeschichte dar. Die Armutsrate in China sank von etwa 88 Prozent im Jahr 1981 auf weniger als 1 Prozent in den letzten Jahren. Dieser erhebliche Rückgang der Armut ist ein Beleg für die Wirksamkeit der Wirtschaftspolitik Chinas und seine Fähigkeit, Marktmechanismen innerhalb eines sozialistischen Rahmens zu nutzen, um wirtschaftliches Wachstum zu fördern und den Lebensstandard zu verbessern.

Chinas Bemühungen zur Armutsbekämpfung sind vielschichtig und umfassen eine Kombination aus Wirtschaftswachstum, gezielten Armutsbekämpfungsprogrammen und sozialpolitischen Maßnahmen. Das schnelle Wirtschaftswachstum, angetrieben durch Industrialisierung, Urbanisierung und Infrastrukturentwicklung, hat Millionen von Arbeitsplätzen geschaffen und die Einkommen vieler chinesischer Bürger erhöht. Darüber hinaus hat die chinesische Regierung gezielte Programme zur Armutsbekämpfung umgesetzt, um die Lebensbedingungen der am meisten gefährdeten Bevölkerungsgruppen zu verbessern. Diese Programme beinhalten Investitionen in ländliche Infrastruktur, Wohnungsbau, Bildung und Gesundheitsversorgung sowie direkte finanzielle Unterstützung für einkommensschwache Haushalte.

Ein weiterer entscheidender sozialer Indikator ist die menschliche Entwicklung, die Verbesserungen in den Bereichen Gesundheit, Bildung und allgemeiner Lebensstandard umfasst. In den letzten Jahrzehnten hat China erhebliche Fortschritte bei der Verbesserung des Wohlergehens seiner Bevölkerung durch Investitionen in das Gesundheitswesen, Bildung und breitere soziale Entwicklungsinitiativen erzielt.

Im Bereich der Gesundheitsversorgung hat China den Zugang zu medizinischen Diensten erheblich ausgeweitet und die öffentlichen Gesundheitsstandards verbessert. Die chinesische Regierung hat umfangreiche Investitionen in den Aufbau von Gesundheitsinfrastruktur, die Ausbildung von medizinischem Personal und die Bereitstellung erschwinglicher Gesundheitsdienste für die Bevölkerung getätigt. Infolgedessen ist die Lebenserwartung in China von etwa 66 Jahren im Jahr 1978 auf über 77 Jahre in den letzten Jahren gestiegen. Auch die Säuglingssterblichkeitsrate ist erheblich gesunken, was auf Verbesserungen in der Gesundheitsversorgung von Müttern und Kindern hinweist. Die Bemühungen der Regierung zur Bekämpfung von Infektionskrankheiten und zur Förderung der öffentlichen Gesundheit haben zu besseren gesundheitlichen Ergebnissen für die gesamte Bevölkerung beigetragen.

Bildung ist ein weiterer Bereich, in dem China erhebliche Fortschritte erzielt hat. Die chinesische Regierung hat Bildung als zentralen Bestandteil ihrer Entwicklungsstrategie priorisiert, da sie deren Bedeutung für Wirtschaftswachstum und soziale Mobilität anerkennt. In den letzten Jahrzehnten hat China den Zugang zu Grund- und Sekundarbildung ausgeweitet, die Investitionen in die Hochschulbildung erhöht und die Qualität der Bildungseinrichtungen verbessert. Infolgedessen sind die Alphabetisierungsraten deutlich gestiegen, und das Land verfügt heute über eines der größten und wettbewerbsfähigsten Hochschulsysteme der Welt. Der Fokus auf Bildung hat auch zu technologischen Fortschritten und wirtschaftlicher Wettbewerbsfähigkeit beigetragen, da eine gut ausgebildete Arbeitskraft für Innovation und Produktivität entscheidend ist.

Der allgemeine Lebensstandard in China hat sich durch das Wirtschaftswachstum und die sozialpolitischen Maßnahmen des Landes erheblich verbessert. Die rasche Urbanisierung und Industrialisierung Chinas haben zur Entwicklung moderner Städte mit fortschrittlicher Infrastruktur, einschließlich Verkehrsnetzen, Wohnungsbau und öffentlichen Dienstleistungen, geführt. Dies hat die Lebensqualität vieler chinesischer Bürger verbessert, indem es besseren Zugang zu Annehmlichkeiten und Chancen bietet. Darüber hinaus hat die Ausweitung von Sozialprogrammen wie Rentensystemen und Arbeitslosenunterstützung dazu beigetragen, ein

Sicherheitsnetz für die Bevölkerung bereitzustellen, die Verwundbarkeit zu verringern und die soziale Stabilität zu fördern.

Der Erfolg der Anwendung des Marxismus in China, wie er in diesen sozialen Kennzahlen zum Ausdruck kommt, kann auf die pragmatische Anpassung marxistischer Prinzipien an den spezifischen Kontext des Landes zurückgeführt werden. Der Ansatz des „Sozialismus mit chinesischen Merkmalen" vereint sozialistische Ideale mit marktorientierten Reformen, um wirtschaftliches Wachstum und soziale Entwicklung zu erreichen. Indem China sowohl auf wirtschaftliche Effizienz als auch auf soziale Gerechtigkeit setzt, konnte es erhebliche Verbesserungen im Wohlbefinden seiner Bevölkerung erzielen.

Es ist jedoch wichtig, die Herausforderungen und Widersprüche anzuerkennen, die diesen Erfolg begleiten. Während die Armutsbekämpfung und die menschliche Entwicklung beeindruckend waren, haben das schnelle Wirtschaftswachstum und die marktorientierten Reformen auch zu steigender Einkommensungleichheit und sozialen Disparitäten geführt. Die Vorteile des Wirtschaftswachstums sind nicht gleichmäßig verteilt, wobei erhebliche Unterschiede zwischen städtischen und ländlichen Gebieten sowie zwischen verschiedenen Regionen des Landes bestehen. Die Bewältigung dieser Ungleichheiten bleibt eine entscheidende Herausforderung für China, während es sein Modell des Sozialismus weiterentwickelt und verfeinert.

Chinas bemerkenswerte Erfolge bei der Armutsbekämpfung sowie der Verbesserung von Gesundheit, Bildung und Lebensstandards unterstreichen die Wirksamkeit seines pragmatischen Ansatzes zur Anwendung marxistischer

> *Prinzipien. Durch die Anpassung des Marxismus an seinen spezifischen Kontext und die Integration marktorientierter Reformen konnte China sowohl wirtschaftliches Wachstum vorantreiben als auch das Wohlergehen seiner Bevölkerung verbessern. Obwohl Herausforderungen und Widersprüche weiterhin bestehen, bietet der Erfolg des chinesischen Modells wertvolle Erkenntnisse über das Potenzial, sozialistische Ideale mit pragmatischen Wirtschaftspolitiken zu verbinden, um sozialen und wirtschaftlichen Fortschritt zu erzielen.*

POLITISCHE KENNZAHLEN: STABILITÄT UND KONTROLLE

Die politische Stabilität ist seit der Gründung der Volksrepublik China im Jahr 1949 ein Grundpfeiler der Regierungsführung der Kommunistischen Partei Chinas (KPCh). Die Partei hat diese Stabilität durch eine Kombination aus ideologischer Kontrolle, wirtschaftlicher Entwicklung und autoritären Maßnahmen aufrechterhalten. Diese Stabilität ist entscheidend für die Fähigkeit der Partei, ihre Politik umzusetzen und ihre Herrschaft zu sichern. Aus marxistischer Perspektive sollte der Staat als Instrument des Proletariats agieren und das Land auf den Sozialismus ausrichten. Die Methoden der KPCh zur Wahrung der Stabilität weichen jedoch manchmal von marxistischen Idealen proletarischer Demokratie und Arbeiterkontrolle ab.

Der Ansatz der KPCh zur Aufrechterhaltung der politischen Stabilität basiert auf einem streng kontrollierten politischen System mit begrenztem politischen Pluralismus. Die KPCh ist die einzige regierende Partei, und Oppositionsparteien sind entweder verboten oder stark reguliert. Dieses Einparteiensystem ermöglicht es der KPCh, ihre Politik ohne die Herausforderungen politischer Konkurrenz umzusetzen und eine einheitliche Regierungsrichtung sicherzustellen.

Die Partei rechtfertigt diesen Ansatz mit der Argumentation, dass politische Stabilität für wirtschaftliche Entwicklung und sozialen Fortschritt unerlässlich ist, die zentrale Ziele des Marxismus darstellen.

Autoritäre Maßnahmen haben eine bedeutende Rolle bei der Wahrung dieser Stabilität gespielt. Die KPCh setzt verschiedene Mechanismen ein, um abweichende Meinungen zu kontrollieren und die Einhaltung ihrer Politik zu gewährleisten. Dazu gehören strenge Zensur von Medien und Internet, Überwachung der Bevölkerung und Unterdrückung politischer Opposition. Menschenrechtsorganisationen kritisieren diese Maßnahmen häufig als Verletzungen grundlegender Bürgerrechte und Menschenrechte. Dennoch argumentiert die KPCh, dass solche Maßnahmen notwendig seien, um Chaos zu verhindern und Ordnung zu bewahren, insbesondere angesichts der großen Bevölkerung und der vielfältigen soziopolitischen Landschaft Chinas.

Die wirtschaftliche Entwicklung war ein weiterer entscheidender Faktor für die politische Stabilität in China. Das rasche Wirtschaftswachstum und die Verbesserung der Lebensstandards in den letzten Jahrzehnten haben zur Legitimität der Herrschaft der KPCh beigetragen. Durch die Bereitstellung greifbarer Vorteile für die Bevölkerung konnte die Partei breite öffentliche Unterstützung gewinnen und das Potenzial für politische Unruhen verringern. Dies steht im Einklang mit den marxistischen Prinzipien, soweit es die Verbesserung der materiellen Bedingungen der Arbeiterklasse betont, auch wenn die Methoden und Ergebnisse von den traditionellen marxistischen Vorschriften abweichen.

Ein weiterer zentraler politischer Indikator für den Erfolg der Anwendung des Marxismus in China ist die effektive Kontrolle über die nationale und regionale Regierungsführung.

Die KPCh hat eine stark zentralisierte Regierungsstruktur etabliert, die es ihr ermöglicht, die Kontrolle über das gesamte Land auszuüben. Diese Zentralisierung erlaubt eine koordinierte Umsetzung der Politik und eine schnelle Reaktion auf nationale Herausforderungen. Die Partei wahrt die Kontrolle durch eine hierarchische Struktur, die sich von der Zentralregierung bis hin zu lokalen Ebenen erstreckt und sicherstellt, dass ihre Politik landesweit effektiv umgesetzt wird.

Auf nationaler Ebene zeigt sich die Kontrolle der KPCh in ihrer Dominanz über die gesetzgebende, exekutive und judikative Gewalt. Der Nationale Volkskongress, das höchste gesetzgebende Organ Chinas, wird effektiv von der KPCh kontrolliert, wodurch sichergestellt wird, dass Gesetze und Politiken mit den Vorgaben der Partei übereinstimmen. Die Exekutive, angeführt vom Staatsrat und dem Präsidenten, wird ebenfalls von der KPCh dominiert, was die Umsetzung der Parteipolitik ohne wesentlichen Widerstand ermöglicht. Die Justiz, obwohl formell unabhängig, arbeitet unter dem Einfluss der KPCh, um sicherzustellen, dass rechtliche Entscheidungen die Ziele der Partei unterstützen.

Auf regionaler und lokaler Ebene wahrt die KPCh ihre Kontrolle durch ein Netzwerk aus provinziellen, kommunalen und lokalen Parteikomitees. Diese Komitees gewährleisten, dass lokale Regierungen zentrale Politiken umsetzen und mit den Zielen der Partei übereinstimmen. Die organisatorische Struktur der KPCh ermöglicht eine effektive Regierungsführung und die Fähigkeit, regionale Unterschiede und lokale Probleme anzugehen. Diese hierarchische Kontrolle ist ein entscheidender Faktor für die Fähigkeit der KPCh, nationale Kohäsion und Stabilität zu wahren.

Diese zentralisierte Kontrolle und der fehlende politische Pluralismus bergen jedoch auch erhebliche Herausforderungen und Widersprüche. Aus marxistischer Perspektive kann die Konzentration der Macht in den Händen einer einzigen Partei zu Bürokratismus, Korruption und einer Entfremdung von der Bevölkerung führen. Kritiker argumentieren, dass die autoritären Methoden der KPCh und die strikte Kontrolle des politischen Lebens abweichende Meinungen unterdrücken, politische Freiheiten einschränken und echte demokratische Beteiligung behindern. Diese Probleme werfen Fragen zur Vereinbarkeit des Regierungsmodells der KPCh mit den marxistischen Idealen proletarischer Demokratie und Arbeiterkontrolle auf.

Trotz dieser Herausforderungen argumentieren viele Befürworter des chinesischen Ansatzes, dass die unter der KPCh erreichte politische Stabilität und effektive Regierungsführung entscheidend für die weitere Entwicklung und Modernisierung des Landes sind. Sie betonen, dass die Fähigkeit der KPCh, Stabilität zu wahren, langfristige Politiken umzusetzen und wirtschaftliches Wachstum zu fördern, den Erfolg ihrer Anpassung des Marxismus demonstriert. Indem sie Stabilität und Kontrolle priorisiert, hat die KPCh ein Umfeld geschaffen, das wirtschaftliche Entwicklung und sozialen Fortschritt begünstigt – zentrale Ziele der marxistischen Theorie.

Die Kommunistische Partei hat politische Stabilität durch autoritäre Mittel und eine effektive Kontrolle über die nationale und regionale Regierungsführung aufrechterhalten, wodurch eine einheitliche Ausrichtung bei der Umsetzung von Politiken gewährleistet wird. Obwohl diese Methoden Chinas wirtschaftliche Entwicklung und sozialen Fortschritt

> *gefördert haben, stellen sie auch Herausforderungen und Widersprüche zu marxistischen Prinzipien von Demokratie und Arbeiterkontrolle dar. Ob dieser Ansatz als erfolgreich angesehen wird, hängt von der Perspektive ab: Das Regierungsmodell der Kommunistischen Partei hat bedeutende Stabilität und Entwicklung erreicht, wirft jedoch auch wichtige Fragen zu politischen Freiheiten und der wahren Natur des Sozialismus in China auf.*

Die Beziehung zwischen Marxismus und seiner Anwendung in China ist komplex und beinhaltet eine erhebliche Anpassung traditioneller marxistischer Prinzipien. Chinas Mischung aus staatlicher Kontrolle und marktwirtschaftlichen Mechanismen hat zu bemerkenswerten wirtschaftlichen und sozialen Errungenschaften geführt. Dieses Modell weicht jedoch auch deutlich von der klassischen marxistischen Theorie ab, insbesondere in Bezug auf Privateigentum und Marktwettbewerb.

Ob China noch ein kommunistisches Land ist oder eine neue Form des Marxismus repräsentiert, hängt von den verwendeten Kriterien ab. Wird es nach dem traditionellen marxistischen Ziel beurteilt, Klassendifferenzen zu beseitigen und eine staatenlose, klassenlose Gesellschaft zu erreichen, so entspricht das derzeitige Modell Chinas nicht vollständig diesen Idealen. Wird es jedoch auf der Grundlage pragmatischer Anpassungen marxistischer Prinzipien zur Erreichung nationaler Entwicklungsziele bewertet, kann Chinas Modell als neue Iteration des Marxismus angesehen werden, die auf die zeitgenössischen Realitäten zugeschnitten ist.

FALLSTUDIE: SOWJETUNION

1. MARXISMUS UND SEINE ANWENDUNG IN DER SOWJETUNION

IDEOLOGISCHE GRUNDLAGE

Die Sowjetunion wurde auf der marxistisch-leninistischen Ideologie gegründet, die das Ziel hatte, eine klassenlose und staatenlose Gesellschaft durch die Diktatur des Proletariats zu schaffen. Diese ideologische Grundlage basierte auf den Werken von Karl Marx und Wladimir Lenin, die eine revolutionäre Transformation der Gesellschaft envisierten, bei der die Arbeiterklasse die Bourgeoisie stürzen und einen sozialistischen Staat errichten würde. Lenin passte die marxistische Theorie an die spezifischen Bedingungen Russlands an und betonte die Notwendigkeit einer Avantgardepartei, die das Proletariat im revolutionären Kampf anführen und einen sozialistischen Staat aufbauen sollte.

Die ideologische Grundlage der Sowjetunion wurde während der Oktoberrevolution 1917 gelegt, als die Bolschewiki-Partei unter der Führung Lenins die Macht von der Provisorischen Regierung übernahm. Diese Revolution markierte den Beginn des sowjetischen Staates, der darauf abzielte, die Prinzipien des Marxismus durch eine Reihe radikaler Transformationen umzusetzen. Die Hauptziele der Sowjetunion waren die Abschaffung des Privateigentums, die Verstaatlichung der

Industrie, die Kollektivierung der Landwirtschaft und die Errichtung einer Planwirtschaft.

Die Verstaatlichung der Industrie war einer der ersten großen Schritte, die die Sowjetregierung unternahm, um die marxistische Ideologie umzusetzen. Der Staat übernahm die Kontrolle über alle wichtigen Industriezweige, darunter Stahl, Kohle, Öl und die Produktion von Konsumgütern. Dieser Prozess zielte darauf ab, die kapitalistische Klasse zu eliminieren und sicherzustellen, dass die Produktionsmittel kollektiv vom Volk besessen wurden. Die Verstaatlichung wurde als wesentlich angesehen, um Wohlstand umzuverteilen und wirtschaftliche Ausbeutung zu beenden. Durch die Zentralisierung der Kontrolle über die Industrie wollte der sowjetische Staat sicherstellen, dass die Produktion darauf ausgerichtet war, die Bedürfnisse der Bevölkerung zu erfüllen, anstatt Profite für private Eigentümer zu generieren.

Die Kollektivierung der Landwirtschaft war ein weiterer zentraler Bestandteil der sowjetischen Anwendung des Marxismus. Vor der Revolution war Russland überwiegend agrarisch geprägt, wobei ein Großteil der Bevölkerung von Subsistenzlandwirtschaft unter feudalen Bedingungen lebte. Die Sowjetregierung strebte an, die Landwirtschaft durch die Kollektivierung der Bauernhöfe zu transformieren. Dies bedeutete, kleine, privat besessene Parzellen in große, kollektiv besessene Betriebe zu konsolidieren. Dieser Prozess sollte die landwirtschaftliche Effizienz steigern, die Nahrungsmittelproduktion verbessern und Arbeitskräfte für die Industrie freisetzen. Die Kollektivierung zielte auch darauf ab, die Kulaken, wohlhabendere Bauern, die als Bedrohung für sozialistische Ideale angesehen wurden, zu eliminieren.

Die Umsetzung der Kollektivierung stieß jedoch auf erheblichen Widerstand seitens der Bauern, was zu weitreichenden sozialen und wirtschaftlichen Störungen führte. Viele Bauern weigerten sich, ihr Land aufzugeben und sich den Kollektivbetrieben anzuschließen, was zu Zwangsmaßnahmen durch den Staat führte. Diese Periode war von bedeutenden Umwälzungen geprägt, einschließlich Hungersnöten wie der Holodomor in der Ukraine, der Millionen von Todesopfern forderte. Trotz dieser Härten drängte die Sowjetregierung weiterhin auf die Kollektivierung als Mittel zur Erreichung ihrer marxistischen Ziele.

Die Errichtung einer Planwirtschaft war ein weiterer Eckpfeiler der sowjetischen Anwendung des Marxismus. Der sowjetische Staat strebte an, die marktorientierte Wirtschaft des Kapitalismus durch eine zentral geplante Wirtschaft zu ersetzen, in der Produktion und Verteilung vom Staat gesteuert wurden. Das Ziel war es, Ressourcen effizient zu verteilen, Vollbeschäftigung zu gewährleisten und die Bedürfnisse der Bevölkerung zu erfüllen. Die Sowjetregierung setzte eine Reihe von Fünfjahresplänen um, die ehrgeizige Ziele für die industrielle und landwirtschaftliche Produktion festlegten.

Obwohl die Planwirtschaft einige bemerkenswerte Erfolge erzielte, wie die rasche Industrialisierung und den Ausbau der Infrastruktur, war sie auch mit erheblichen Herausforderungen konfrontiert. Die zentrale Planung führte oft zu Ineffizienzen wie Ressourcenfehlallokation, Produktionsengpässen und minderwertiger Warenqualität. Das Fehlen von Marktmechanismen bedeutete, dass Angebot und Nachfrage nicht immer im Einklang standen, was zu Engpässen und Überschüssen führte. Die starre Bürokratie des Plansystems hemmte Innovationen und Anpassungsfähigkeit.

Die Beziehung zwischen dem Marxismus und seiner Anwendung in der Sowjetunion war auch durch politische Kontrolle und Repression gekennzeichnet. Der sowjetische Staat, unter der Führung der Kommunistischen Partei, etablierte ein Einparteiensystem, das politische Meinungsverschiedenheiten und Opposition unterdrückte. Dieses Vorgehen wurde mit der Notwendigkeit gerechtfertigt, die Diktatur des Proletariats aufrechtzuerhalten und konterrevolutionäre Kräfte daran zu hindern, den sozialistischen Staat zu untergraben. Es führte jedoch auch zu erheblichen Menschenrechtsverletzungen, einschließlich Zensur, Überwachung, Inhaftierung und Hinrichtungen politischer Dissidenten.

Trotz der Herausforderungen und Widersprüche erzielte die Sowjetunion bedeutende Fortschritte in Bereichen wie Bildung, Gesundheitswesen und sozialer Wohlfahrt. Der Staat priorisierte den universellen Zugang zu Bildung und Gesundheitsdiensten, um die Lebensqualität aller Bürger zu verbessern. Die Alphabetisierungsraten stiegen dramatisch, und die Sowjetunion wurde für ihre Errungenschaften in Wissenschaft und Technologie bekannt. Sozialhilfeprogramme boten Unterstützung für Arbeiter und ihre Familien und trugen zu einem Gefühl der sozialen Sicherheit bei.

Der sowjetische Staat strebte an, marxistische Prinzipien durch die Verstaatlichung der Industrie, die Kollektivierung der Landwirtschaft und die Einführung einer Planwirtschaft umzusetzen. Während diese Maßnahmen einige bemerkenswerte Erfolge erzielten, waren sie auch mit erheblichen Herausforderungen und Widersprüchen konfrontiert. Die politische Kontrolle und Repression, die das sowjetische System kennzeichneten, erschwerten die

Anwendung der marxistischen Ideologie zusätzlich. Letztendlich zeigt die sowjetische Erfahrung sowohl das Potenzial als auch die Schwierigkeiten bei dem Versuch, marxistische Prinzipien in der Praxis zu verwirklichen.

VERSTAATLICHUNG, KOLLEKTIVIERUNG, PLANWIRTSCHAFT UND SOZIALPOLITIK

Die Verstaatlichung und Kollektivierung gehörten zu den frühesten und bedeutendsten Maßnahmen, die der sowjetische Staat unternahm, um marxistische Prinzipien umzusetzen. Der Verstaatlichungsprozess beinhaltete, dass der Staat die Kontrolle über alle wichtigen Produktionsmittel übernahm, darunter Industrien, Banken und Transportsysteme. Ziel war es, den Privatbesitz zu eliminieren, der im Marxismus als Wurzel wirtschaftlicher Ausbeutung und sozialer Ungleichheit angesehen wurde. Durch die Übertragung des Eigentums auf den Staat wollte die Sowjetunion sicherstellen, dass die Vorteile der industriellen Produktion gerechter unter der Bevölkerung verteilt werden.

Die Kollektivierung war insbesondere im Agrarsektor transformativ, wo die sowjetische Regierung anstrebte, kleine, privat geführte Betriebe in große, kollektiv geführte Höfe zu konsolidieren. Dieser Prozess sollte die Effizienz der Landwirtschaft durch den Einsatz moderner Techniken und gemeinsamer Ressourcen erhöhen. Zudem zielte die Kollektivierung darauf ab, die Kulaken zu eliminieren, die als Bedrohung für sozialistische Ideale angesehen wurden. Allerdings stieß die Kollektivierungskampagne auf erheblichen Widerstand seitens der Bauernschaft, was zu Zwangsrequisitionen, Deportationen und weitreichenden sozialen Störungen führte. Die menschlichen Kosten der Kollektivierung waren immens und resultierten in Hungersnöten sowie Millionen von Todesopfern.

Die Einführung einer Planwirtschaft war ein weiterer Eckpfeiler der sowjetischen Anwendung des Marxismus. Die sowjetische Regierung strebte an, die marktorientierte Wirtschaft des Kapitalismus durch eine zentral geplante Wirtschaft zu ersetzen, in der Produktion und Verteilung vom Staat gesteuert wurden. Zentrale Planung wurde als wesentlich angesehen, um die Ziele des Sozialismus zu erreichen, da sie die rationale Verteilung von Ressourcen ermöglichte, um die Bedürfnisse aller Bürger zu erfüllen. Die Fünfjahrespläne waren die primären Instrumente zur Umsetzung der zentralen Planung. Diese Pläne setzten ehrgeizige Ziele für die industrielle und landwirtschaftliche Produktion, wobei ein besonderer Schwerpunkt auf der Entwicklung der Schwerindustrie lag.

Der erste Fünfjahresplan, der 1928 gestartet wurde, priorisierte die rasche Industrialisierung, um die Sowjetunion von einer Agrargesellschaft in eine industrielle Großmacht zu verwandeln. Massive Investitionen in Industriezweige wie Stahl, Kohle und Maschinenbau führten zu einem signifikanten industriellen Wachstum. Nachfolgende Fünfjahrespläne setzten diesen Fokus auf die industrielle Entwicklung fort, beschäftigten sich jedoch auch mit anderen Sektoren wie dem Transportwesen und der Produktion von Konsumgütern. Obwohl die Planwirtschaft bemerkenswerte Erfolge in Bezug auf die industrielle Produktion und den Infrastrukturausbau erzielte, war sie auch mit erheblichen Herausforderungen konfrontiert. Die zentrale Planung führte oft zu Ineffizienzen wie Ressourcenfehlallokation, Produktionsengpässen und minderwertigen Waren. Das Fehlen von Marktmechanismen bedeutete, dass Angebot und

Nachfrage nicht immer übereinstimmten, was zu anhaltenden Engpässen und Überschüssen führte.

Die Sozialpolitik in der Sowjetunion wurde entwickelt, um mit den marxistischen Prinzipien der sozialen Wohlfahrt und Gleichheit im Einklang zu stehen. Die sowjetische Regierung unternahm erhebliche Anstrengungen, um universellen Zugang zu Gesundheitsversorgung, Bildung und sozialer Sicherheit zu gewährleisten. Diese Politik zielte darauf ab, die Lebensqualität aller Bürger zu verbessern und soziale Ungleichheiten zu verringern. Der Staat investierte stark in den Aufbau eines umfassenden Gesundheitssystems, das der Bevölkerung kostenlose medizinische Leistungen bot. Diese Investitionen führten zu bedeutenden Verbesserungen der öffentlichen Gesundheit, darunter eine erhöhte Lebenserwartung und eine reduzierte Kindersterblichkeitsrate.

Auch im Bildungswesen machte die Sowjetunion erhebliche Fortschritte. Die Regierung priorisierte den universellen Zugang zur Bildung, um Analphabetismus zu beseitigen und allen Bürgern die Fähigkeiten und das Wissen zu vermitteln, die für eine moderne Industrienation erforderlich waren. Das sowjetische Bildungssystem wurde für seine Errungenschaften in Wissenschaft und Technik bekannt und brachte eine hochqualifizierte Arbeitskraft hervor, die zur industriellen und technologischen Entwicklung des Landes beitrug.

Sozialversicherungspolitiken waren ebenfalls ein wichtiger Bestandteil des sowjetischen Wohlfahrtsstaates. Die Regierung führte verschiedene Sozialversicherungsprogramme ein, darunter Renten für ältere Menschen, Invaliditätsleistungen und Arbeitslosenversicherung. Diese Programme sollten ein Sicherheitsnetz für Arbeiter und ihre Familien bieten und sicherstellen, dass grundlegende Bedürfnisse auch in wirtschaftlich schwierigen Zeiten gedeckt wurden.

Trotz dieser Errungenschaften war die Anwendung des Marxismus in der Sowjetunion nicht frei von Widersprüchen und Herausforderungen. Die Prozesse der Verstaatlichung und Kollektivierung, die darauf abzielten, Privateigentum zu eliminieren und die Effizienz zu steigern, führten oft zu erheblichen menschlichen Leiden und sozialen Störungen. Die zentral geplante Wirtschaft, obwohl in einigen Aspekten erfolgreich, kämpfte mit Ineffizienzen und Ressourcenfehlallokation. Die autoritäre Natur des sowjetischen Staates, gekennzeichnet durch politische Repression und das Fehlen politischer Pluralität, stand im Widerspruch zu den marxistischen Idealen der proletarischen Demokratie und der Kontrolle durch die Arbeiter.

Die sowjetische Führung versuchte, marxistische Prinzipien durch Verstaatlichung, Kollektivierung und zentrale Planung umzusetzen, doch die Realitäten der Regierungsführung führten häufig zu Kompromissen und Anpassungen. Die menschlichen und wirtschaftlichen Kosten dieser Politik, verbunden mit dem Autoritarismus des Staates, verdeutlichen die Schwierigkeiten bei der praktischen Anwendung marxistischer Prinzipien.

Die Beziehung zwischen dem Marxismus und seiner Anwendung in der Sowjetunion war geprägt von einer starken ideologischen Grundlage, die Verstaatlichung, Kollektivierung und zentrale Planung betonte. Diese Maßnahmen zielten darauf ab, eine klassenlose und staatenlose Gesellschaft zu schaffen und das Wohlergehen der Bevölkerung zu verbessern. Während die Sowjetunion bedeutende Erfolge in Bereichen wie Industrialisierung, Gesundheitsversorgung, Bildung und sozialer

> *Sicherheit erzielte, führte die Umsetzung marxistischer Prinzipien auch zu erheblichen Herausforderungen und Widersprüchen. Die Erfahrung der Sowjetunion verdeutlicht sowohl das Potenzial als auch die Komplexität, marxistische Ideologie in einem praktischen Regierungskontext anzuwenden.*

REGIERUNG UND KONTROLLE

Die Kommunistische Partei der Sowjetunion unterhielt ein Einparteiensystem, das politische Opposition unterdrückte und verschiedene autoritäre Maßnahmen einsetzte, um ihre Dominanz zu sichern und Opposition zu verhindern. Dieses Vorgehen wurde als notwendig erachtet, um die Revolution zu schützen und die sozialistischen Ziele umzusetzen, die von der marxistisch-leninistischen Ideologie vorgegeben waren.

Die Kommunistische Partei betrachtete sich seit ihrer Gründung als Avantgarde des Proletariats, mit der Aufgabe, die Arbeiterklasse zu einer klassenlosen und staatenlosen Gesellschaft zu führen. Diese Mission beruhte auf der Überzeugung, dass der Übergang vom Kapitalismus zum Sozialismus eine Phase der Diktatur des Proletariats erfordere, in der der Staat Kontrolle ausüben müsse, um die Überreste der alten kapitalistischen Ordnung zu beseitigen und die neue sozialistische Gesellschaft aufzubauen. Die Führung der Partei, zentralisiert und hierarchisch organisiert, wurde als essenziell angesehen, um Einheit und Disziplin aufrechtzuerhalten und sicherzustellen, dass alle Regierungsebenen und die Gesellschaft den Direktiven der Partei folgten.

Um die politische Kontrolle strikt zu wahren, etablierte die Kommunistische Partei ein stark zentralisiertes politisches System. Dieses System eliminierte den politischen

Pluralismus, indem die Partei alle Zweige der Regierung und Schlüsselinstitutionen kontrollierte. Wahlen fanden zwar statt, waren jedoch streng von der Partei gesteuert, sodass es keine echte Konkurrenz oder Opposition gab. Die Dominanz der Kommunistischen Partei erstreckte sich auf die gesetzgebende, ausführende und rechtsprechende Gewalt, um sicherzustellen, dass alle Gesetze und Politiken mit den marxistisch-leninistischen Prinzipien und den Zielen der Partei übereinstimmten. Diese zentrale Kontrolle wurde als notwendig gerechtfertigt, um konterrevolutionäre Aktivitäten zu verhindern und die Errungenschaften der Revolution zu sichern.

Autoritäre Maßnahmen wurden umfassend eingesetzt, um diese Kontrolle zu sichern und politische Opposition zu unterdrücken. Der Staatsapparat umfasste ein umfangreiches Netzwerk aus Überwachung, Zensur und politischer Repression, das darauf abzielte, alle Bedrohungen der Parteiautorität zu überwachen und zu eliminieren. Der Geheimdienst, insbesondere der KGB, spielte eine entscheidende Rolle in diesem System, indem er Bürger überwachte, dissidente Gruppen infiltrierte sowie Personen, die als Staatsfeinde galten, verhaftete und bestrafte. Dies schuf ein Klima der Angst und des Misstrauens, in dem Menschen vorsichtig waren, Meinungen zu äußern, die als kritisch gegenüber der Partei oder ihren Politiken interpretiert werden könnten.

Zensur war ein weiteres zentrales Instrument des sowjetischen Staates, um Informationen zu kontrollieren und ideologische Einheit zu gewährleisten. Der Staat kontrollierte alle Medien, einschließlich Zeitungen, Radio und Fernsehen, und stellte sicher, dass nur Inhalte veröffentlicht wurden, die die Linie der Partei unterstützten. Auch literarische und künstlerische

Ausdrucksformen wurden streng reguliert, wobei der Staat den Sozialistischen Realismus als offiziellen Kunststil förderte. Werke, die von diesem Stil abwichen oder abweichende Ideen enthielten, wurden verboten, und ihre Schöpfer oft verfolgt. Diese Zensur erstreckte sich auch auf die akademischen und wissenschaftlichen Gemeinschaften, wo Forschung und Veröffentlichungen ideologischer Prüfung unterlagen.

Überwachung war allgegenwärtig, wobei der Staat ein großes Netzwerk aus Informanten und Überwachungstechnologien einsetzte, um die Bevölkerung zu kontrollieren. Die Angst, beobachtet und denunziert zu werden, schuf eine Kultur der Selbstzensur, in der Menschen es vermieden, abweichende Meinungen selbst im privaten Umfeld zu äußern. Dieses Überwachungssystem wurde von der Kommunistischen Partei als notwendig gerechtfertigt, um den Staat vor inneren und äußeren Feinden zu schützen und sicherzustellen, dass der revolutionäre Fortschritt nicht durch konterrevolutionäre Kräfte untergraben wurde.

Politische Repression war ein Markenzeichen des sowjetischen Regimes, das verschiedene Methoden einsetzte, um Opposition zu bestrafen und abzuschrecken. Politische Dissidenten, darunter Intellektuelle, Künstler und gewöhnliche Bürger, die sich dem Regime widersetzten, wurden oft verhaftet, inhaftiert oder in Arbeitslager (Gulags) geschickt. Diese Maßnahmen zielten darauf ab, organisierte Opposition zu eliminieren und potenzielle Abweichler davon abzuhalten, die Autorität der Partei infrage zu stellen. Hochkarätige Schauprozesse wurden genutzt, um vermeintliche Staatsfeinde öffentlich zu verurteilen und zu bestrafen, und dienten als abschreckendes Beispiel für alle, die die Partei herausfordern könnten.

Die Anwendung des Marxismus in der Sowjetunion durch diesen Rahmen aus Regierung und Kontrolle führte zu einer erheblichen Zentralisierung der Macht innerhalb der Kommunistischen Partei. Diese Zentralisierung wurde als notwendig angesehen, um die Ziele der Revolution zu erreichen und eine sozialistische Gesellschaft aufzubauen. Sie führte jedoch auch zur Unterdrückung individueller Freiheiten und zur Erstickung des politischen Pluralismus. Die Betonung des Staates auf Kontrolle und Repression schuf eine politische Umgebung, in der Dissens nicht nur entmutigt, sondern aktiv bestraft wurde, was zu weitreichenden Menschenrechtsverletzungen führte.

Trotz dieser autoritären Maßnahmen erzielte die Sowjetunion mehrere bemerkenswerte Erfolge im Einklang mit marxistischen Prinzipien, insbesondere in Bereichen wie Industrialisierung, Bildung und Gesundheitsversorgung. Die zentrale Kontrolle ermöglichte die Umsetzung groß angelegter Wirtschaftspläne, die die Sowjetunion in eine bedeutende Industrienation verwandelten. Der Staat tätigte auch erhebliche Investitionen in Bildung und Gesundheitsversorgung, was zu verbesserten Alphabetisierungsraten und einer höheren Lebenserwartung führte. Diese Errungenschaften wurden jedoch oft von den menschlichen Kosten der repressiven Politik und dem Mangel an politischen Freiheiten überschattet.

Die Beziehung zwischen Marxismus und seiner Anwendung in der Sowjetunion ist daher durch eine Spannung zwischen den ideologischen Zielen und den Methoden, diese zu erreichen, gekennzeichnet. Das Bestreben der Kommunistischen Partei, Kontrolle zu bewahren und Opposition zu verhindern, war von der Überzeugung getrieben, dass diese Maßnahmen notwendig seien, um die Revolution zu schützen und den

Sozialismus aufzubauen. Die autoritäre Natur dieser Kontrolle und die Unterdrückung politischer Opposition werfen jedoch Fragen auf über die Vereinbarkeit dieser Methoden mit den breiteren Zielen des Marxismus, insbesondere mit den Idealen der proletarischen Demokratie und der Kontrolle durch die Arbeiterklasse.

Durch eine Kombination aus zentralisierter politischer Kontrolle, Zensur, Überwachung und politischer Repression strebte die Kommunistische Partei an, einen sozialistischen Staat zu erreichen und aufrechtzuerhalten. Obwohl dieser Ansatz bedeutende Erfolge in der Industrialisierung, im Bildungswesen und im Gesundheitssektor erzielte, führte er auch zu weitreichenden Menschenrechtsverletzungen und der Unterdrückung politischer Freiheiten. Die Beziehung zwischen dem Marxismus und seiner Anwendung in der Sowjetunion verdeutlicht die Komplexität und Widersprüche, die mit dem Versuch verbunden sind, marxistische Prinzipien durch autoritäre Mittel umzusetzen.

2. WARUM MARXISMUS ALS SCHEITERN BETRACHTET WIRD

WIRTSCHAFTLICHE INEFFIZIENZEN

Die Anwendung des Marxismus in der Sowjetunion wird oft als gescheitert angesehen, da eine Reihe von wirtschaftlichen Ineffizienzen die zentral geplante Wirtschaft belasteten. Diese Ineffizienzen, die sich aus den Prinzipien der marxistischen Zentralplanung ergaben, führten zu erheblichen Problemen wie Ressourcenfehlverteilung, niedriger Produktivität und mangelnder Innovation. Da die sowjetische Wirtschaft Schwierigkeiten hatte, mit technologischen Fortschritten und den Bedürfnissen der Verbraucher Schritt zu halten, kam es zu chronischen Engpässen und der Produktion minderwertiger Waren, was letztlich zum Zusammenbruch des Systems beitrug.

Die Zentralplanung in der Sowjetunion sollte Ressourcen effizient verteilen und sicherstellen, dass die Bedürfnisse der Bevölkerung gerecht erfüllt wurden. Der Staat übernahm die Kontrolle über alle wichtigen wirtschaftlichen Aktivitäten, setzte Produktionsziele, Preise und Verteilungspläne durch umfassende Fünfjahrespläne fest. Diese Pläne waren darauf ausgelegt, die Schwerindustrie und eine rasche Industrialisierung zu priorisieren, was die marxistisch-leninistischen Ziele widerspiegelte, eine robuste sozialistische

Wirtschaft aufzubauen, die mit kapitalistischen Nationen konkurrieren konnte. Die praktische Umsetzung der Zentralplanung offenbarte jedoch mehrere gravierende Schwächen.

Die Ressourcenfehlverteilung war eines der gravierendsten Probleme. Den Zentralplanern fehlten trotz aller Bemühungen oft genaue und rechtzeitige Informationen über die Bedürfnisse und Kapazitäten verschiedener Sektoren. Diese Diskrepanz führte zur ineffizienten Verteilung von Ressourcen, wobei einige Industrien übermäßig viele Mittel erhielten, während andere unter Materialmangel litten. Zum Beispiel ging die Betonung der Schwerindustrie oft auf Kosten von Konsumgütern, was zu anhaltenden Engpässen bei Grundbedürfnissen führte. Die starre Ressourcenallokation basierend auf zentralisierten Entscheidungen konnte nicht dynamisch auf tatsächliche Nachfrage- und Angebotsbedingungen reagieren, was systemische Ineffizienzen zur Folge hatte.

Eine niedrige Produktivität war ein weiteres großes Problem. Das sowjetische Arbeitssystem, das durch garantierte Beschäftigung und feste Löhne gekennzeichnet war, bot wenig Anreiz für die Arbeiter, ihre Produktivität zu steigern oder innovativ zu sein. Der Mangel an Wettbewerb und die Sicherheit der Beschäftigung führten zu Selbstgefälligkeit bei Arbeitern und Managern gleichermaßen. Die Betonung auf das Erreichen quantitativer Ziele, die oft in Tonnen oder Volumen gemessen wurden, führte dazu, dass die Menge über die Qualität gestellt wurde. Fabriken erfüllten ihre Quoten, indem sie große Mengen an Gütern produzierten, ohne deren Nützlichkeit oder Qualität zu berücksichtigen, was zu Verschwendung und Ineffizienz führte.

Die Planwirtschaft hatte auch mit einem Mangel an Innovation zu kämpfen. Die Zentralplanung erstickte unternehmerische Initiative und entmutigte Risikobereitschaft. Die strikte Kontrolle des Staates über Forschung und Entwicklung bedeutete, dass Innovationen nach bürokratischen Prioritäten und nicht nach Marktbedürfnissen oder wissenschaftlicher Neugier gelenkt wurden. Dieser Ansatz behinderte den technologischen Fortschritt und ließ die Sowjetunion in vielen Schlüsselindustrien hinter dem Westen zurückbleiben. Obwohl die Sowjetunion in bestimmten Bereichen, wie der Raumfahrt und der Militärtechnologie, bemerkenswerte Erfolge erzielte, waren dies Ausnahmen. Der allgemeine Mangel an Innovation durchdrang die zivile Wirtschaft und führte zu technologischer Stagnation.

Engpässe waren ein chronisches Merkmal der sowjetischen Wirtschaft. Das Missverhältnis zwischen Angebot und Nachfrage, verschärft durch die Ineffizienzen der Zentralplanung, führte zu häufigen Engpässen bei Konsumgütern. Grundlegende Artikel wie Lebensmittel, Kleidung und Haushaltswaren waren oft knapp, was die Bürger zwang, lange Warteschlangen und Rationierungen zu ertragen. Diese Engpässe waren keine gelegentlichen Störungen, sondern ein anhaltender Aspekt des täglichen Lebens in der Sowjetunion, der die grundlegenden Schwächen der Planwirtschaft widerspiegelte.

Minderwertige Waren waren eine weitere Folge der Fokussierung auf die Erfüllung von Produktionszielen statt auf die Bedürfnisse der Verbraucher. Fabriken und Unternehmen, die darauf bedacht waren, Quoten zu erfüllen, sparten oft an der Qualität. Dies führte zu Produkten, die unterdurchschnittlich und unzuverlässig waren. Der Mangel an Wettbewerb bedeutete, dass es kaum Anreize gab, die Qualität zu verbessern, und die Verbraucher hatten keine Alternative, als das zu akzeptieren, was verfügbar war. Die schlechte Qualität der Waren verschlechterte den Lebensstandard weiter und untergrub das öffentliche Vertrauen in das Wirtschaftssystem.

Die kumulative Wirkung dieser wirtschaftlichen Ineffizienzen war eine wachsende Diskrepanz zwischen den Versprechungen der marxistischen Ideologie und der Realität des Alltagslebens in der Sowjetunion. Das Zentralplanungssystem, das eine gerechte Verteilung gewährleisten und die Bedürfnisse aller Bürger erfüllen sollte, führte stattdessen zu weit verbreiteter Unzufriedenheit und wirtschaftlichen Schwierigkeiten. Die anhaltenden Probleme der Ressourcenfehlverteilung, niedrigen Produktivität, mangelnden Innovation, Engpässe und minderwertigen Waren untergruben die Legitimität der sowjetischen Regierung und ihres Wirtschaftsmodells.

Mit dem Fortschreiten der globalen Wirtschaft hatte die Sowjetunion zunehmend Schwierigkeiten, mit den flexibleren und dynamischeren kapitalistischen Wirtschaftssystemen zu konkurrieren. Die Ineffizienzen der Zentralplanung traten deutlicher hervor, und die Kluft zwischen der Sowjetunion und dem Westen vergrößerte sich. Bis in die 1980er Jahre waren die wirtschaftlichen Probleme so gravierend, dass sie zu einer breiteren Vertrauenskrise in das sowjetische System beitrugen.

Mikhail Gorbatschows Reformversuche durch Maßnahmen wie Perestroika (wirtschaftliche Umstrukturierung) und Glasnost (politische Offenheit) zielten darauf ab, diese tief verwurzelten Probleme anzugehen. Doch diese Reformen kamen zu spät und beschleunigten unbeabsichtigt den Zusammenbruch der Sowjetunion, indem sie ihre systemischen Schwächen offenlegten und Kräfte freisetzten, die der zentralisierte Staat nicht mehr kontrollieren konnte.

> *Die Beziehung zwischen Marxismus und seiner Anwendung in der Sowjetunion wird oft als gescheitert angesehen, da erhebliche wirtschaftliche Ineffizienzen die zentral geplante Wirtschaft prägten. Die Probleme der Ressourcenfehlverteilung, niedrigen Produktivität, mangelnden Innovation, Engpässe und minderwertigen Waren untergruben die Ziele einer gerechten Verteilung und des sozialen Wohlergehens, die der Marxismus zu erreichen suchte. Diese wirtschaftlichen Ineffizienzen führten zu weit verbreiteter Unzufriedenheit und spielten letztlich eine entscheidende Rolle beim Zusammenbruch der Sowjetunion, wodurch die Herausforderungen bei der Umsetzung marxistischer Prinzipien in einer komplexen und dynamischen Welt deutlich wurden.*

POLITISCHE REPRESSION

Die politische Repression war ein prägendes Merkmal der Sowjetunion unter der Herrschaft der Kommunistischen Partei. Die Partei übte strikte Kontrolle über alle Aspekte des politischen Lebens aus und sorgte dafür, dass abweichende Meinungen schnell und hart unterdrückt wurden. Die Kommunistische Partei rechtfertigte diese Repression mit der Notwendigkeit, die Revolution zu schützen und gegen konterrevolutionäre Aktivitäten vorzugehen. Die Methoden, mit denen diese Kontrolle durchgesetzt wurde, waren jedoch oft brutal und umfassend. Der Staat nutzte ein weitreichendes Netz aus Überwachung, Zensur und Einschüchterung, um seine Macht zu sichern.

Die Unterdrückung politischer Dissidenten erfolgte durch ein Netz von Geheimpolizei, insbesondere den KGB, der die Bevölkerung überwachte, potenzielle Oppositionsgruppen infiltrierte und vermeintliche Bedrohungen für den Staat eliminierte. Politische Dissidenten, Intellektuelle, Künstler und gewöhnliche Bürger, die abweichende Meinungen äußerten, wurden verhaftet, inhaftiert und in vielen Fällen hingerichtet. Schauprozesse und öffentliche Säuberungen waren gängige Praxis und dienten als Abschreckung für jene, die die Autorität der Kommunistischen Partei infrage stellen wollten. Diese Atmosphäre der Angst durchdrang das tägliche Leben, sodass die Menschen Angst hatten, ihre Meinung zu äußern oder sich an irgendeiner Form von politischem Aktivismus zu beteiligen.

Der Mangel an politischen Freiheiten erstreckte sich auf alle Lebensbereiche und erstickte intellektuelle und kulturelle Entwicklung. Zensur war allgegenwärtig, und der Staat kontrollierte alle Medien, einschließlich Zeitungen, Radio und Fernsehen. Nur Inhalte, die mit der Ideologie und den Zielen der Partei übereinstimmten, wurden zugelassen, während jede Abweichung von der offiziellen Linie zensiert wurde. Diese Unterdrückung der freien Meinungsäußerung behinderte das Wachstum unabhängigen Denkens und kreativer Innovation. Schriftsteller, Künstler und Wissenschaftler mussten sich dem sozialistischen Realismus anpassen, dem staatlich genehmigten künstlerischen Stil, der ihre Fähigkeit einschränkte, neue Ideen zu erkunden und Innovationen hervorzubringen. Die Unterdrückung intellektueller Freiheit hemmte nicht nur die kulturelle Entwicklung, sondern entmutigte auch kritisches Denken und wissenschaftliche Forschung.

Die bürokratische Natur der Kommunistischen Partei verschärfte diese Probleme zusätzlich. Die hierarchische und zentralisierte Struktur der Partei führte zur Konzentration von Macht in den Händen weniger Spitzenbeamter, was ein System schuf, das von den Bedürfnissen und Wünschen der Bevölkerung abgekoppelt war. Bürokraten, die oft aufgrund von Loyalität statt Kompetenz ernannt wurden, waren in ihren Positionen fest verankert, was zu Ineffizienz und Korruption führte. Der Mangel an Rechenschaftspflicht und Transparenz förderte die Korruption, da Beamte ihre Positionen nutzten, um sich selbst auf Kosten des Gemeinwohls zu bereichern.

Diese bürokratische Abkopplung zeigte sich auch in der Umsetzung von Politik, die oft nicht mit den Gegebenheiten vor Ort übereinstimmte. Zentralisierte Entscheidungsprozesse ignorierten häufig lokale Bedingungen und Bedürfnisse, was zu ineffektiven und manchmal schädlichen Maßnahmen führte. Der Fokus auf die Erfüllung von Produktionsquoten und Zielvorgaben, die von oben diktiert wurden, führte oft zu absurden und kontraproduktiven Ergebnissen. Fabriken und landwirtschaftliche Betriebe priorisierten die Quantität über die Qualität, was zur Produktion minderwertiger Waren und zu weit verbreiteter Verschwendung führte. Die Entfremdung zwischen der bürokratischen Elite und der allgemeinen Bevölkerung erzeugte ein Gefühl der Entmündigung und Entfremdung, was die Legitimität der Kommunistischen Partei und ihrer Politik untergrub.

Das Klima der Angst und Repression verhinderte jegliche Form von Feedback oder Kritik, die zu Verbesserungen in der Regierungsführung hätte führen können. Beamte waren von den Konsequenzen ihrer Entscheidungen abgeschottet, und die Unterdrückung von Dissens bedeutete, dass Probleme oft verborgen oder ignoriert wurden, anstatt sie anzugehen. Diese mangelnde Reaktionsfähigkeit und Anpassungsfähigkeit trugen zur Stagnation und zum Niedergang des sowjetischen Systems bei.

Die Kombination aus politischer Repression und bürokratischer Ineffizienz führte zu weit verbreiteter Unzufriedenheit und Ernüchterung in der sowjetischen Bevölkerung. Während die Kommunistische Partei behauptete, die Interessen der Arbeiterklasse zu vertreten und eine sozialistische Utopie aufzubauen, war die Realität für viele Bürger geprägt von Angst, Entbehrung und Entmündigung. Die versprochenen Vorteile des Sozialismus, wie Gleichheit, soziale Gerechtigkeit und die Entfaltung menschlichen Potenzials, wurden durch den Autoritarismus und die Korruption des Staates untergraben.

Die langfristigen Folgen dieser Probleme waren tiefgreifend. Das Klima der Repression erstickte Innovation und Kreativität, wodurch die Sowjetunion in technologischer und kultureller Entwicklung zurückblieb. Die Ineffizienz und Korruption der Bürokratie untergruben das öffentliche Vertrauen in die Regierung und ihre Institutionen. Bis in die 1980er Jahre hatten die systemischen Probleme politischer Repression und bürokratischer Abkopplung zu einer umfassenderen Vertrauenskrise im sowjetischen System beigetragen.

Reformversuche wie Perestroika und Glasnost zielten darauf ab, diese tief verwurzelten Probleme anzugehen. Diese Reformen beschleunigten jedoch unbeabsichtigt den Niedergang der Sowjetunion, indem sie ihre systemischen Schwächen offenlegten und Kräfte des Dissens freisetzten, die der zentralisierte Staat nicht mehr kontrollieren konnte. Die Unfähigkeit, die politischen und bürokratischen Strukturen der Sowjetunion effektiv zu reformieren, spielte eine bedeutende Rolle beim endgültigen Zusammenbruch im Jahr 1991.

> *Die Unterdrückung politischer Opposition und der Mangel an politischen Freiheiten schufen ein Klima der Angst, das die intellektuelle und kulturelle Entwicklung behinderte. Die bürokratische Natur der Kommunistischen Partei führte zu Korruption und einer Abkopplung von den Bedürfnissen und Wünschen der Bevölkerung, was zu weit verbreiteter Unzufriedenheit und letztlich zum Zusammenbruch des sowjetischen Systems führte. Diese Probleme verdeutlichen die Herausforderungen und Widersprüche, die mit dem Versuch verbunden sind, marxistische Prinzipien durch autoritäre Mittel umzusetzen, was letztlich die Ziele von sozialer Gerechtigkeit und menschlicher Entfaltung, die der Marxismus anstrebt, untergräbt.*

MENSCHLICHE KOSTEN

Eines der tragischsten Ergebnisse der sowjetischen Politik war die weit verbreitete Hungersnot und der erhebliche Verlust von Menschenleben infolge der Kollektivierung. Die Kollektivierung war eine ehrgeizige Politik, die darauf abzielte, individuelle Bauernhöfe in große, kollektiv betriebene Farmen zu konsolidieren. Diese Politik sollte die landwirtschaftliche Produktivität steigern, die Kulaken (wohlhabendere Bauern) eliminieren und das Land gemäß den marxistischen Prinzipien gerechter umverteilen. Der Prozess der Kollektivierung wurde jedoch mit brutaler Gewalt und ohne Rücksicht auf das Wohlergehen der Landbevölkerung umgesetzt.

In der Ukraine führte die Kollektivierungspolitik zum Holodomor, einer menschengemachten Hungersnot, die zwischen 1932 und 1933 stattfand. Die sowjetische Regierung beschlagnahmte Getreide und andere Nahrungsmittel von den Bauern, um staatliche Quoten zu erfüllen und die Industrialisierung voranzutreiben, wodurch die Landbevölkerung ohne ausreichend Nahrung zum Überleben zurückblieb. Die harten Maßnahmen der Regierung zur Durchsetzung der Kollektivierung umfassten die Konfiszierung von Getreide, Vieh und anderem Eigentum sowie die Bestrafung von Personen, die Widerstand leisteten oder die Quoten nicht erfüllten. Das Ergebnis war eine katastrophale Hungersnot, die Millionen von Ukrainern das Leben kostete. Der Holodomor wird weithin als Völkermord angesehen, da die bewussten Maßnahmen der Regierung zur massenhaften Hungersnot einer bestimmten Bevölkerung führten.

Die menschlichen Kosten der Kollektivierung erstreckten sich über die Ukraine hinaus. In der gesamten Sowjetunion wurden Millionen von Bauern vertrieben, inhaftiert oder hingerichtet, weil sie sich gegen die Kollektivierung wehrten oder als Kulaken eingestuft wurden. Der erzwungene Kollektivierungsprozess zerstörte traditionelle landwirtschaftliche Praktiken und Gemeinschaften, was zu einem erheblichen Rückgang der landwirtschaftlichen Produktivität und zu weit verbreiteten Hungersnöten führte. Die daraus resultierenden sozialen und wirtschaftlichen Umwälzungen hatten langfristige Auswirkungen auf die ländliche Bevölkerung und hinterließen ein Erbe von Leid und Not.

Repressive Maßnahmen waren ein weiteres prägendes Merkmal der sowjetischen Anwendung des Marxismus und führten zur Inhaftierung, Verbannung und Hinrichtung von Millionen von Menschen. Der sowjetische Staat unter der Führung von Josef Stalin und späterer Führer setzte umfangreiche Repressionstaktiken ein, um die Kontrolle zu behalten und vermeintliche Bedrohungen für das Regime zu beseitigen. Der Sicherheitsapparat des Staates, einschließlich der NKWD (später KGB), spielte eine zentrale Rolle bei diesen Bemühungen, führte Massenverhaftungen, Schauprozesse und Säuberungen durch.

Eine der berüchtigtsten Phasen der Repression war die Große Säuberung (1936–1938), während der Millionen von Menschen als Staatsfeinde ins Visier genommen wurden. Stalin versuchte, seine Macht zu festigen, indem er potenzielle Rivalen eliminierte und in der gesamten Bevölkerung Angst verbreitete. Hochrangige Parteifunktionäre, Militärführer, Intellektuelle und einfache Bürger wurden der konterrevolutionären Aktivitäten, Spionage oder Sabotage beschuldigt, oft auf der Grundlage erfundener Beweise oder erzwungener Geständnisse. Die Säuberungen führten zur Hinrichtung von Hunderttausenden und zur Inhaftierung oder Verbannung von Millionen in Arbeitslager in abgelegenen Regionen der Sowjetunion.

Das Gulag-System, ein Netzwerk von Zwangsarbeitslagern, wurde zum Symbol der repressiven Natur des sowjetischen Regimes. Millionen von Menschen wurden wegen politischer Vergehen, Dissens oder geringfügiger Verstöße in die Gulags geschickt. Die Bedingungen in den Lagern waren hart; die Gefangenen waren anstrengender Arbeit, unzureichender Nahrung und brutaler Behandlung ausgesetzt. Viele starben aufgrund der unmenschlichen Bedingungen, was die immensen menschlichen Kosten der sowjetischen Repression weiter erhöhte. Die Angst vor Verhaftung und Inhaftierung erstickte politischen Dissens und sozialen Fortschritt, da sich Einzelpersonen davor fürchteten, Ansichten zu äußern, die als regimekritisch interpretiert werden könnten.

Die repressiven Maßnahmen betrafen auch ethnische und nationale Gruppen innerhalb der Sowjetunion. Zwangsdeportationen und ethnische Säuberungen richteten sich gegen ganze Bevölkerungsgruppen, die als Bedrohung für die Stabilität der Sowjetunion angesehen wurden. Während des Zweiten Weltkriegs befahl Stalin beispielsweise die Deportation mehrerer ethnischer Gruppen, darunter Tschetschenen, Krimtataren und Wolgadeutsche, in entlegene Regionen der Sowjetunion. Diese Deportationen wurden unter brutalen Bedingungen durchgeführt und führten zu erheblichen Verlusten an Menschenleben sowie zu langfristigem Leid für die betroffenen Gemeinschaften.

Die menschlichen Kosten der sowjetischen Politik und Repression hatten tiefgreifende Auswirkungen auf den politischen und sozialen Fortschritt. Das Klima der Angst und des Misstrauens, das durch die repressiven Maßnahmen des Staates geschaffen wurde, erstickte die intellektuelle und kulturelle Entwicklung. Schriftsteller, Künstler, Wissenschaftler und Akademiker wurden häufig wegen ihrer Ideen ins Visier genommen, was zu einer Kultur der Selbstzensur und Konformität führte. Die Unterdrückung der freien Meinungsäußerung behinderte Innovation und Kreativität und beraubte die sowjetische Gesellschaft der intellektuellen und kulturellen Dynamik, die für den Fortschritt notwendig war.

Die Repression und Brutalität des sowjetischen Regimes untergruben die moralischen und ideologischen Grundlagen des Marxismus. Marxismus, in seiner theoretischen Form, setzt sich für die Befreiung der Arbeiterklasse, soziale

Gleichheit und die Entfaltung menschlichen Potenzials ein. Die Methoden des sowjetischen Staates zur Erreichung dieser Ziele waren jedoch von Zwang, Gewalt und Autoritarismus geprägt. Die Diskrepanz zwischen den marxistischen Idealen und der sowjetischen Praxis desillusionierte viele Menschen, sowohl innerhalb der Sowjetunion als auch international, und trug zum Verlust der Unterstützung für das Regime bei.

Die Kollektivierung führte zu weit verbreiteten Hungersnöten und erheblichen Verlusten an Menschenleben, insbesondere während des Holodomor in der Ukraine. Repressive Maßnahmen führten zur Inhaftierung, Verbannung und Hinrichtung von Millionen Menschen und erstickten politischen und sozialen Fortschritt. Diese menschlichen Kosten verdeutlichen die Widersprüche und Herausforderungen, marxistische Prinzipien durch autoritäre Mittel umzusetzen, was letztlich die Ziele von sozialer Gerechtigkeit und menschlicher Entfaltung, die der Marxismus anstrebt, untergräbt. Das Vermächtnis dieser Politik dient als eindringliche Erinnerung an die Gefahren staatlicher Repression und die Bedeutung der Wahrung von Menschenrechten und Freiheiten bei der Verwirklichung sozialer und wirtschaftlicher Transformation.

STAGNATION UND NIEDERGANG

In den 1970er Jahren begann die sowjetische Wirtschaft deutliche Anzeichen von Stagnation zu zeigen. Während die frühen Jahrzehnte der Sowjetherrschaft von einer raschen Industrialisierung und beeindruckendem Wirtschaftswachstum geprägt waren, erwiesen sich diese Erfolge langfristig als nicht nachhaltig. Die zentral geplante Wirtschaft, die anfangs entscheidend für das industrielle Wachstum war, wurde zu einer Quelle von Ineffizienz und

Unflexibilität. Die bürokratische Natur der Zentralplanung führte zu einer Fehlverteilung von Ressourcen, bei der Mittel oft politisch bevorzugten Projekten zugewiesen wurden, anstatt solchen, die den höchsten wirtschaftlichen Ertrag gebracht hätten. Diese Ineffizienz führte zu einem Rückgang der Produktivität und einem Mangel an Innovation.

Der Fokus der Sowjetunion auf die Schwerindustrie verschärfte diese Probleme. Während die Schwerindustrie, wie Stahl, Kohle und Maschinenbau, für die frühe Industrialisierung des Landes unerlässlich war, führte die anhaltende Priorisierung dieser Sektoren dazu, dass die Konsumgüterindustrie unterentwickelt blieb. Dieses Ungleichgewicht führte zu chronischen Engpässen bei Konsumgütern, die, wenn überhaupt verfügbar, oft von schlechter Qualität waren. Der Mangel an Konsumgütern minderte nicht nur die Lebensqualität der sowjetischen Bürger, sondern hemmte auch das Wirtschaftswachstum, da die inländische Nachfrage nicht gedeckt wurde und Schwarzmarkttätigkeiten florierten. Der Fokus auf die Schwerindustrie bedeutete zudem, dass technologische Fortschritte in anderen Sektoren, insbesondere in solchen, die von der Verbrauchernachfrage angetrieben werden, vernachlässigt wurden.

Das politische System der Sowjetunion wurde in dieser Zeit zunehmend starr und reformunfähig. Die Führung der Kommunistischen Partei war von einer Gerontokratie geprägt, in der hochrangige Funktionäre über lange Zeiträume an der Macht blieben und zunehmend den Bezug zur Realität der Bevölkerung verloren. Diese festgefahrene Führung zögerte, notwendige Reformen einzuführen, die die wirtschaftlichen Ineffizienzen und die technologische Rückständigkeit der sowjetischen Wirtschaft hätten beheben können. Die Angst vor politischer Instabilität und das Bestreben, die Kontrolle zu behalten, verhinderten die Einführung marktorientierter Reformen, die der Wirtschaft neues Leben hätten einhauchen können.

Die Starrheit des politischen Systems wurde durch die Unterdrückung von Dissens und den Mangel an politischem Pluralismus weiter verstärkt. Die Kommunistische Partei hielt ein Monopol auf die politische Macht, und Reformversuche oder Kritik wurden schnell unterdrückt. Diese Atmosphäre erstickte intellektuelle und politische Innovation, da Einzelpersonen Angst hatten, neue Ideen vorzuschlagen oder den Status quo infrage zu stellen. Der Mangel an Rückkopplungsmechanismen führte dazu, dass die Führung oft nicht bereit war, das Ausmaß der Probleme im Land anzuerkennen.

International stand die Sowjetunion unter wachsendem Druck und Wettbewerb, insbesondere durch die Vereinigten Staaten. Das Wettrüsten und die Notwendigkeit, einen umfangreichen militärisch-industriellen Komplex aufrechtzuerhalten, belasteten die sowjetische Wirtschaft erheblich. Die Zuweisung erheblicher Ressourcen für Verteidigung und Militärausgaben verschärfte die wirtschaftliche Stagnation weiter, da Mittel von potenziell produktiveren zivilen Verwendungszwecken abgezogen wurden. Die Unfähigkeit, im globalen Wettbewerb, insbesondere in den Bereichen Technologie und Konsumgüter, effektiv zu bestehen, verdeutlichte die Grenzen des sowjetischen Wirtschaftsmodells.

Die Phase der Stagnation und des Niedergangs erreichte in den 1980er Jahren einen kritischen Punkt, als der Reformbedarf immer offensichtlicher wurde. Michail Gorbatschow, der 1985 an die Macht kam, erkannte den desolaten Zustand der sowjetischen Wirtschaft und die Notwendigkeit umfassender

Veränderungen. Er führte eine Reihe von Reformen ein, um die Wirtschaft zu revitalisieren und die systemischen Probleme der Sowjetunion anzugehen. Perestroika zielte darauf ab, Marktmechanismen einzuführen und die wirtschaftliche Kontrolle zu dezentralisieren, während Glasnost Transparenz fördern und politische Debatten anregen sollte.

Trotz Gorbatschows Bemühungen kamen die Reformen zu spät und waren unzureichend. Die festgefahrene Bürokratie widersetzte sich den Veränderungen, und die Reformen selbst brachten neue Herausforderungen mit sich. Die teilweise Einführung von Marktmechanismen führte zu Verwirrung und Störungen, ohne die erwarteten wirtschaftlichen Vorteile zu bringen. Die zunehmende politische Offenheit ermöglichte die Artikulation aufgestauter Frustrationen und Beschwerden, was zu einem Anstieg nationalistischer Bewegungen und Forderungen nach Unabhängigkeit in verschiedenen Sowjetrepubliken führte. Die Kombination aus wirtschaftlicher Instabilität und politischer Fragmentierung führte schließlich 1991 zur Auflösung der Sowjetunion.

Die Überbetonung der Schwerindustrie in Verbindung mit den Ineffizienzen der Zentralplanung führte zu wirtschaftlicher Stagnation und zur Unterentwicklung des Konsumgütersektors. Die Starrheit des politischen Systems und der Widerstand gegen Reformen verhinderten notwendige Veränderungen, verschärften den wirtschaftlichen Niedergang und trugen letztlich zum Zusammenbruch der Sowjetunion bei. Diese Periode verdeutlicht die Herausforderungen, marxistische Prinzipien in einem starren, zentral geplanten System umzusetzen, und unterstreicht die Bedeutung von Anpassungsfähigkeit und Innovation für die Aufrechterhaltung wirtschaftlicher und politischer Stabilität.

WARUM DIE SOWJETUNION ZUSAMMENBRACH

Der Zusammenbruch der Sowjetunion im Jahr 1991 war ein vielschichtiges Ereignis, das durch eine Kombination aus wirtschaftlichen Problemen, politischer Stagnation, reformorientierten Politiken, nationalistischen Bewegungen, externem Druck und einem Verlust des ideologischen Engagements ausgelöst wurde. Die detaillierte Betrachtung dieser Faktoren bietet ein umfassendes Bild davon, warum die Sowjetunion, einst eine globale Supermacht, so schnell zerfiel.

Wirtschaftliche Probleme standen im Zentrum des Zusammenbruchs der Sowjetunion. Die Ineffizienzen der Planwirtschaft führten zu chronischen Engpässen, sinkender Produktivität und schließlich zu wirtschaftlicher Stagnation. Das sowjetische Wirtschaftsmodell, das durch zentralisierte Planung und staatlichen Besitz von Ressourcen gekennzeichnet war, hatte Schwierigkeiten, Ressourcen effizient zu verteilen. Dies führte zu weit verbreiteten Engpässen bei grundlegenden Konsumgütern und wichtigen Dienstleistungen. Fabriken konzentrierten sich darauf, Produktionsquoten zu erfüllen, anstatt auf Marktanforderungen zu reagieren, was zur Produktion minderwertiger Waren führte. Der Mangel an Innovation und Anreizen zur Produktivitätssteigerung verschärfte die wirtschaftlichen Probleme weiter. Hinzu kamen die enormen Kosten für die Aufrechterhaltung eines großen militärisch-industriellen Komplexes, insbesondere während des Wettrüstens mit den Vereinigten Staaten, die Ressourcen aus der Zivilwirtschaft abzogen. Der Fokus auf Militärausgaben lenkte Mittel von notwendigen Investitionen in Infrastruktur, Gesundheitswesen, Bildung und andere wichtige Bereiche ab und trug so zum allgemeinen wirtschaftlichen Niedergang bei.

Politische Stagnation verschärfte diese wirtschaftlichen Probleme zusätzlich. Die Kommunistische Partei hielt an ihrem Machtmonopol fest und weigerte sich, politische Reformen durchzuführen, wodurch sinnvolle Veränderungen, die die wachsenden wirtschaftlichen und sozialen Probleme hätten lösen können, verhindert wurden. Führer wie Leonid Breschnew perpetuierten ein System der Gerontokratie, in dem hochrangige Beamte über lange Zeiträume an der Macht blieben und zunehmend den Kontakt zu den Bedürfnissen und Anliegen der Bevölkerung verloren. Diese mangelnde politische Dynamik und Reaktionsfähigkeit erstickte jegliches Potenzial für Innovation oder Anpassung innerhalb der Regierung und führte zu weit verbreiteter Unzufriedenheit in der Bevölkerung.

Nationalistische Bewegungen spielten eine entscheidende Rolle beim Zusammenbruch der Sowjetunion. Die erhöhte Offenheit unter Glasnost ließ unterdrückte ethnische und nationale Spannungen an die Oberfläche treten. In den baltischen Staaten, der Ukraine und anderen Republiken entstanden starke Unabhängigkeitsbewegungen, die sich von der sowjetischen Kontrolle lösen wollten. Diese Bewegungen wurden durch eine Kombination aus historischen Beschwerden, kulturellen Unterschieden und wirtschaftlichen Ungleichheiten angetrieben. Mit der Schwächung der Zentralregierung betonten diese Republiken zunehmend ihren Wunsch nach Souveränität, was die Kohärenz der Sowjetunion weiter untergrub. Der wirtschaftliche Niedergang und die fehlende effektive Regierungsführung verstärkten diese separatistischen Tendenzen noch.

Externer Druck trug ebenfalls wesentlich zum Zusammenbruch bei. Das Wettrüsten im Kalten Krieg mit den Vereinigten Staaten stellte eine erhebliche finanzielle Belastung für die sowjetische Wirtschaft dar, die mit den technologischen und wirtschaftlichen Fähigkeiten des Westens nicht Schritt halten konnte. Die Sowjetunion investierte massiv in ihr Militär, um mit den Vereinigten Staaten zu konkurrieren, was jedoch auf Kosten der zivilen Wirtschaftsentwicklung geschah. Darüber hinaus belastete die sowjetische Invasion in Afghanistan 1979 die Ressourcen weiter und schwächte das internationale Ansehen der Sowjetunion. Der langwierige Konflikt, oft als das „Vietnam" der Sowjetunion bezeichnet, war sowohl finanziell als auch in Bezug auf Menschenleben kostspielig und untergrub die Glaubwürdigkeit und Legitimität der sowjetischen Regierung im In- und Ausland.

Im Laufe der Zeit ging ein erheblicher ideologischer Glaube an die marxistisch-leninistischen Prinzipien sowohl bei der Führung als auch in der Bevölkerung verloren. Die Versprechen des Kommunismus, wie Wohlstand, Gleichheit und soziale Gerechtigkeit, erfüllten sich für die meisten Bürger nicht. Die Desillusionierung über die Ideologie wuchs, da die Menschen anhaltende wirtschaftliche Schwierigkeiten, politische Repression und eine sinkende Lebensqualität erlebten. Dieser Verlust des Glaubens an das System untergrub die Legitimität der Kommunistischen Partei und trug zu ihrer Unfähigkeit bei, die Kontrolle aufrechtzuerhalten. Mit dem Erodieren der ideologischen Grundlage des Staates schwand auch der Zusammenhalt und die Einheit der Sowjetunion.

Der Zusammenbruch der Sowjetunion war das Ergebnis einer Kombination aus wirtschaftlichen Problemen, politischer Stagnation, reformorientierten Politiken, nationalistischen Bewegungen, externem Druck und einem Verlust des ideologischen Engagements. Die Ineffizienzen der Planwirtschaft, die hohen Kosten des militärisch-industriellen

> *Komplexes und der Widerstand gegen politische Reformen führten zu einer Situation der Stagnation und des Niedergangs. Gorbatschows Reformen, obwohl gut gemeint, legten tiefgreifende systemische Mängel offen und befeuerten nationalistische Bewegungen. Externer Druck durch das Wettrüsten im Kalten Krieg und die Invasion in Afghanistan schwächten die Sowjetunion zusätzlich. Letztendlich führte der Verlust des Glaubens an die marxistisch-leninistische Ideologie und die Legitimität der Kommunistischen Partei zur Auflösung des sowjetischen Staates. Diese Faktoren vereinten sich zu einem perfekten Sturm, der 1991 zum raschen und dramatischen Zusammenbruch der Sowjetunion führte.*

Die Beziehung zwischen dem Marxismus und seiner Anwendung in der Sowjetunion ist geprägt von anfänglichem revolutionärem Eifer, gefolgt von Jahrzehnten autoritärer Kontrolle, wirtschaftlicher Ineffizienz und sozialer Repression. Während die Sowjetunion eine rasche Industrialisierung und bedeutende soziale Fortschritte in Bereichen wie Bildung und Gesundheitswesen erreichte, führten Mängel im wirtschaftlichen Management, politische Unterdrückung und die Unfähigkeit zur Reform letztlich zu ihrem Zusammenbruch. Die Auflösung der Sowjetunion im Jahr 1991 war ein komplexer Prozess, der durch wirtschaftliche Stagnation, politische Starrheit und das Aufkommen nationalistischer Bewegungen vorangetrieben wurde. Dies verdeutlicht die Schwierigkeiten, marxistische Prinzipien auf praktische und nachhaltige Weise umzusetzen.

DAS MODERNE MANIFEST

EIN KOMMUNISTISCHES MANIFEST FÜR DAS MODERNE ZEITALTER

In einer Zeit, in der die Technologie die Welt in ein globales Dorf verwandelt hat und die Kluft zwischen Reichtum und Armut immer größer wird, ist es unerlässlich, die Prinzipien der sozialen und wirtschaftlichen Gleichheit neu zu überdenken und zu erneuern. Dieses Dokument soll die Herausforderungen des 21. Jahrhunderts mit einer Vision angehen, die auf Fairness, Nachhaltigkeit und dem kollektiven Wohlergehen aller Menschen basiert.

Die moderne Arbeitswelt unterscheidet sich stark von der des 19. Jahrhunderts. Die heutige Arbeiterschaft umfasst ein breites Spektrum von Sektoren, von Freiberuflern in der Gig-Economy über Programmierer in der Technologiebranche bis hin zu Fachkräften im Gesundheitswesen. Trotz der vielfältigen Natur der modernen Arbeit bleibt der Kampf gegen Ausbeutung universell. Automatisierung und künstliche Intelligenz, so vorteilhaft sie auch sein mögen, haben die Arbeitsplatzsicherheit zunehmend gefährdet. Eine Zukunft, in der Roboter und Algorithmen Millionen von Arbeitern verdrängen, erfordert eine Neubewertung von Arbeit und ihrem Wert.

Die Wohlstandsschere hat sich zu einem tiefen Graben entwickelt. Milliardäre häufen enorme Vermögen an, während essenzielle Arbeiter Mühe haben, ihre Grundbedürfnisse zu decken. Diese systemische Ungleichheit wird durch politische Maßnahmen aufrechterhalten, die die Wohlhabenden und Unternehmen gegenüber der Arbeiterklasse bevorzugen. Die Konzentration von Daten und digitalen Ressourcen in den Händen weniger Technologiekonzerne spiegelt die monopolistischen Praktiken der Vergangenheit wider und schafft neue Formen wirtschaftlicher Dominanz.

Um die durch technologische Fortschritte verursachte Instabilität anzugehen, setzen wir uns für ein bedingungsloses Grundeinkommen ein. Dieses Einkommen würde sicherstellen, dass alle Menschen Zugang zu grundlegenden Ressourcen haben, und ein Sicherheitsnetz schaffen, das Innovation und persönliche Entwicklung fördert. Ein universelles Grundeinkommen würde veraltete Sozialsysteme ersetzen, Bürokratie reduzieren und allen Bürgern Würde und Freiheit bieten.

Der Zugang zu Gesundheitsversorgung und Bildung muss für alle gewährleistet sein. Diese sind keine Privilegien, sondern Rechte, die die Grundlage einer gerechten Gesellschaft bilden. Investitionen in öffentliche Gesundheits- und Bildungssysteme sorgen für eine gesündere, besser gebildete Bevölkerung und fördern gesellschaftlichen Fortschritt und Innovation.

Das Überleben unseres Planeten ist untrennbar mit der Wirtschaftspolitik verbunden. Wir plädieren für eine grüne Wirtschaft, die Nachhaltigkeit, erneuerbare Energien und die Reduzierung von CO_2-Emissionen priorisiert. Dieser Übergang erfordert erhebliche Investitionen in grüne Technologien und die Schaffung von Arbeitsplätzen, die den Umweltschutz unterstützen.

Arbeiter sollten ein Mitspracherecht bei den Abläufen und Entscheidungen in ihren Arbeitsstätten haben. Dazu gehören Gewinnbeteiligungsmodelle, genossenschaftliches Eigentum und die Vertretung in der Unternehmensführung. Die Stärkung der Arbeiter schafft eine engagiertere und produktivere Belegschaft und vereint die Interessen von Arbeitnehmern und Arbeitgebern.

Die Macht muss dezentralisiert werden, um sicherzustellen, dass lokale Gemeinschaften Kontrolle über Entscheidungen haben, die ihr Leben betreffen. Dazu gehören lokale Regierungsstrukturen, die auf die Bedürfnisse ihrer Bevölkerung eingehen. Dezentralisierung fördert Innovation und Reaktionsfähigkeit, da Gemeinschaften besser in der Lage sind, ihre einzigartigen Herausforderungen zu bewältigen.

In einer globalisierten Welt wirken sich die Kämpfe eines Landes auf uns alle aus. Wir setzen uns für internationale Zusammenarbeit ein, um Probleme wie den Klimawandel, Menschenrechtsverletzungen und wirtschaftliche Ungleichheit anzugehen. Diese Zusammenarbeit sollte auf gegenseitigem Respekt, Nichtausbeutung und dem Streben nach gemeinsamen Zielen zum Wohle der Menschheit basieren.

Die globalen Handelspraktiken müssen reformiert werden, um sicherzustellen, dass sie fair und ethisch sind. Dazu gehören faire Löhne, sichere Arbeitsbedingungen und der Schutz lokaler Industrien vor der Ausbeutung durch multinationale Konzerne. Ethischer Handel fördert globale Stabilität und stellt sicher, dass wirtschaftliche Vorteile gerechter verteilt werden.

Das Moderne Manifest fordert ein grundlegendes Umdenken darüber, wie wir unsere Wirtschaften und Gesellschaften strukturieren. Durch die Annahme von Prinzipien wie Gerechtigkeit, Nachhaltigkeit und geteiligtem Wohlstand können wir eine Zukunft schaffen, in der die Technologie der Menschheit dient, alle Menschen Zugang zu den Ressourcen haben, die sie benötigen, und das Gemeinwohl über individuelle Gewinne gestellt wird. Diese Vision, so ehrgeizig sie auch sein mag, ist erreichbar, wenn wir uns in einem gemeinsamen Ziel und Handeln vereinen.

Die Familie muss von den Zwängen traditioneller Rollen befreit werden, die Potenziale einschränken und Ungleichheit aufrechterhalten. Geschlechtergleichheit ist von größter Bedeutung, mit gleichen Chancen für alle Menschen unabhängig vom Geschlecht. Elternzeitregelungen, erschwingliche Kinderbetreuung und flexible Arbeitszeiten sind wesentliche Bestandteile einer Gesellschaft, die die Familie wertschätzt und ein Gleichgewicht zwischen Arbeit und Privatleben fördert.

Bildung muss sich weiterentwickeln, um den Anforderungen der Zukunft gerecht zu werden. Der Fokus auf kritisches Denken, Kreativität und lebenslanges Lernen ist unerlässlich, um Menschen auf eine sich rasch wandelnde Welt vorzubereiten. Bildung sollte für alle zugänglich sein, ohne die Last von Schulden, und sicherstellen, dass jeder sein volles Potenzial ausschöpfen und einen sinnvollen Beitrag zur Gesellschaft leisten kann.

Gesundheitsversorgung ist ein grundlegendes Menschenrecht. Ein universelles Gesundheitssystem stellt sicher, dass alle Menschen Zugang zu notwendigen medizinischen Leistungen haben, unabhängig von ihrem wirtschaftlichen Status. Präventive Versorgung, psychische Gesundheitsdienste und erschwingliche Medikamente sind wesentliche Bestandteile eines Gesundheitssystems, das das Wohlbefinden über den Profit stellt.

Das Strafjustizsystem muss reformiert werden, um systemischen Rassismus zu beseitigen und Fairness und Gerechtigkeit für alle sicherzustellen. Der Schwerpunkt sollte auf Rehabilitation statt Bestrafung liegen. Praktiken der restaurativen Gerechtigkeit können Gemeinschaften heilen und Rückfallquoten verringern, wodurch eine sicherere und gerechtere Gesellschaft entsteht.

Wohnraum ist ein grundlegendes menschliches Bedürfnis. Bezahlbarer, sicherer und angemessener Wohnraum sollte für alle verfügbar sein. Politiken, die Obdachlosigkeit, Wohnungsengpässe und Gentrifizierung angehen, sind notwendig, um sicherzustellen, dass jeder ein Zuhause hat.

Die Medien spielen eine entscheidende Rolle bei der Meinungsbildung und müssen für Genauigkeit und Fairness verantwortlich gemacht werden. Der Medienbesitz sollte diversifiziert werden, um Monopole zu verhindern und eine Vielfalt an Perspektiven zu gewährleisten. Die Finanzierung öffentlicher Medien sollte erhöht werden, um unvoreingenommene und umfassende Berichterstattung über wichtige Themen zu ermöglichen.

Finanzsysteme müssen reguliert werden, um Krisen zu verhindern und Stabilität zu gewährleisten. Dazu gehören die Zerschlagung großer Banken, die strenge Überwachung der Finanzmärkte und der Schutz von Verbrauchern vor ausbeuterischen Praktiken. Ein faires und transparentes Finanzsystem unterstützt eine gesunde Wirtschaft und schützt die Interessen aller Bürger.

Innovation und Technologie sollten darauf ausgerichtet sein, die Lebensqualität aller Menschen zu verbessern. Ethische

Überlegungen müssen die Entwicklung und Implementierung neuer Technologien leiten. Offener Zugang zu Informationen, der Schutz der Privatsphäre und die Verhinderung digitaler Monopole sind unerlässlich, um sicherzustellen, dass Technologie dem Gemeinwohl dient.

Kulturelle Vielfalt bereichert unsere Gesellschaften. Politiken, die Inklusion fördern, Minderheitenrechte schützen und kulturelles Erbe feiern, sind notwendig, um eine lebendige und harmonische Gemeinschaft zu schaffen. Einwanderungspolitiken sollten human und fair sein und die Beiträge von Migranten zu unseren Gesellschaften anerkennen.

Die Künste und Wissenschaften sind von grundlegender Bedeutung für den menschlichen Fortschritt und sollten durch öffentliche Finanzierung und Bildung unterstützt werden. Kreativität, Forschung und Innovation zu fördern, treibt den gesellschaftlichen Fortschritt voran und bereichert unser Leben. Der Zugang zu Kunst und wissenschaftlichem Wissen sollte allen offenstehen, um eine Kultur der Neugier und Erkundung zu fördern.

Das Moderne Manifest fordert eine Gesellschaft, in der wirtschaftliche und soziale Systeme darauf ausgelegt sind, Gleichheit, Nachhaltigkeit und das Wohlergehen aller Menschen zu fördern. Diese Vision erfordert kollektive Anstrengungen und das Engagement für transformative Veränderungen. Durch die Annahme dieser Prinzipien können wir eine Zukunft schaffen, die unsere gemeinsame Menschlichkeit ehrt und ein besseres Leben für kommende Generationen sicherstellt.

Moderner Marxismus Und Das Neue Kommunistische Manifest
ISBN: 9798305346459

©2024. Alle Rechte vorbehalten. Kein Teil dieses Buches darf in irgendeiner Form oder mit irgendwelchen elektronischen oder mechanischen Mitteln, einschließlich Informationsspeicherungs- und -abfragesystemen, ohne schriftliche Genehmigung der Autoren reproduziert werden, außer für die Verwendung von kurzen Zitaten in Buchrezensionen und Werbematerial.

December 2024.
Veröffentlicht von Guthugga Pipeline Press.
PO Box 1265, Darlinghurst NSW 1300
Australien

Produktion: ARMEDIA

Veröffentlicht und produziert auf dem Land der Wangal und Whadjuk.

REDAKTIONELLE ANMERKUNG ZUR VERWENDUNG VON KI-TECHNOLOGIE

Wir setzen künstliche Intelligenz-Tools im Bearbeitungsprozess unserer Artikel ein. Diese Tools haben bei der Transkription von Audioaufnahmen, der Recherche, der Grammatikprüfung, der Verfeinerung und der Formatierung geholfen.

Ursprünglich in englischer Sprache veröffentlicht.

ÜBER DIE HERAUSGEBER

EDDY JOKOVICH ist Herausgeber von New Politics und Co-Moderator des Podcasts New Politics Australia. Er hat als Journalist, Verleger, Autor, Politikanalyst, Kampagnenführer, Kriegsberichterstatter und Dozent für Medienwissenschaften an der University of Technology Sydney und der University of Sydney gearbeitet. Er verfügt über umfassende Erfahrung in redaktioneller und medialer Produktionsarbeit und ist Direktor von ARMEDIA, einem Verlag und Kommunikationsunternehmen, das sich auf Medien im öffentlichen Interesse spezialisiert hat.

EDAN TABAIN ist Forscher und Publikationsassistent bei New Politics.

www.ingramcontent.com/pod-product-compliance
Lightning Source LLC
Chambersburg PA
CBHW051246250726

48656CB00004B/1148